ハーラン・レイン 著
斉藤 渡 訳
前田 浩 監修・解説

手話の歴史

ろう者が手話を生み、奪われ、取り戻すまで

上

築地書館

WHEN THE MIND HEARS

A HISTORY OF THE DEAF
BY HARLAN LANE

WHEN THE MIND HEARS : A History of the Deaf
by Harlan Lane

Japanese translation published by arrangement with
Random House, a division of Penguin Random House LLC
through The English Agency (Japan) Ltd.
Japanese translation by Wataru Saito
Published in Japan by Tsukiji Shokan Publishing Co., Ltd., Tokyo

聞こうとする心があるなら、耳が聞こえなくても
何の問題があるのですか。本当の「聾」、
癒しがたい「聾」とは、聞こうとしない閉ざされた心を言うのです。

ヴィクトル・ユーゴーよりフェルディナン・ベルティエに
一八四五年十一月二十五日

序文

一見して、人は人類が多様であることを強く恐れ、社会の制度によってその多様性を制限しよう、あるいは根こそぎなくしてしまおうとしているように思われる。

私は心理学者として、このような恐れについてより研究したい、そして、言語心理学者として、その恐れの気持ちから出てきた言語政策についてより研究したいと考えてきた。多様性への恐れから多数者が少数者《マイノリティ》を迫害する時、その動機や方法がどのようなものであるかを研究するには、聴者の社会と、手話で話すろう者のコミュニティとの関係の歴史は格好の事例となる。無理にでも少数者を同化させようと試み、それがうまくいかなければ生物学的欠陥をあげつらい、学校教育を通して多数者の価値観を子どもたちに吹きこむ——こうしたこと、またはそれ以上のことは、他の少数者のコミュニティの厳しい状況をよく知る読者には、おなじみのものだろう。手短に言うと、本書は偏見を解剖していこうとする研究である。

聴力損失は、手話コミュニティに属する多くの人にとって悲惨な問題であるとされてきたが、それは社会的な問題を医療レベルの問題として片づけようとする人たちの考えによるものである。しかし手話コミュニティに属する多くの人、アメリカで手話を使用する約二〇〇万人の男女は、通常の意味での障害者ではない。そこには、障害の問題ではなく、はるかに大きな言葉の壁の問題がある。私のろうの友人たちはそう言い、そうした考えの根拠も示されてきている。とすれば、我々聴者は、なぜ、ろう者を障害者、身体的欠陥を持つ人とみなしてきたのか？　我々、そして我々の社会制度は、なぜろう者を、スペイン語を母語とするアメリカ人のようにではなく、盲《もう》のアメリカ人と同じように見てきたのか？　いったいなぜなのか？

医学的モデルの考えにより、我々の社会は無責任にも、ろうの子どもたちを、彼らの人生の基礎が形成される手話コミュニティから引き裂き、いやおうなしに「普通」校に投げ入れた。まるで、ろうの子どもたちが音声言語を話すように装えば、聴者と同じように成長していけるとでもいうように。ある健聴の教育者たちは、このように聴者に近づかせることが統合の第一歩であり、統合——他者を自分たちに似せていく——は自明の善であると答える。しかし、普通校での教育が言葉の壁に対し手をこまねいたままおこなわれるなら、こうした接近は、あるろうの教育者の言葉を借りれば、犬とそのノミとの関係でしかない不毛なものであることが明らかになっている。メインストリーミングの運動〔訳注1〕は、手話コミュニティの思いなどほとんど考えることなく進んでおり、健聴の支援者たち——耳科学者〔訳注2〕、オーディオロジスト〔訳注3〕、言語療法士、ろう教育関係者たち——と、手話コミュニティとは常に対立関係であり続けた。このような体制の人々が医学的モデルにしがみついている限り、手話コミュニティと共に、それに代わる新たな次元に足を踏みだすことはできない。

だからこそ、言語を研究する者に対して、少数者であるろう者の歴史を語ることが必要になってくる。ろう者問題を研究しようとする聴者たちは、彼らは少数者などではなく、したがって語るべき少数者の歴史もないという前提で進めてきた。また最近まで、ろう者自身がろうコミュニティの歴史を書くこともなかった——ろうの子どもたちにろうの医学的モデルを教えこむ体制の効果が表れた痛々しい証拠である。[*1]

健聴であれ、ろうであれ、特に手話コミュニティの外側にいる人たちの中には、記録に対する私の解説の仕方に対して反感を持つ人も多いだろうと思われる。ある人は第一に、手話コミュニティは言語的少数者であるとする見方に反対する。また他の人は、手話であれ、音声言語であれ、その他の何であれ、少数者にとって一番重要なのは、同化することであると主張する。少数者と社会とのあるべき関係については、広く熱い議論が交わされてきたテーマであり、手話コミュニティと聴者の社会とのあるべき関係は、二百年を超えて熾烈な論争のテーマであった。この本の歴史観と相いれない考え方を強く持つ読者やその他の人たちは、より公平な評価とされるものや、厳然たる事実の報告と呼ばれるものの方を強く好む人たちでもあるだろうが、それは、かえって歴史を見落とすことにつながる。

むしろそれとは逆に、歴史は何かの視点なしには書けないものであり、あるいは、仮に視点なしで書けるとしても、視点を持つべきである。歴史は解釈することと深く結びついている。なぜなら、一つには、歴史はたえず無限の事実の中からの選択をおこなっているからである。歴史はまず領域を決めるが、それは、ある期間、民族、個人を除外し、別の期間、民族、個人に焦点をあてることである。その領域の中での資料は完全にそろっているわけではないが、歴史家は、十分に立証された事実の中から、その重要性に合わせ、あるものは引用するが、あるものは引用しない。つまり歴史家は、ある視点から彼が選び取った事実をその視点にそって配列し、それを描き出す中で、彼の歴史に関する解釈を発展させる。

このように考えると、ある言語コミュニティの歴史を研究することと、その言語コミュニティの文法の研究にはいくつかの共通点がある。両者ともに、選択された事実を思慮深く説明しようと試みる理論であり、また、その選択は、理論自体の本質に結びついている。多くのアメリカ手話の文法がありうるのと同じように、多くの手話コミュニティの歴史がありうる。そして、私たちはそれらの中から選ぶことができる。理論は当然社会の産物であり、かくも長くアメリカ手話の言語としての解明を遅らせたのと同じ文化的圧力が、その手話を使うコミュニティの歴史研究を遅らせてきた。ろうコミュニティは、音声言語を手指に変形させたもの以外には、それ自身の言語を持ってこなかったと聴者は考え、ろう者にそう教えてきた。それと同じように、ろう者はせいぜい聴者の歴史の中の一章（通常それは「ろう教育」と題される）以外には、独自の歴史など持ってこなかったと聴者は考え、ろう者に教えてきた。

たとえ我々が歴史を記録の山として書けるとしても、そうしてはならない。もし、「人々も政治も歴史からは何も学んでいない」というヘーゲルの主張に真実があるのなら、それは、著述が一般の人々の関心を呼び起こすことによって、人間社会のありように影響をあたえたいと思う私のような歴史家には刺激的な言葉である。さらに、そのテーマが、私のものがそうであるように、基本的な人間の尊厳に対する継続的な暴力に対して向けられるものであるならば、歴史家は自分の人間性を否定し、中立を装うべきだろうか？

繰り返し言うが、歴史は何らかの視点を持って書かれているに違いないし、そのように書かれねばならない。とすれば、読者に対し、私の視点を次のように明らかにしたい。近年、アメリカ手話は自然言語であると言語学的に証明され、手話コミュニティは言語的少数者であることが明らかになっている。この本で述べる歴史は、その方向から光をあてた彼らの闘いの記録の解説である。

手話コミュニティへの教育の創設から、その少数者の教育の放棄までの百五十年間——西洋啓蒙運動の中期から一九〇〇年まで――は、研究にとって、(作家、歴史家バーバラ・タックマンの言葉を使うと) 凝縮した期間であると私には思える。近年、あちらこちらでわずかな動きの萌芽は感じられるが、[*2] 実際、その教育に関して西洋社会は一九〇〇年以降、基本的には何も変わってこなかった。それに対し一九〇〇年以前のこの期間は、ろう者の言葉によるろう教育がありえた時期であり、その大局を見渡せる見地から、私は、ろう者の歴史の中で中心人物となるローラン・クレールに焦点をあてて検証していく方法をとった。

全米ろう協会のシンポジウムで、ギャローデット大学演劇科の著名な主任教授であるジル・イーストマンと私が、アメリカのろう者集団の歴史を描いた寸劇を(英語とアメリカ手話との同時表現で)披露した時、私たちは次の言葉から始めた。「私の名前はローラン・クレール」。私はこの本でもその言葉で始めようと思う。クレールはフランスの、次にはアメリカのろうコミュニティの知的リーダーだった。彼は、私が言った「凝縮した期間」の主要人物のほとんどと個人的な知り合いであるか、近いところにいた。そして、彼はその歴史を動かした主要な一人だった。クレールの経験や考え方がどのようなものであったかを学ぶため、私は、出版された彼の論説や講演や日記、そして、自叙伝的な書き置きやジャン・マシューとの共著の本、イェール大学のクレール文庫、国会図書館のギャローデット文庫、さらには、彼の意見を述べたり引用したりしている無数の文書を調べた。こうしたさまざまな資料や記事を使うことによって、私はしばしばクレール自身に語らせることができた。それができない時は(クレールが物事を別様に考えたとは思えないところで)、クレールの同時代人たちの考え方が指針となってくれた。事実が知られているところでは事実に忠実に、そして、想像力が広がり過ぎるのを何とか抑えてきた場面では、それを注に示した。

私はあえてクレールの名前で語ったが、それは、ろう者自身の考え方をはっきりと説得力を持って述べるためである。では、その考え方とはどのようなものか? それはこの本で語られているが、ろうの雄弁家、作家で、校長にして全米ろう協会の初代会長であるロバート・P・マグレガーの次の言葉に集約される。

「では、誰によって手話は禁止されたのか? 自分では手話を理解していないし、したくないと公言していた何人かのろう学校の教師によって。実は言語については無知な何人かの慈善家によって。自分たちのろうの子どもが幸福になるための必要条件を理解せず、教師や慈善家から誤った恐れを植えつけられた両親によって」

「この人たちは互いに結びつき、限りない富に支えられて、多くの男女を派遣し、メインからカリフォルニアまで全国を一年中行脚し、手話について、誤った、こじつけの、作り物の考えをまき散らし、育てた。また、この人たちは新聞社にも近づき、金のない人気取りの作家を利用して、古いものを新しく見えるようにし、知識のない人たちに白いものを黒いと信じこませた。そして最悪なことに、この人たちは手話に対して無分別で有害な宣伝をおこなうことで、ろう者そのものを否定した。ろう者に対しては、恩恵を施す以外のことはしないと公言しながら、この人たちは、ろう者の意見、希望、要求を完全にさげすんだ」

「そしてなぜ、我々は、我々にとって重要な問題について意見を求められないのか？　この疑問には、誰も納得がいく答えを出していない」

「暴政が、鎧に覆われた腕を被支配者たちに振りおろす時、行きつく果ては、その民族の言語を禁止することであるが、最大限の厳しさでそれをおこなっても、行き渡るには数世代の時間を必要とする。しかし手話を禁止する試みは、どこでおこなわれようとも、著しい失敗に終わっている。ドイツやオーストリアで百年も手話が禁止されてきても、手話は今なお花開いている。そして、時の尽きるまで、花開き続けるだろう」

「どのような極悪な罪を犯したがゆえに、ろう者は自らの言葉を禁止されねばならないのか？」

※　deafは「ろう」、または「ろう者」と、deaf and dumbあるいはdeaf-muteはともに「ろうあ」または「ろうあ者」と訳した。以下本文中に、訳者が必要と考えたものを〔訳注〕として入れていく。また、＊の印は原書での本文中の脚注である。さらに、原書の言葉を示したほうが良いと考えたところは、〈　〉で、「読む〈read〉」などのように表した。

＊1　全米ろう協会は、ジャック・R・ギャノンの『アメリカのろう者の歴史』を出版している。
＊2　12章のはじめ、また、私の『アメリカ手話学の近況』（フランソワ・グロージャン共編　一九八九年）参照。
訳注1　日本語では「主流化教育」と訳される。障害者の残された機能を最大限に生かし、障害のない同世代の仲間と可能な限り一緒に学び、成長していくことが双方の人格形成にとって大切であるとする考え方。「投げ捨て」ではないかとの批判もあり、障害への必要な支援を保障された上で地域の学校でともに学ぶ、「インクルージョン」の考え方が登場した。
2　耳科学〈otology〉とは、耳に関する構造的、生理的、病理的問題を科学的に解明しようとする学問の分野。
3　聴能の研究者、専門家。

手話の歴史　上巻　目次

第7章　アメリカろう教育とトーマス・ギャローデット　202

人物相関図

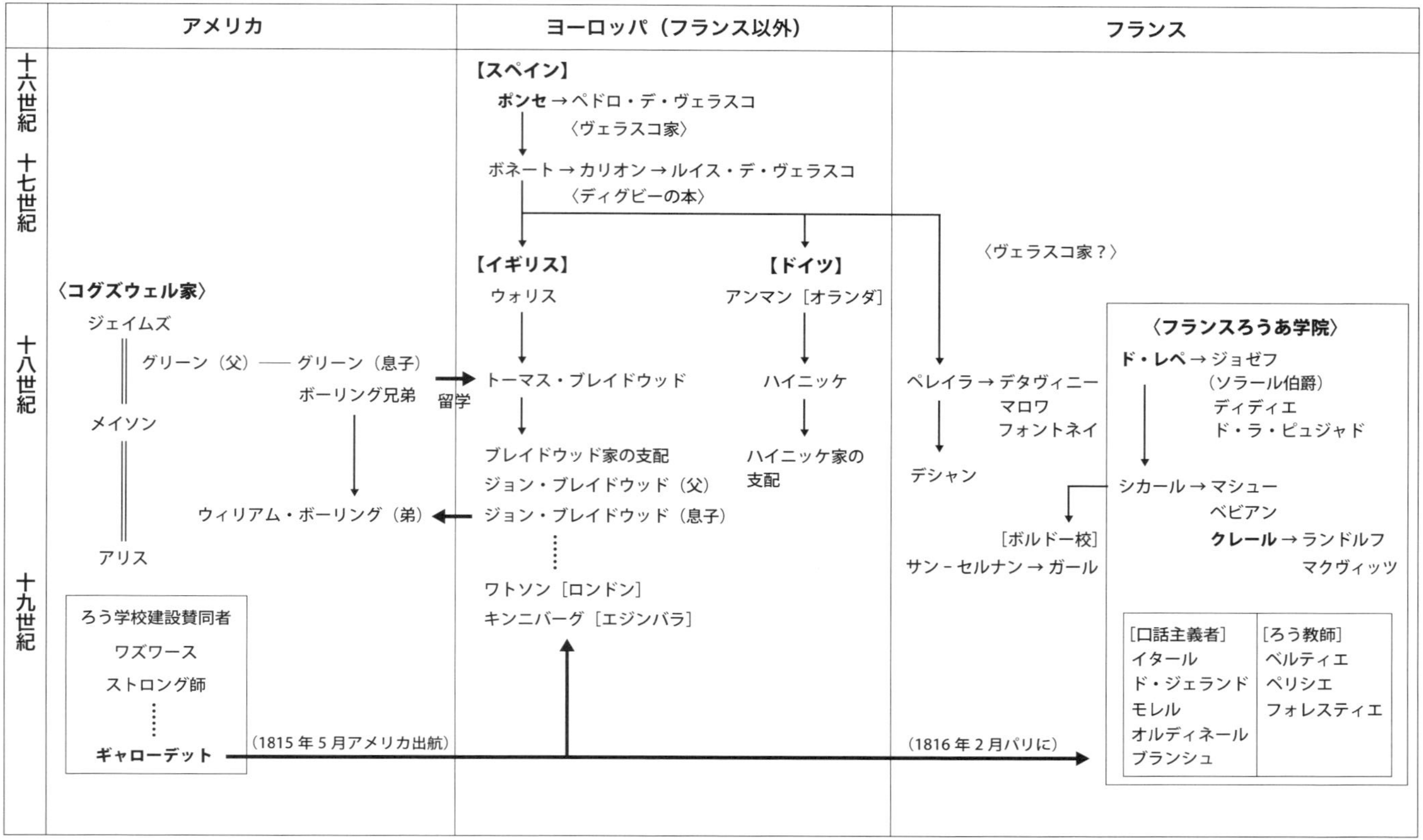
アメリカ
ヨーロッパ（フランス以外）
フランス
十六世紀
十七世紀
十八世紀
十九世紀
【スペイン】
ポンセ → ペドロ・デ・ヴェラスコ
〈ヴェラスコ家〉
ボネート → カリオン → ルイス・デ・ヴェラスコ
〈ディグビーの本〉
【イギリス】
ウォリス
トーマス・ブレイドウッド
ブレイドウッド家の支配
ジョン・ブレイドウッド（父）
ジョン・ブレイドウッド（息子）
ワトソン［ロンドン］
キンニバーグ［エジンバラ］
【ドイツ】
アンマン［オランダ］
ハイニッケ
ハイニッケ家の支配
〈コグズウェル家〉
ジェイムズ
グリーン（父）
グリーン（息子）
ボーリング兄弟
留学
メイソン
ウィリアム・ボーリング（弟）
アリス
ろう学校建設賛同者
ワズワース
ストロング師
ギャローデット
（1815年5月アメリカ出航）
（1816年2月パリに）
〈ヴェラスコ家？〉
ペレイラ → デタヴィニー
マロワ
フォントネイ
デシャン
［ボルドー校］
サン－セルナン → ガール
〈フランスろうあ学院〉
ド・レペ → ジョゼフ
（ソラール伯爵）
ディディエ
ド・ラ・ピュジャド
シカール → マシュー
ベビアン
クレール → ランドルフ
マクヴィッツ
［口話主義者］
イタール
ド・ジェランド
モレル
オルディネール
ブランシュ
［ろう教師］
ベルティエ
ペリシエ
フォレスティエ

（作成　斉藤 渡）

第1部　生まれ育つ手話社会

第1章　ろうの少年の人生が動き出す

ローラン・クレールの生い立ち

私の名前は、ローラン・クレール。八十三歳。髪は白くなり、顔にはしわがより、しみもふえ、腰も曲がってきた。歩く時には足を引きずる。まちがいなく、私の人生は、ほどなくこの場所で終わるだろう。一八六九年、コネティカット州ハートフォードで〔訳注1〕。私は一日の大半を自宅の食堂の窓辺に、一人腰かけ、果樹園を眺め、過去を思い出しながら暮らしている。新聞を読み、時おり友人が訪れる。

私は周りで何が進みつつあるかを知っている。地位のある人々、威厳のある紳士たちが、私が一生を捧げてきた理想を否定している。ろう者の福祉に関して絶大な信頼を寄せられながら、彼らはなんの相談もなく、我々の礼拝、結婚、出産を妨害し、教育をうんざりしたものに変えてしまい、単に我々のやり方や言葉が彼らとは違うという理由から、我々の母語の手話を追い払おうとしている。これを書いている今、アメリカは、その致命的な傷を克服しつつある。有色の人々に対する奴隷制が終わり、北部と南部は再統合を始めた。しかし、今もなお危険にさらされている我々はそれをどう喜んだらいいのか？　不寛容という病そのものは残り、奴隷制とは違う部分に侵入しようとしている。

すべての創造物は神の御業《みわざ》によって、たたえられるべく作られている。欠陥と見える性質も、おそらく、我々の知らないところでは利点となっている。ある日は太陽がさんさんと果樹園に降り注ぐが、別の日はそうではない。果樹園には、豊かに実のなる樹もあれば、ならない樹もある。同じ種の中でさえいろいろな変化がある――ものはみなすべて不変ではなく、矛盾さえも含んでいる。そして、我々自身も。我々も、外見、能力、心の持ちよう、気質に違いがある。その理由は、あなたも私も知らない。ただ、創造物の豊かな多様性について神に感謝し、将来、説明されるのを待つばかりである。

Gallaudet College Archives

ローラン・クレール

(PAINTING BY JOHN CARLIN)

フランスろうあ学院で教育を受け、ろう教師となり、アメリカで初のろう学校を作る。

今ここで、言葉はふたたび、私の助けとならねばならない。言葉は常に、私が邪悪なものと戦う時の武器であり、知識欲を満たす道具であり、援助を求める手だてでもあった。言葉はもう一度私のもとで最後の働きをし、今の欺瞞に満ちた歴史を強い光で照らし出し、悪人どもをひるませ、犠牲となった人々の息を吹き返させなければならない。

私は、兄弟たちの幸福、尊厳、そして自由に対する脅威にあらがうために、我々の物語を語らねばならない。私は、物語のほぼ始まりから生きてきた。フランスで、他のヨーロッパの国で、そしてアメリカで、我々はどのようにして出会い、結ばれていったのかを語ろう。我々の言葉[*1]はどのようにヨーロッパに広がり、大西洋を渡ったのかを語ろう。私の仲間が中心になって学校を作っていったその苦闘を語ろう。

また、それは創始者の物語である。教会に拒絶された神父が、社会から拒絶された階層全体の教育を確立していった物語である。厄介者とされた階層の人間が教育によって大成できることを示し、国際的な賞賛を勝ちとった、耳の聞こえぬ羊飼いの物語である。一人のろうの少女への愛を大きな力に変え、その力が世界初のろう者の大学を生み出した、ニューイングランドのひ弱な牧師の物語である。

さらに、それは破壊者の物語でもある。偽の科学を真の人間性よりも大事にした、熱心な内科医の物語である。ろう者についてじつのところ何もわかっていないのに、ろう者にとって何が一番いいのかを知っていると思いこみ、自己の考えをろう者に押しつけた、傲慢な貴族の物語である。自分のイメージの中で、すべての階層を作り直そうとした、職業的社会改革者の物語である。

これは今まで語られたことのない物語であり、そのすべてを語ろう。邪悪な力とは、じつは何なのかが明らかにされるだろう。とはいえ、私は、事実を逐一《ちくいち》語ろうというのではない。実際、そんな寄せ集めが何かの興味を引き起こせるだろうか？　それより、私は、実際にはどうであったかという真実の物語を語ろう。というのも、物語の過程をこの目で見てきたのだから。私は事件を目撃した人間であり、そして、直接に関わった人間でもある。

私と兄弟たちの物語は、七十一年前、私が十二歳の時に始まる。国王ルイ十六世は四年前にギロチンにかけられ[*2]、続いてその一年後にロベスピエールの首が落とされ、彼が指導した恐怖の悪夢は薄れだしていた[*3]。私の少年時代まで時間を巻きもどしてみよう。私の将来への展望は、すべての市民に友愛を宣言した新しい国家のように、不確かなものだった。なぜなら、私の新しい生活が始まろうとしていたからである。私の叔父は、国立ろうあ学院に入れるために、私を首都に連れてきた（父は、ローヌ川の日当たりの

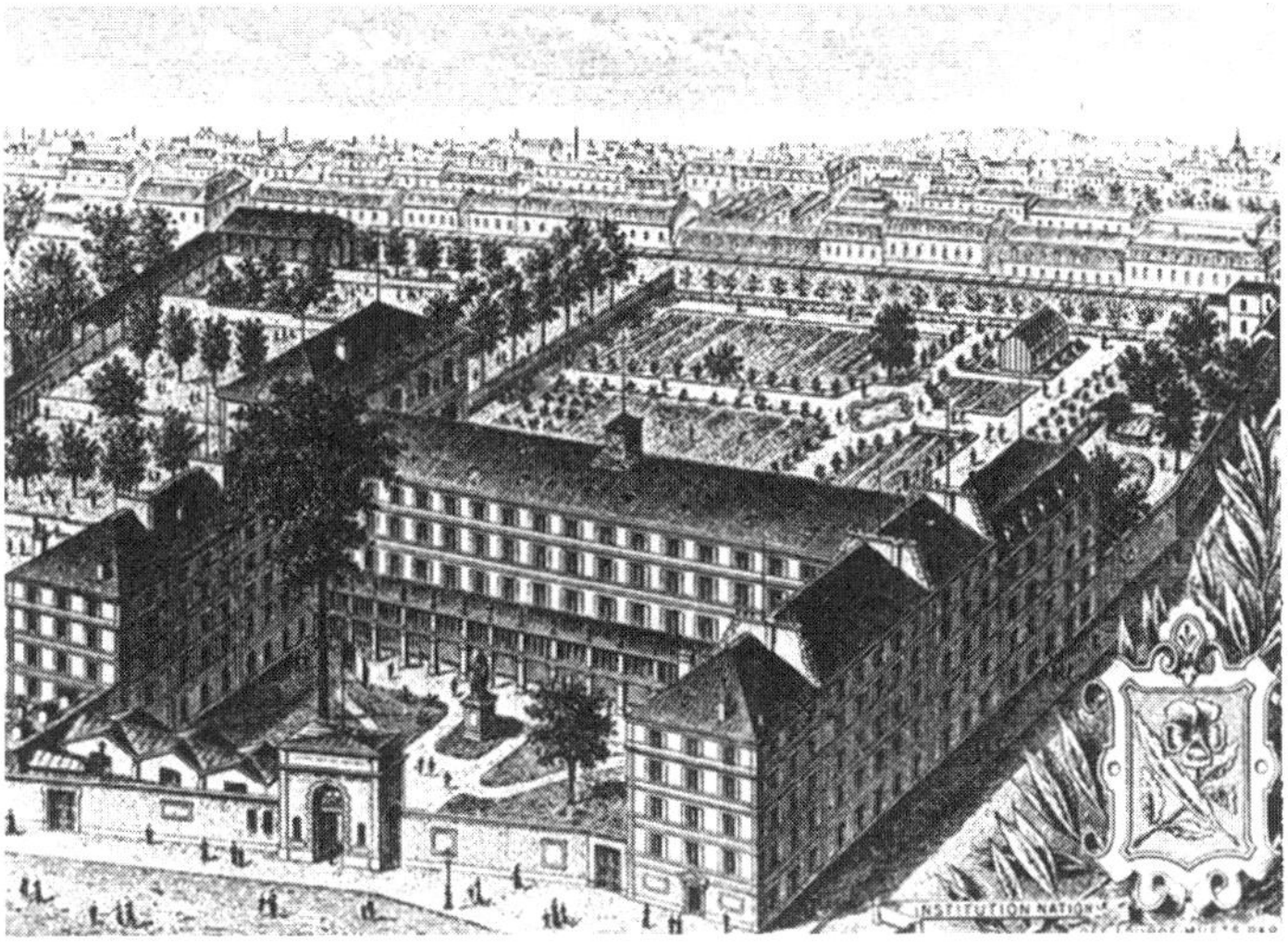

Institut National de Jeunes Sourds de Paris

国立ろうあ学院（パリ、1898）
この建物は1794年、ろう者の学校として二代目校長シカール神父の時に開設された。

よい岸に面したラ・バルムという村の村長の職にあったため、同行できなかった)。

私はまったくのろうである。一歳の時、家の炉辺近くにほんの少しの間一人取り残された私は、椅子から落ち、顔にひどい火傷を負った(傷は残り、私の名前を表す手話、右頬を二本の指でかきあげるしぐさにつながっている)。私の家族はこの出来事が、私から聴覚と嗅覚を奪ったと信じていた。しかし、私はこのように生まれついたのかもしれない。

最初、両親は私から障害を取り除こうとした。何がしかの治療法を心得ている医者がリヨンにいると聞き、母は、私をそこに連れて行った。医者は、二日に一度の治療を二週間続ければ聞こえるようになると言った。私たちはその通りにし、医者は私の耳に名前もわからない液体を注ぎこんだが、効果はなかった。二週間後、それまでと同じように聞こえないまま、私は母と家に帰った。

ラ・バルムの町を見下ろす岸壁の上に、おもちゃのような教会が立っていた。母は信心深いカトリックで、私はその教会によく連れられて行った。岸壁の内には壮大で迷路のような洞窟がひそんでいた。大きな弧を描いた道が教会に続いていたが、その始まりに礼拝堂があった。その礼拝堂は十四世紀の初めから巡礼地の一つになっていて、私も母と時々中に入った。礼拝堂の向こうには窪んだ穴のように暗く奥まった洞窟が続いていたが、私は、その中に入ろうとは思わなかった。しかし、ろうの子どもは学校に行くことができず、村の浮浪者のように見られ、役に立つ仕事を教えてもらうこともなかった。一人残された私は、泡立つ急流と奇妙な岩が甘美な恐怖心をかもし出すその場所にあえて行ってみた。少年の目には、岩が怖いお坊さんに見えたり、血のかたまりの上で豚を屠畜する人が浮かんできたりしたのを思い出す。その後、私はローヌ川の土手のもっと落ち着いた景色を探し当て、泥を含んだ水がリヨンを越えた遠い場所まで流れていくのを何時間も眺めた。時には、母の七面鳥を野原に連れ出したり、牛を牧草地に連れて行ったり、父の馬を水飲み場に連れて行ったりした。

私の兄弟姉妹は私とホームサイン〔訳注2〕で意思を伝えあった。パントマイムに近い身ぶりだったが、使っているうちに簡略化された動きになっていた。母もこのホームサインを覚えたいと思っているようだったが、できなかった。一方父は、学ぶということならなんでもできた人だが、興味を示さなかった。彼は、祖父と同じく、王に認められた公証人[*4]だった——私は、記録を注意深く取っておくことや、歴史への愛着を彼らから受け継いだ。父は三つの村に事務所を持ち、好かれるというより尊敬される人だったが、それでも村長に選ばれた。中年になって父は、ろうの息子を持つという荷物を背負いこみ、不快に感じていた。これはやっかいな状況であり、無秩序で何か間違っているような気恥ずかしさを感じるもので、やましいことがあるのだと陰で言われているように、父は感じていた。

フランスろうあ学院に入学

父が私をパリに送り出したことに、どんな理由や出来事があったのかは知らない。ろうあ学院の名声はラ・バルムにも届いていただろうし、私のためにもなり、同時に自分の肩の荷を下ろすことにもなるのだから、父は不愉快には感じなかったのだろう。ともあれ十二歳の、黄褐色の髪のひょろっとした子どもだった私は、叔父との一週間の旅を経てパリに着いた。街の活気、学校の堂々とした外観、待合室での長い待機、叔父との涙ながらの別れ――最初は、そうしたことが私をとても怯えさせた。幸運にも私は、有名な校長のシカール神父には会わなかった。当時フランスを統治していた総裁政府〔訳注3〕は、その直前に、退位した王とその王朝への支持を理由に、シカール神父の国外追放を命じたのだ。同様に追放された人の中には、総裁政府の仲間二名と多くの政治家やジャーナリストが含まれていた。シカールは、フランス領ギニアのジャングルに望まぬ旅をする危険から逃れるために、身を隠していた。その代わりに私は、その時二十五歳だった、ろう青年ジャン・マシューに会った。彼はルイ十六世から、シカール神父の助手長に任命されていた。

マシューの髪は流れるような褐色の巻き毛で、長いもみあげがあり、それが彼の卵型の顔を引き立たせていた。そこに細い目と唇が水平に引かれ、広い額の下から始まる大きく平たい鼻が、突き出た顎に向かっていた。彼は、競売で買った風変わりな服の上に、膝まで届くグレーの乗馬服を着ていた。すぐ後で、それが彼の流儀だとわかった。乗馬服には二つの大きなポケットがあり、そのポケットには本やチョークや時計などが詰まっていた――マシューは時計に目がなかった。マシューは私の先生になり、同僚になり、そして人生の友となった。しかし、長い年月を経ても、最初に出会った時の彼の様子が、まるで肖像画のように、私の記憶の中に浮かんでくる。まろやかな顔が落ち着いた気高い雰囲気をかもしだし、子どものように率直で、愛らしく、魅力的な彼。ジャン・マシュー――シカール神父以前に彼を教えようとした人はいなかったため、洗礼を二十歳まで待たなければならなかった彼。ジャン・マシュー――その人生を、権利を奪われた人々に捧げ、亡くなった時には無一文だった彼。

私の師、マシューについてもっと語ろう。そして、彼の師、三十歳ほど年上のシカール神父について。シカールの師、さらに三十歳ほど年上で「ろう者の父」と呼ばれたド・

レペ神父について。しかしまず、私が経験した順に人物を語る前に、彼らの作り上げたものというよりも、彼らに捧げられた殿堂、国立ろうあ学院について話そう。私は人生の約二十年間をそこで過ごした。それは、世界史上、ろう者のための最初の公立学校であり、すぐ後に続いてできた数百もの学校のモデルとなった。ろうあ学院はド・レペとシカールによって作られた。そして、そのろうあ学院が、ろう者の中で、教育を受けたリーダーを作りだし、私たちの言葉と自分たちに対する誇りを教え、私たちが何になれるかに関する高い理想像を描きだしてくれた。

その施設は何もかも大きく、田舎から出てきた十二歳の少年にはよけいそう感じられた。サント-ジュヌヴィエーヴ山を望む高台に位置し、サン-ジャック通りのリュクサンブール宮殿と庭園[*5]の隣にあった。ろうあ学院には一万平方メートルを超える庭があり、通路には菩提樹が並び、私たち生徒はそこで遊んだ。校舎はHの文字の形になっており、前面は広い中庭を囲み、また、後面の広いテラスからは裏庭を見下ろすことができた。正面は彫刻の施された石灰岩でできており、二階建てで、約一メートルずつ離れた大きな窓が一二以上はあり、その上には急勾配の屋根が乗り、屋根裏部屋用の小さな窓があり、煙突が突き出ていた。この建物は、近くにあるサン-ジャック-デュ-オー-パ教会の修道僧たちが十三世紀に作った避難所の廃墟の上に、十七世紀、「礼拝堂の父たち」[*6]が建てたものであるーーパリから始まり、奇跡により使徒の遺骨が見つかったと言われるスペインのサンティアゴ・デ・コンポステラ〔訳注4〕まで続く、キリスト教国内で旅する人が最も多い巡礼道の一つがあるのだが、この避難所は、その巡礼者たちのために作られたいくつかの避難所の一番目に位置するものだった。一世紀以上「父たち」は、パリの教区の聖職者たちを、またパリ市外に赴くことになる聖職者も同じように、そこで修行させていたが、革命によって教会の財産が没収され、神学校も新共和国政府の管理となり、一七九四年、ろう者の学校としてシカール神父に渡された。丸石を敷きつめた中庭に息をのむような大きさの楡の木があった。噂では、シュリー公爵[*7]が一六〇〇年に植えたといわれていた。私が来たころには五〇メートルを超える高さがあり、サント-ジュヌヴィエーヴの羽飾りと呼ばれていた。幹の太さは、生徒六人が手をつないでやっと届くほどだった。今なら七、八人が必要な太さになっているだろう。

入学手続きがすむと、私は、細工のほどこされた鉄の手すりがついた、ゆるやかなカーブの石の階段を上って二階の寝室に連れて行かれた。長方形の縦に長い部屋で、両側に窓が並び（通りと庭とを見渡せた）、窓はいっぱいに開かれ、風通しがよくて明るかった。以前、窓は、修道僧の個室の明かり取りだった。今は仕切りが取り除かれ、広い共同寝室となり、部屋の中央に立ち並ぶまっすぐな石の柱が、ベッドの列を二つに分けていた。ベッドは全部で五〇床程度あり、それぞれ毛布が敷かれ、脚のところには持ち主の名札がつき、小さな箱が隣に置かれていた。こうしたものはすべて学校で作られていた。ベッドと箱は木工工房、名札は印刷工房で。布類はサン‐ジャック通りをへだてて寄宿している二〇人の女子生徒が織って作った。シカール神父の同僚のサルヴァン神父が彼女たちを教えていた。

私のベッドは列の最後にあった。すぐ隣にはカーテンで囲まれた広くて豪華なベッドがあり、そこは学監が寝るところだった。学監は、シカール神父の前任者ド・レペ神父のもとでしばらく勉強していたという年配のろうの男性だった。部屋の反対の端には、カーテンのない、もう少し小さなベッドがあり、最年長の級長が寝た。夜には、部屋の両端に置かれた六つの石油ランプの薄暗い照明が点き、冬の朝には、だるまストーブ一つのかすかな暖房があった。そこがこれからの年月、私の寝場所となるところだった。

手話との出会い

朝になると、我々は五時に太鼓の音で起こされた（最初の一打で数人が起き、続く数打で別の者たちが、そして連打で全員が起きた）。我々五〇人はあたふたと洗面所に行く。そこでは、長い樋から五〇の蛇口が首を出していた。蛇口の上には、樋と同じ長さで渡された棒に五〇のタオルが掛けてあった。級長が端にある大きな栓を開け、生徒の一人がポンプで水を汲み、冷たい水が私たちの手に流れこんでくる。こうして朝の身支度をおこなった。我々は、それぞれ、使い終わった身支度の道具を、各自の整理棚（部屋の中央の大きな棚に並べて作ってある箱）に入れる。そして、便器も備えた一室に行く。最後に自分のベッドに戻り、寝具を整えてその横に立ち、点呼を待った。

私の青春時代の日々はこうして始まった。「施設」が意味するものは、規則、規律、規制であるとわかるのに、長い時間はかからなかった。日々の生活の細部は内務省が出した七九ヵ条の命令に沿った規則で指示された。内務省が福祉施設を管理しており、私の学校もその一つであると考えられていた。職員への指示はすべて文書で出され、特別な仕事は、それに関わる者だけでおこなわれた。生徒たちは、両親以外の誰とも文通を許されなかったし、両親の手紙も管理職の手を通して渡された。

私は、ラ・バルムの草原と洞窟を手放し、僧院の制限された生活の中で暮らすことになった。多くのものを私は失った。では、その代わりに何を得たのか？　その答えは、私の周りのいたるところで突風のように湧き起こる、驚くべき手の動きだった。しかし、私も最初は断片しかわからず、じれったい気持ちになったものだ。朝の点呼の後、一人の生徒が前に進み出る。私を含め彼以外はひざまずく。彼の朝の祈りの間、私たちの目は彼に集中する。彼の右手、人差し指は上をさし、胸の周りで水平に弧を描く（我らの〈OUR〉）。次に、彼は両手を腰の上に置き、それを斜めに下げながら移動してお腹の所で両手を合わせる（父〈FA-THER〉）。その手を合わせたまま目の高さまで上げ、そこから弧を描きながら両手を離していく（天〈HEAVEN〉）。それから、少し開いた左手に右手を突き入れることで、両手がまた合わせられる（中に〈IN〉）。次に手のひらを上にして両手を広げ、自分に向かって引き寄せる（我らは望む〈WE-WANT〉）。空を指さす（あなたの〈YOUR〉）。左手の人差し指を右手の人差し指で二度たたく（名前〈NAME〉）。それから、開いた手を額に当て、頭を下げる間に、その手を払い、弧を描いて身体から離す（清める〈SANCTIFY〉）。「あなたの魂が摂理を統べ、我々にもたらされんことを。天においても地においても、あなたの言葉が果たされんことを。……〈WE-WANT YOUR SOULS REIGN PROVIDENCE COME-DOWN-TO-US; WE-WANT YOUR WORD DONE, HEAVEN, EARTH SAME.……〉」私は、この朝の決まり文句の間、その生徒が意識もせずに動くのを見た。それは母が昔、手のこんだ身ぶりで伝えようとしたものだった。その時私は初めて、言葉とは何かということがわかったように感じたのだ（私の人生は、より深くより多くわかっていくことだった）。私は、同じ意見が違う手話で表現できること、というより今だから言えることだが、家族で使っていたホームサインとパリのろう者の間で使われている手話が違うことを知った。私はこれからこの新しい言葉を習うのだと思い、また、この人たち、このろうの仲間が私の新しい家族なのだと実感した。

　ちょうど私がこの発見をしていたころ、ろうのフランス人ピエール・デロージュが、後に私が読むことになる本を書いていた。彼はこう説明している。ろうの子どもが友人もなく、保護施設や、私のように田舎にいる間は、その手話は通常限られたものであり、主に身体的な欲求に関するものが多い。「しかし、大きな都市、たとえば、人の驚くようなものはすべて集まっていると言っていい、このパリに住むろう者の場合、状況はかなり異なる。そのような舞台で私たちの思考は発展する。孤独なろう者がパリに来たとする。彼の手話は、以前は規則やつながりがないものだっただろうが、自分の手話を磨き、体系だてていく。仲間とつきあっていくうちに、自己の考えすべてを、最も抽象的なものでも手話で表現するという、至難の技を素早く身につける。私はそのことを確信している」。デロージュは続けて言う。「なぜなら、私がそうだったからだ」

そして、私もそうだった。読者諸君、この私もそうだったのだ。ラ・バルムを去り光の都市パリに向かった時、私は洞窟から抜け出た。洞窟の中では、言葉の意味は影になり、暗い壁の上でぼんやりと不安そうに揺れていた。私はそこから、真のコミュニケーションがある明るい日差しの中に入った。言葉の意味は、あなたの顔の前にある手と同じく明らかだった。伝えたいことは、表現すると同時に理解された。

お祈りの後、我々は必ず一階の教室に行く。ここに来た最初の日、私は年長の生徒一人に付き添われて、身支度を調えるために仕立工房に行った。我々の服と靴は学院内で作られていた。そこで、青い綿の上着と青いビロードのズボン、セーター、ベレー帽を支給された。学院内での制服だった。シカール神父がおこなう公開授業や街を行進する時のような公の場合には、ワイシャツ、ズボン、上着、そして、赤い組み紐のついた、濃紺の先のとがった帽子を身につけた。冬はコートを着た。これが、新しい生活を包む新しい服だった。

七時に朝食、一階の食堂で、生徒たちに薄いスープがふるまわれた。昔の修道僧の食堂だった。ちょうどこの上にある寝室と同じように、広くて開放的だった。敷石の床の真ん中に赤茶色の三つの長い大理石のテーブルがあり、テーブルの下の狭い木製の棚には、各自のテーブルナプキンと銀色のコップが入っていた。部屋の両端には、私たちのテーブルと向かい合わせに、ろうの職員の机が三列で並んでいた（健聴の教職員は学校を離れて、各自の家で食事をとった。校長は、教会の裏にある一階の自室で食事をした。その部屋は、庭の端の個人用テラスにつながっており、生徒たちが彫った木製品がパネルになって壁に飾られていた）。

私が使命を帯びてアメリカに旅立つまでの二十年間に、ろうの職員の数も生徒と同じように増えていった。その多くは私同様ここにとどまって、このろう者の社会に仕えた。私がここに来たころも、調理人、調理助手、庭師、守衛、工房主任、事務長と助手、学監、ろうの教授と復習教師〔訳注5〕がいた。

そして、調理室で働くかなり高齢のろうのアントワーヌおじさんがいた。学校にあまりに長くいたので、彼の存在そのものが学校の歴史の一部になっていた。ド・レペ神父は遺言で彼をシカール神父に託し、彼は生涯でさらに三人の校長が首になるか辞任を強いられるのを見ることになった。サン‐ジャック（私たちは学校をそう呼んだ）での二十年間、私は彼を見てきた。彼はいつも老いていたが、いつも変わりがなかった。時は、彼の肉体にそれ以上の影響をあたえられないかのようだった。彼が大きな丸い頭の上に、正面に小さなひさしのついた帽子を乗せ、オリーブ色のビロードの短い上着とズボンを身につけ、ズック〔訳注6〕の上っ張りを着て、歳とともに曲がった背中に両手をぶらりと下げてゆっくりと歩く様を、私は今でも思い出せる。彼が死んだ時、埋葬の記録を書くために、彼の姓を調べだすことが大問題となった。それが成功したかどうかは、知らない。

アントワーヌおじさんは読み書きを学んだことがなく、十分な宗教の教えもなく、初聖体〔訳注7〕を受けていなかったが、記憶力に優れ、どう計算するかを知っていて機械に詳しかった。彼はなんとか金をためて時計を買った。生徒は誰も時計など持っていなかったし、校内に時計はなかった。そこで、生徒たちは時間を知るために、しょっちゅう彼のところに行った。最初は彼もすすんで時間を教えていた。時計を見せることで、彼の虚栄心が満たされたからである。しかし、次第に彼は飽きて疲れてきて、この面倒から逃れる方法を考えた。そして、あるアイデアが生まれた。サン゠ジャックの教会の時計は学校のどの方角からも見ることができたが、手入れがされず、もはや時を告げなくなっていた。アントワーヌおじさんは、自分の時計の仕組みを理解できるまで研究した。そしてひそかに、自由時間を使って、彼は教会の古い時計を直してしまった。それからは、彼は、生徒から時間を聞かれると教会を指さすようになり、彼の時計は奥に隠された。後に、彼は教会の時計係になったが、時計を自分の足どりに合わせて調整していると言われるほど、彼のやり方は規則正しく正確だった。月の最終日、彼は間違うことなく、給料をもらうために礼拝室に現れた。もし、たまたま用意されていないと、ぷりぷりしながら出て行った。一方、病気で一ヵ月時計を巻くことができなかった時は、彼は給料を受け取らなかった。ブルターニュ人のように頑固で、オーベルニュ人のように経済的で、月にわずか八フランしか稼がなかったが、二〇〇フラン以上を貯めていた。それは彼の宝であり、誰にも預けなかった。しかし、彼はケチではなかった。時には生徒にお金を貸していたのだ。

時は、たぶん、魔力をかけられ、彼への注意を数十年も怠ってしまったのだろう。しかし、晩年の彼は、自室から食堂に行くのに一時間はかかるようになった。最後には階段の昇降ができなくなり、職員に運んでもらわなければならなくなった。職員は、朝彼を一階におろし、陽が少し当たって、行き交う人と挨拶できるところに彼を連れて行く。昼食が運ばれ、夕方になると、職員はまた彼を二階の部屋に運び上げた。こうした日々が続いたある時、泥棒が彼の部屋に入り、現金のまま置いてあった彼の一生の貯えを盗んでいった。アントワーヌおじさんが事態に気づいた時、彼は慰めようもない状態になった。「学校が盗られた分を出し、そのお金は学校の財産と一緒に預けられているから」と、職員が彼に言って落ち着かせようとしたが、老人は信じようとしなかった。彼は陰気になり、もはや何事にも興味を示さなくなった。ある朝、掃除夫が、ベッドで死んでいる彼を見つけた。こうして、八十年を超えてド・レペ神父と同時代に生きた人の人生が終わった。生徒たちと管理職も一緒に、彼の遺体を共同墓地に運んだ。それは尊敬の念からだけでなく、ろう者としての一つの生き方を埋葬するように感じたからだろうと私は思った。なぜなら、アントワーヌおじさんはあまりにも早く生まれ、ド・レペ神父のろう者の教育方法の発見と、その後のろう教育の向上を、ただ横から眺めることしかできなかったからである。それに対し、私の新しい家族はそれ以上の恩恵を受けており、その家族のおかげで私は、父に劣らない教養を持ち、また、母のように敬虔なクリスチャンになることができたのである。

ジャン・マシュー先生の授業

私の最初の授業の先生はジャン・マシューだった。前に立った彼は時計を取り出し、時間を調べ、次にチョークを一本取り出し、生徒たちの名前を黒板に書いた。名前を書かれた生徒はサッと立ち上がった。それから、マシューは黒板に私の名前を書いた。私はその時、私の名前を読むことも書くこともできなかったが、自分の名前は知っていたので、他の生徒にならって立ち上がった。マシューは笑顔で、そうだと返してくれた。「それがあなたの名前です」と、マシューは手話で言った。私はすぐにそれが名前という手話であることがわかった。次に、他の生徒と名前を指さし、そして、手話を示したので、黒板と次に私を指さし、それが名前という手話であることがわかった。次に、他の生徒と名前を指さし、「これは彼の名前です」と手話をした。その後、黒板に「Jean Massieu」と書き、「これが私の名前です」と手話をした。その次に、彼は、黒板に「椅子」と書き、教室の前に椅子を持ってきた。そして、「それがこれの名前です」と手話をした。昼までに、私は、椅子、ペン、はさみ、その他いくつかのフランス語の名前を覚え、その手話も習った。マシューは、ある時には簡単な絵を描き、またはそれを指さすか、手話をするか、あるいはその名前を書いた。いずれの場合も、私たちは答えを求められたが、答え方はさまざまで、そのものを持って来たり、手話をしたり、絵に描いたりした。私は、彼の名前の手話も習った。長い髪を上げるかのように、頭の近くでクルッと返すものだった。そして、私の名前を表す手話もできた。傷のある右頬を撫でるものだった。私の新しい名前である。

朝の授業の後は、野菜とパンとワインの昼食が三十分続いた。その後三十分庭で遊んでから授業にもどる。私のような新入生はアルファベットが最優先だ。その文字が集まって、午前中に学んだ名前を作り上げている。それぞれの文字に対応する手の形も習った。それを使えば、チョークと黒板を使うように、手でフランス語のスペルを綴ることができる。フランス語を目に見えるようにするこの二つの方法に、三つ目の方法が加わった。ほとんどの一般的なフランスの言葉、そして接頭辞や接尾辞にまで、特定の身ぶりが割り当てられていた。身ぶりを正しく配列すると、フランス語の配列になった。相手の伝えたいことを理解するためには、身ぶりとフランス語の両方を理解しなければならず、その点は指文字と同じだった。

この手指を使ったフランス語ときわめて異なるのが、私の新しい家族の第一言語である。それは語彙も文法も、それ自身のものを持っていた。しかし、その言葉、フランス手話を、我々は正式には習わなかった。ごく自然に年上の生徒や、ろう教員から学びとった。外国語を教える教師は、その外国語を教えるのに自国の言葉を使うだろう、それと同じように、ろうの教員はフランス手話を使った。

指文字、読み、書き、フランス語の名詞の手話を学ぶことがほぼ一年目の授業の内容だった。その次の課程では、フランス語の動詞、そして助動詞、形容詞、前置詞、代名詞が中心になり、また、教義問答集を習いはじめた。第三の課程の特徴は、フランス語の文法が顔を出すことで、算数が少し、教義問答集の進んだもの、そして懺悔、また、教義問答の中のもともとの諸定義と内容を答えることが求められた。第四課程になって初めて教科書があたえられ、歴史、地理の教育を受けた。この第四課程を終えるのに、通常五年かかった。カリキュラムの中で、言語と宗教が他の教育分野を圧倒していて、今日の私たちのカリキュラム編成とは異なっている。しかし、それは当然とも言える。シカール神父は（彼の前任者のド・レペ神父と同じく）、文法学者であるとともに聖職者だった。貧しいろう者の教育に努めたのは、その不死の魂を救済するためであった。

もし、魂の救済が座学の目的だったとすれば、自給自足が職業教育の目的だった。私たちは早朝と午後の遅い時間に小グループに分かれて、工房で時を過ごした。印刷工房と、木工、仕立てと製靴の工房についてはすでにふれたが、他に、デザイン工房や、彫刻と寄木細工の仕事もあった。

私は印刷工房で働くことを選んだ。そこには三台の印刷機があり、学校の教材と二つの学術誌を印刷していた。

夕方、六時半から七時半まで私たちは学監の下で勉強した。それから夕食。野菜、ワイン、煮た肉か、焼いた肉。木曜と日曜にはデザートがついた。

食事の後、天気がよければ、五〇人あまりの生徒は食堂を出て休息を求めて隣の公園に行った。年齢の近い生徒が集まって遊び、私はすぐに級友と親しくなった。最初、私は自分のホームサインに頼って会話していたが、次第に手話を使うようになった。生徒のほとんどは政府が設けたいくつかの奨学金制度の一つに頼っていた。それをもらうためには相当貧しい家の出であることが必要だったが、それはろう者ではさして珍しくはなかった。あるいは、著名な人に推薦してもらうこと——これは非常にハードルが高かった——あるいは、望むべくはその両方（シカール神父は後年、貧しい両親に貴族の後援者を持つことをかなりあからさまに勧めた。後援者の中で最も有名なのは、ナポレオンの妻のジョセフィーヌだった）。ジョゼフ・ドリューは軍病院の衛生官の息子だったが、父親は、妻とろうの二人の子どもを残して伝染病で死んだ。ピエール・ドゥ・ロドゥアンの父親は、フランスの北東部、後のムーズ県にあたるところで革命前の王の検察官だった。その後、やはり北東部の都市メスの軍病院の衛生官になり、そこで妻と四人の子どもを残して死んだ。ルイ・フォーデナン・モンテイルの父親は西部の都市アングレームで検察官をしていたが、革命ですべての財産と子ども四人を失った。ルイは半貴石〔訳注8〕の彫刻を学んだ。一八一四年の同盟国のパリ占領時[*8]、オーストリア皇帝フランツ一世が私たちの学校を訪問したが、その時、ルイはいくつかの作品を献上した。ギョーム－ピエール・ラボは、ヴァンデの反乱[*9]の時にひどい怪我をした。その時に盗賊の一味が彼の家に押し入り、食料を奪った。一味は母親と兄弟を殺し、彼の耳を聞こえなくした。彼は優秀な印刷工になり、多くの卒業生と同じく、帝国印刷所に雇われた。そこの取締役はシカール神父の友人で、人間観察家協会〔訳注9〕の一員だった。

初恋と反抗

年の若い女子生徒がいたと、先ほど言った。しかし、彼女らは、私たちから離れたところに住み学んでいた。私たちはほとんど会う機会はなかったし、話すことは皆無だった。それでも、私は心の中で、そのうちの一人を意識するようになった。私と同年代で、金髪で青い目をしていた。白い綿モスリンの上着は襟が広く開き、そこから、彼女の早熟な女性らしさがあふれていた。小さな黒いスリッパ——服と同じく学校で作っていた——が、彼女のきれいな足を際立たせていた。ある日教会で、私は天罰も教師の打《ちょう》擲《ちゃく》も恐れず、彼女の頭の後ろをじっと見つめた。彼女も最後にはそれに気づき、控えめな、しかし私を責めながら燃え立たせるような眼差しを返してきた。その後、出会うごとに見つめあう時間は長くなり、彼女からのなじるような嘲笑は消え、私のやるせない思いは募った。私は魅了されたのだ。

　司祭や牧師は、私を不道徳と言えばよい。しかし率直に言って、ろうの男女を分離するという不自然な強制は間違っている。サン‐ジャックの多くの生徒は、実際に何年にもわたって閉じこめられていた。彼らは孤児であるか、家族があっても家に帰るための金がなかった。あるいは、帰ってくることを望まれなかった。男であれ女であれ、ある者が時に不自然な行動をとることがあるのは、それほどおかしなことなのだろうか？

　十六歳で卒業するまで学校に閉じこめられた後、彼女が「貧しいろうあ女性の救護園」に入った時点で、私の初恋は永遠に封印された。その施設は、学校からサン‐ジャック通りを下ったところにあった。卒業の日、校内のある建物から別の建物に移動するために通りを歩いていた時が、彼女が味わった唯一の自由な時だったのではないだろうか？　私は誰もいない寝室の窓辺に立ち、彼女が現れるまで中庭を見下ろしていた。夏の陽炎の中、彼女は私に手をふった。髪と服が金と銀の羽のように揺らめいた。やがて、彼女は門のほうを向いた。私は悲しみで動けなくなり、手の動きを止め、ただ見送るだけだった。彼女はシュリー公爵の楡の木の横を通り、門を出て、高い塀の向こうに消えて行った。

　数年前、私は救護園の園長に、若い女性を、彼女らが美しく花開いた時に埋葬してしまう体制を非難する手紙を出した。どうして彼女たちは、きちんとした家で、お針子や料理人や使用人として働くことができないのか、と。彼は次のような返事をよこした。「危険や誘惑にさらされることを恐れてです。ここでは、すべてが彼女たちに良いように調えられています。良い規律、清潔さ、清浄な空気、運動、娯楽、宗教教育、朝と夜の祈り。優秀な寮母のおかげで、ここは彼女たちの家になっています。たとえ幸福と言えなくとも、少なくとも平穏で教育的です。……これらの不幸な女性たちは、苦しまずに禁欲に耐えることができます。彼女たちは、通常の言葉で言う、愛するということに向いていないのです。そして、精神的に大きな苦痛から逃れるという意味で、彼女たちの境遇からすれば、ここでの待遇は悪くはないでしょう」

　私が愛した人を施設に閉じこめたのと同じ聴者の暴力が、今でも、ろうの女性から育児や結婚を奪おうとしている。当時、ろうの子どもたちが無知の状態のままで生き、死ぬことをよしとしていたのと同じ聴者の暴力が、ろう者に対し教育の機会を否定しようとしている。当時、聴者は、私たちの言葉を軽蔑し、不自然な声やしかめ面を強制し、手話を厳しく非難した。そして、善良な神父たちでさえ、フランス語に一致するように私たちの言葉をゆがめた。それと同じ聴者の暴力が、今、私たちの言葉を、教室や寄宿舎からだけでなく私たちの生活から追い出そうとしている。そう、若き日の苦い思いは、七十年を経た今も私の中にある。じつに、その思いは今、私は誰なのかという認識によってより強いものとなり、青い炎となって燃えつづけている。

私は誰か？　私はろう者社会の一員である。

私の最初の反抗は、自意識の現れとして何より大事な出来事だった。というのは、少年は、自分ではないと思うものを捨てていくことによって、自分が本当は誰なのかということを学んでいくからである。意味深いことだが、その問題点となったのは発語だった。ド・レペとシカールは、ろう者と言われる人たちは口話法では決して教育しえないことを知っていた。しかし、大衆は依然として発話できるろう者を喜び、彼らはそれに迎合した。こうして時々、夕食後の休息の代わりに、見込みのありそうな生徒数名と私は、発語訓練のためマルギャロン神父のところに行くことになっていた。私たちはアルファベットの文字はすべて発語できたし、一文節か二文節の単語で上手に発語できるのも多くあった。しかし、私は「ダ」と「タ」、「デ」と「テ」、「ド」と「ト」などの区別にたいへん苦労した。練習の時、神父は椅子をあまりに私に近づけたので、私たちの膝はぶつかりそうだったし、私には、彼の紫色の丸鼻にうっすらと広がる血管の見事な網状組織までも目に入ってきた。彼は、私の左手をしっかり取って彼の喉に当て、私の右手を同じく私の喉に当て、小さく丸く輝くうるんだ目で私を見下ろした。すると、彼のにんにく臭い息が頭の上から降りかかり鼻にまで入ってきたので、私は窒息しそうになった。「ダー」彼は泣き叫ぶように言った。彼の濡れたピンクの口の空洞は丸見えで、彼の舌は下顎の上で見苦しくもがきながら、茶色く黄色い小さな歯の囲いの中に何とか納まっていた。

「ター」彼は大声になり、口の奥の濡れて光る、ぶら下がった組織体が上に跳ね上がって、その下の彼の胃の混合物から登ってくる瘴気《しょうき》の門が開かれた。「ター、ダー、テー、デー」彼は、私に何度も金切り声をあげさせた。私は顔をゆがめ、涙をこらえ、絶望で混乱しながらも、口のどこにきちんと舌を置いたらいいのかを探り、息も絶えだえに身もだえし――それでも、私は少しも上手にならなかった。ある日、彼はいらだちのあまり、私の顎を激しく殴った。私は舌を噛み、泣き崩れた——激しく際限のない嘆きが少年を襲った。怯えきった少年の心は、嫌悪といらだちを飲みこめる以上に飲みこみ、苦悶の中を疾走した。そして少年は、もはやこの誤った道を進むことはできないことを知った。私はその時、過去の生活での私にとっての良からぬものすべて——見知らぬ人たちの不可解さ、孤独、まったく予測できない周りの世界——が束になって私に戦いを挑んできたように思えた。私はそれらに背を向けて歩み去り、私の新しい家族のもとにもどった。

私は二度と発語することはなかった。

＊1　フランス手話。
＊2　一七九三年一月二十一日。
＊3　フランス革命の間の恐怖政治（一七九三―一七九四）。
＊4　公証人は、印証書や遺書を書き、その他の民事の書類を作成する。
＊5　パリの左岸のラテン地区内。
＊6　反宗教改革の時期に作られた宗教団。
＊7　アンリ四世時の財務大臣。
＊8　この第六次同盟のナポレオンに対する勝利が、彼を退位に導いた。
＊9　新共和国政府最初の年の、王制支持者の反乱。

訳注1　この本の第1部第1章から第10章までは、八十三歳のローラン・クレールが書いているという設定になっている。したがって、第10章までに出てくる「今」とは一八六九年を指す。
2　ろう者が家族や地域と共有する身ぶり言語。ろう者社会の共通言語の手話と異なり、不就学などの理由でろう者社会から孤立したろう者に多く見られる。
3　総裁政府は、フランス革命で、ロベスピエール没落後、国民公会により準備された政府。一七九五年成立。行政を担当する五人の総裁と、立法府としての二院制議会によって構成された。一七九九年、ナポレオンのブリュメールのクーデターで崩壊。
4　この地に埋葬された十二使徒の一人聖ヤコブの墓を、星に導かれた羊飼いが見つけ、遺骨を祭ったという伝説がある。
5　répétiteur：学校で、主に生徒の自習の監督や、復習の手助けをした。
6　麻・木綿の繊維を太く縒った糸で織った布地。
7　first communion：カトリック教会で、ミサ聖餐においてキリストの体となったとされるパンと葡萄酒を食することを聖体拝領〈communion〉と言い、幼児洗礼の数年後に初めて聖餐式に出る行事を初聖体と言う。
8　アメジスト、ガーネット、トルコ石などを指す。
9　十八世紀末にフランスで作られた、最初の文化人類学的協会。第5章に詳しく出てくる。

第2章 フランス革命とろう教育

ろうの教育者、ジャン・マシュー

マルギャロン神父から立ち去る勇気をあたえてくれたのは、ジャン・マシューである。彼が何かを言ったわけではない。しかし、彼は私のモデルであった。彼を通して私は、できそこないの聴者になる必要はないとさとったのだ。新しい家族の中で、私の孤独感や理解されていないという思いは次第に消えていった。マシューは一度も言葉を発したことはなかったが、地位でも年功でも（彼は、私が学校に来る十年以上前にシカール神父と会っていた）この家族の長であり、家族のみんながそう考えていた。彼は初めてのろうの教師であり、教育を通してろう者が何を達成できるかを体現した世界的な象徴だった。いや、それ以上に、古い貴族制が崩壊した後の新しい平等な社会を作る教育の力の象徴だった。王女たちが彼に会うためにやってきた。哲学者たちが、元は羊飼いだったこのろうの学徒に質問するために旅してきた。一八〇五年、教皇ピウス七世自身が私たちの学校を訪れ、マシューに『教皇の生活』の写しを渡した。マシューはその一部を手話で伝えた――何と、その受け手は私だった！　その時十二歳の私は、教会の威厳ある尊師とその数百の側近たちにおののいていた。偉大な神父は、この機会のために特別に飾られた集会室の演壇の椅子に座り、無作為に本を開いてそのページを見せると、マシューはその文章を、ド・レペ神父と次にシカール神父によって開発された手指フランス語〔訳注1〕で表した。私はそれを読み取り、黒板に書き写した。次に教皇は、「地獄」の定義とは何かと書いて彼に質問した。彼は「地獄とは神を冒瀆《ぼうとく》しながら死んだ者を懲らしめるため、神が用いる、悪意のある際限のない業火による永遠の苦痛です」と答えた。

ジャン・マシューの前にも、もちろん教育を受けたろう者はいた。例えば貴族の家に、病気で聞こえなくなった息子がいれば、その家は個人的に家庭教師を雇うだろう。そ

Photographie Bibliothèque Nationale, Paris

ジャン・マシュー
シカールに見いだされ、ろうの教師となる。クレールに大きな影響を与える。

の家庭教師はたいていは学のある人で、ゆがんだ少年の発語を矯正し、少年の文学や歴史、科学の知識を広げるよう努めるだろう。もし少年に目覚ましい進歩があれば、哲学者がそれを日記に書きとめる。あるいは、家庭教師自身が、それを載せた本を出版するか、手紙に書く。家庭教師は次の家に向かうが、もちろん、どの少年も進歩するというわけではない。しかし、どのような場合であれ、その若者はろう者の象徴になることはなかった。なぜなら、彼は本来のろう者ではなく、聴者の世界に属しているからである。

マシューは、本来のろう者だった。彼には五人のろうの兄弟姉妹がおり、一歳以前から手話で話していた。しかし、その話は彼自身の言葉で語ってもらおう。彼は、一八〇〇年に人間観察家協会に対して手話で語っている。いくつかの点で、それは、あらゆるところにいるすべてのろうの子どもの物語である。彼が自己の孤独を語る時、私は自分のことを思い出す――不要な怖れ、願望の挫折、それらは私のものでもある。

「私は、フランス南西部ジロンド県の」と、マシューは協会の人たちに語った。「サン＝マケール小郡カディヤック地方のサマーンで生まれました。父は一七九一年の一月に亡くなりました。母はまだ健在です。家族には六人のろうあ者がいました。三人は男で三人は女でした。……十三歳と九ヵ月まで、私は何の教育を受けることもなく家にいました。私はまったく読み書きができなかったので、自分の考えを表すのに手話を使ったり身ぶりをしたりしました。そのころの家族と私の手話は、教育を受けたろうあ者の手話とはかなり違っていました。他所から来た人は、私たちが考えていることを手話で表しても理解できませんでしたが、近所の人にはわかりました。私は牛、馬、ロバ、豚、犬、猫、野菜、家、野原、ぶどうの木を見ました。そして、見た後はよく覚えていました」〔訳注2〕

「子どものころ、教育を受ける前の私は、どのように読み書きするのか知りませんでした。読み書きできるようになりたかったのです。男の子たち女の子たちが学校に行くのを何度も見かけました。私は彼らについて行きたかった、そして、とてもうらやましかったのです。私は父に、涙ながらに学校に行かせてくれるように頼みました。愚かにも私は、本を取りだし上下を反対にして開きました。それを腕に抱えて、学校に行くようなふりをしました。しかし、父は許しませんでした。私はろうあだから、何一つ学ぶことはできないと、父は身ぶりで言いました。私は泣きました。……自暴自棄になり、いらだちながら、自分の指を耳に当て、ここからおかしなものを取り出してくれと父に頼みました。父は治す方法はないと言い、私はどうしようもないほど悲しくなりました」

「私は家を出て、父には何も言わずに学校に行きました。先生の前に行き、身ぶりで、読み書きを教えてくれるように頼みました。先生はだめだと厳しく言って、私を追いはらいました。私は激しく泣きましたが、くじけませんでした。私は、読んだり書いたりするのはどんなことなのだろうとよく考えました。十二歳でした。ペンを使って、ひとりでアルファベットの形を書く努力をしました」

「私が子どもだったころ、父は身ぶりで私に朝夕祈らせました。私は健聴の人たちが神に祈る時の様子をまねて、ひざまずき、手を握り、口を動かしました。今私は、天地の創造者である神の存在を知っています。しかし、子どもの時は空にお祈りしていました。神ではなく、空を見ていました……」

「同年の子どもたちは、私と遊ぼうとしませんでした。私を見下し、犬のように見ていました。私はコマや、ボールとバット、竹馬などで、一人で時間をつぶしました。教育を受ける前に、私は数え方を知っていました。指が教えてくれたのです。でも数字は知りませんでした。私は自分の指で数え、一〇を超えた時は棒に切りこみを入れました」

「子どものころ、両親は時々、私に羊の群れの番をさせました。偶然そこに居合わせた人が私を憐れに思い、お金を少しくれることがありました。ある日、通りがかりの人が私を気に入り、家に呼んでごちそうしてくれました。後にその人がボルドー〔訳注3〕に行った時に、私のことをシカール神父に話し、シカール神父は私を預かり教育することにしました。彼は、父にこのなりゆきを手紙で知らせ、父はその手紙を私に見せましたが、私は読めませんでした。親戚や隣人が私に内容を説明してくれました。彼らは、私がボルドーに行くことになっていると教えてくれましたが、桶屋の修業に行くのだろうと思っていました。父は私に、ボルドーに行く理由は読み書きを学ぶためだと話してくれました。私は父と一緒にその街に向かいました。到着した時、家並みをとても美しく感じました。私たちはシカール神父を訪ねました。神父はとても痩せた人でした[*1]」

「私の勉強は、アルファベットの文字を指でなぞることから始まりました。数日後には言葉がいくつか書けるようになり、三ヵ月のうちにたくさんの言葉が書けるようになり、六ヵ月で文も多少書けるようになりました。一年たったころには、私はかなり上手に文が書けるようになりました。一年と数ヵ月のうちにもっとうまく書けるようになり、また質問にも適切に答えました。シカール神父と三年半過ごした後、私は神父と一緒にパリに来ました。四年のうちに、私は聞こえ話す人と同じようになりました」

革新者の歩み

マシューは自分の生い立ちを語った一週間後に、もう一度協会で講演した。今回彼は、会場からの質問に答えた。シカールが通訳になり、書記がやりとりを記録した。

——教育を受ける前、他の人々がお互いに唇を動かすのをあなたは何と思っていたのか？

——考えを表現していると思いました。

——なぜ、そう考えたのか？

——なぜなら、ある人が私のことを父に話し、父が私を叱ったことがあったからです。

——それで、あなたは、唇の動きが考えを伝えるものと考えたのか？

——そうです。

——どうしてあなたは、自分の考えを伝えるために唇を動かさなかったのか？

——なぜなら、私は他の人が話している時の唇を十分には見てこなかったし、また、私の出す声は不快だと言われたからです。私は、耳の中が病んでいるのだと言われ、耳にブランデーを流しこんで綿栓をしたこともあります。

——あなたは、聞こえるとはどういうことか知っているか？

——はい。

——どのようにそれを学んだのか？

——私の家に住んでいる健聴の親戚の一人が、私に教えてくれました。誰かが父を訪ねて来た時、彼女は目では見えなくても、その人を「耳で見る」というのです。聴者は夜、誰かが歩いているのを「耳で見」ます。夜間歩き回る人には足音があり、人が違えばそれも違ってきます。聴者は、それが誰の足音なのかを言うことができます。また、それが聞こえる人の特徴と言えます。

——あなたは、父親が祈るためにあなたをひざまずかせていた時、何を思っていたか？

——空を思っていました。

——空に祈ることで、何を成し遂げようとしたのか？

——夜の闇が地上に降り立ち、私が植えた植物が育つこと、病人が健康になること。

——あなたの祈りは、言葉か、考えか、感覚か？

——祈っていたのは私の心です。私はまだ言葉を、あるいはその意味を理解していませんでした。

——あなたの心は、何を感じていたのか？

——植物や果実が成長した時は喜びを。それが雹《ひょう》でだめになった時や、病気の親戚が病気のままだった時は悲しみを、です。

こう話しながら、マシューは怒りの手話をたくさん表した。一度、母親が病気だった時、彼は毎晩外に出て一つの星に祈った。その美しさから彼はその星を特別に選び、母の病気が治るよう熱心にお願いした。しかし彼女の病気は悪くなり、彼は怒って星に向けて石を投げた。

——あなたは空を呪ったのか?

——はい。

——なぜ?

——なぜなら、こうした災難すべてを引き起こし、母の病気を治さなかった。だからといって、星に手を伸ばして、たたくことも、壊すこともできなかったからです。

——あなたはそんなことをして、罰があたると思わなかったのか?

——その時、私は、良き師シカールをまだ知らず、また、空は単なる空であることを知りませんでした。そのことで罰があたるかもしれないと思えるようになったのは、やっと一年間の教育を受けた後です。

——あなたは、空が形や姿を持っていると想像したか?

——父は私に、家の近くの教会にある大きな彫像を見せてくれました。そこには長いひげの老人がいて、彼の手には宇宙がありました。私は太陽よりも上に彼が住んでいると考えました。

——あなたは、牛や馬やその他の動物を誰が創ったか知っていたか?

——いいえ。しかし、私は何かの誕生を見ることにとても興味がありました。私はよく外に出て溝に隠れ、朝、万物を成長させるために、空が地上に降りてくるのを見ました。私はその情景を見たいと強く思っていました。

——シカール神父が、初めてあなたにアルファベットの文字をなぞらせた時、どう思ったか?

——言葉は私の周りにあるものの像だと思いました。私は非常に熱心に文字を覚えました。「神」という言葉を読み、黒板にそれを書いた時、私は神が死を引き起こすと考え、死を恐れました。

多くの教育を受けていないろうの若者は、病気や死、誕生、そして成長、季節の移り変わりなどの印象的な出来事に対し、架空の説明を思い描く。風は大きな革袋から吹きだされるとか、雨は空の小さな穴から落ちて降ってくるとか、雪は小麦粉のように天上の粉ひき機で作られるとか、雷や稲妻は大砲の発射であるとか、星々は夜ごとに灯されるろうそくであるとか。ジャン・マシューは、大人になった後も、そのような空想や解釈を持ちつづけていた。彼は愚かなのではなく、世間慣れしていなかった。この二つを混同するのは、特にろう者の場合、大きな誤りである。実際、マシューはたくさんの分野で才能を発揮した。ジャン－マルク・イタールは、一八〇〇年にアヴェロンの野生児を私たちの学校に連れてきて教育した医者だが、彼は、マシューについて、「素晴らしい記憶力を持つ深い思索者にして鋭い観察者であり、才能のきらめく洞察力を備えた人」であったと書いている。質問に対する答えが、文法的に正確でない時もあったが、それはマシューが、フランス語の規則に隷属しなかったからである。しかし、答えには常にたしかな論理の筋が通っていた。ある言葉を知らなかった時には、原理に従って類推し言葉を作り出した。彼の考えは独創的で、想像は巧みに色づけされ、たとえは適切で、比喩には輝きがあった。そのため、少しの間違いは問題にならなかった。質問が意味深いほど、定義と解説を絶妙に混ぜ合わせた答えが、瞬時のためらいもなく返ってきた。それは自然にあふれでてくるようであった。そこで、シカールはマシューを評して言った。「石を鉄で打てば十分である。直ちに火花が飛び散るだろう」と。

英国議会議員の一人が彼に聞いた。「希望とは何か?」

――希望とは、幸せの花です。

――時とは何か?

――二つの終わりを持つ一つの線。ゆりかごから始まり、墓で終わる道のりです。

「知性とは何か?」と、シカールが公開授業の時、彼に質問した。

「真実のまっすぐな線の上を動く心の力です」と、彼は黒板に書いた。「悪いものから良いものを、過分なものから必要なものを選りわけ、はっきりと正確に見る力、心の中の力、勇気、活力です」

そして、この言葉はすべて、手指フランス語か書記フランス語、つまり、マシューの第二言語で語られている。彼の第一言語つまり、ろうコミュニティによって使われているフランス手話で話すとなると、生命をあたえられた活力ある表現がほとばしり出た。

同時に彼は、家庭と言えば農場と学校しか知らず、先生と言えるのは両親と風変わりな神父だけだったこともあり、多くの面で子どもだった。前に話したように、彼は時計に対して子どものようなこだわりを持っていたが、そのこだわりは印章やメッキの鍵に対しても向けられた。同じように、彼はパリの街で本を買いあさり、それをポケットに入れ、入りきらないものを脇にかかえ、手に持って学校に運びこみ、少しでも機会があれば何かを調べるためにその本を持ってきた。彼は手のこんだ衣装をオークションで買い、それを着て学校に来たので、生徒たちもそれを楽しみにしていた。正直に言うと、私も一緒に彼を笑ったことがあった。マシューは隠しごとのできない人だったので、私たち生徒に趣味の良し悪しを相談してきたし、不安に思っていることをよく口に出した。そして何より、私たちを不快にしないよう気づかっていた。こうした現実離れした彼はおかしな人かもしれないが、しかしまた、愛すべき人だった。

「マシューは孤独に生きている」とイタールは書いている。「欲望や野心を持たずに」と。しかし、マシューは一つの、野心を超えた、燃えるような願いを持っており、それは他のすべての関心に先立つとともに、彼の純真さの証《あか》しでもあった。願いとはろう者の教育の向上である。私たちがジャン・マシューについて知っていることはすべて、次の簡略で高貴な言葉に集約できる。

彼は教師だった。

彼はまず、シカールの教師だった。彼はシカールに手話の基本を教えた。シカールもそれを素直に認めている。そして、彼はシカールにろう者に対する敬意を教えた。神父は初期の著作において、ろう者を「社会的にまったく価値のない存在。生きているからくり人形……私たちが彼らの心のとばりを開く以前には、動物の原始的な本能さえも持っていない」と書いた。しかし、数年間マシューと一緒に仕事をした後のシカールはこう書いている。「ろう者は、まったく不完全というわけではない。……ろう者は教師に対し、話したい気持ちを十分に持って接してくる。授業で……彼の表情は輝き……彼の身ぶりは、指し示したい物のあらゆる形を表現する。家からそのまま学校に来て、まったく授業を受けていない状態でも、彼らは健聴の子どもに負けないほど雄弁である」

マシューはシカールの教師であり、また、私の教師でもあったし、後には、ろう教育を学ぶためにアメリカから来たトーマス・ギャローデットの教師ともなった。マシューは、もっと大きな意味でも教師だった。彼はろう者の教育のためにあらゆる機会をとらえて運動した。彼はシカールと一緒にエコール・ノルマル*2に行き、シカールの教育方法を実演した。黒板に描かれたいくつかの絵を見せてその名前を書くことを、シカールの方法でろうの生徒に教えたのである。彼は、シカールがおこなう毎週三度の研究授業と毎月の公開授業で、見学者を集める看板的存在だった。そして、こうした催しが革命の動乱期を通して学校を守り、ヨーロッパの他の国に同じような学校を作ることをうながしたのである。私は、マシューがいなかったら、政府はこの学校を保護下に置かなかったのではないかとさえ思う。シカールは一七九〇年に校長に任命されたが、それには大いにマシューの働きがあった。また、慈恵委員会〔訳注4〕がシカールの基金の嘆願を受け入れた時も、委員会が次の年に立法議会に提出した好意的な推薦文には、マシューの業績が引用されていた。「彼は我々の考えていることをすべて理解し、自分の考えを表現できる。複雑な文法や形而上学的な問題までも完璧に理解している。数学の法則や天界の体系、そして地理にも通じている。また、彼は、世界の始まりから、信仰の創始者の死に至った時代までの知識がある。さらに、憲法の原理を理解し、遵守しており、我々の中にある古い考えに汚されていない」

革命の嵐の中で

マシューは友に忠実であり、友人から親切にしてもらったことだけを心にとどめた。侮辱されれば不愛想になることはあっても、それを無視した。彼のシカールに対する忠誠は、深くゆるぎないものだった。「私たちは互いに鍛えあっている二本の金属の棒なのです」と、マシューは自分たちの友情について書いている。三十年にわたって彼は、貯金のために、自分の給料の大部分をシカールに預けていた。そして、シカールが債権者にそれをすべて取られてしまっても、マシューは彼を許した。

マシューのシカールとろう教育に対する忠誠——この二つは切っても切り離せないものだった——からマシューは、シカールが政治権力ともめた時、何度も彼を救い出した。この若いろう者は彼の名声ゆえに、高い地位の人に顔がきいた。一度はシカールの命をも救った。神父もマシューもしばしばその話をした。それは私が学校に入る五年前、ちょうど王権が廃止された時のことだった。

ルイ十六世が権力を停止された二週間後、六〇人の武装した市民が当時ろうあ学院があったセレスタン修道院になだれこんできて、授業の準備をしていたシカールを捕まえた。パリ・コミューン〔訳注5〕はシカールの逮捕を命じた。他の聖職者同様、市民としての忠誠を誓うのを怠ったことが理由だった。議会はその誓いを要求したが、教皇はそれを禁じた——両者ともそれに違反すると公職を取り上げると言ってきていた。こうしてシカールの死と隣り合わせの日々が始まり、彼は九月の虐殺〔訳注6〕の血の渦中に巻きこまれた。

剣に囲まれて通りを抜け市庁舎に入ると、神父は最高幹部会の前で身ぐるみを剥がれた。彼の祈祷書も持って行かれ、反革命的なメモがないかを細かく調べられ、その後、地下室に放りこまれたが、そこにはあらゆる社会階層の人間があふれていた。次の日の朝、マシューはそこに立ち寄り、彼の師に嘆願書の写しを渡すよう頼み、その嘆願書を出すべく立法議会に向かった。「シカール神父のもとで学ぶろうあの生徒たちは、獄中の、彼らの父であり、友であり、教師である人の帰還を懇願するためにここに来ました。彼は人に危害を加えたことはなく、逆に多くの人を助けてきました。彼は私たちに革命を、自由と平等の聖なる原理を愛することを教えてきました。彼は、良い人も悪い人もすべての人を愛しています」（シカールは後にこの嘆願書を公表した。しかし公表する際に、言葉をもっと子どもっぽくするほうが良いと考えた。彼の初期のろう者観の表れである。「……彼は誰も殺していません。彼は何も盗んでいません。彼は悪い市民ではありません。……彼なしでは、私たちは動物のようになってしまうでしょう」等）。

書記官がこのマシューの訴えを読んだ時、立法議会は深く感動し、内務省にシカールの逮捕の理由を示すように命じた。すぐさま、マシューは獄中のシカールのところに行った。「その時、私の継承者と名づけたかわいい生徒の初めての訪問を受けた」と、シカールは書いている。「なんという面会だったろう！　マシュー、彼の父、友、師である人の腕の中で、……マシュー……彼の魂は燃えて私と一体となり、私たちの心臓は互いに激しい鼓動を伝えあった。この哀れな若者は彼の師の危機に、毎日の食事をとることも寝ることもできなかったのだ。彼の手から放たれる何という手話！　……他の囚人たちもなんという場面に出会ったことか！　心を動かされない者がいただろうか？」

しかし日が経っても、立法議会の命令は執行されなかった。逆にパリ・コミューンの検察官がやってきて、立法議会は、国家への忠誠の誓いを拒否したすべての聖職者の国外追放を命じたと言った。彼は該当者の名前を言ったが、そこには「ろうあ者の教師」という肩書のついたシカールが入っていた。直ちに聖職者たちは、予告通り一団となって連れて行かれたが、シカールは置いて行かれた。次の日、新たな囚人の一団が連れてこられた。彼らに接見に来た人が、聖職者たちは国外追放されたのではなく、刑の執行を待つためにサン-ジェルマン-デ-プレ修道院に送られたのだと教えてくれた。

九月二日の日曜、フランス北東部の都市ヴェルダンがプロイセンに明け渡されようとしており、プロイセン軍は王制復権を目的に、パリに向かっているというニュースが広がった。*3 警鐘と大砲の音が首都に注意を呼びかけた。前線に向かう義勇兵が集まったが、義勇兵の出発が、囚人の反乱の合図になるという噂が飛び交った。動揺と不安が漠然と広がる中で、兵士がシカールたちをサン-ジェルマン修道院に連れて行くため牢獄に入ってきた。

囚人は、途上で暴徒から身を守るために馬車に乗せてもらうよう頼みこみ、シカールその他五人が先頭の馬車に乗った。ポン・ヌフ〔訳注7〕を越えて、ドフィーヌ通りを上る一行には、裏切者や外国のスパイが混ざっているという噂が広がった。兵士たちは、意地悪く馬車のドアを開けたままでいたので、馬車がビュシーの交差点に着くころには、シカールも他の一行も、群衆から何度も剣で突かれて血だらけになっていた。

　修道院の中庭は、武装した暴徒であふれており、彼らは囚人たちが着くや否や馬車を取り囲んだ。シカールと一緒にいた一人が馬車から躍り出たが、喉を掻き切られた。二人目が馬車からこっそりと抜け出て、騒乱に紛れこんだが、やはり喉を切られ、より多くの血が流れた。馬車が正面玄関に近づいた時、三人目がつかみ去られ暴徒に飲みこまれた。四人目が建物に向かって走ろうとした時、剣で襲われた。馬車の後ろで縮まっていたシカールは何とか見過ごされ、群衆は二台目の荷馬車に怒りの矛先を向けた。シカールは委員会が開かれていた寺院の一室にこっそりと入り、保護を請うた。すぐに、ドアがたたかれ、囚人の引き渡しを要求する声が部屋に響いた。シカールは委員の一人に時計を渡し、彼を訪ねて来た最初のろうあ者にそれを渡してほしいと言い添えた——それは時計を宝物にしているマシューに渡るだろう——そしてひざまずき、魂を神に預けた。ドアが開き、群衆がなだれこんできた。「我々が追いかけている奴がいる」。数人がシカールめがけて突進してきた。短剣が抜かれた。その時突然、一人が彼の前に歩み出て、暴徒に向き直りその胸をはだけた。「突くのなら、この胸を先に突け」と、彼は叫んだ。「ろう者の父を突き刺す前に」。それは、モノという名のプティ・ゾーギュスタン通りの時計職人だった。暴徒にややためらいが生まれた。シカールは窓の敷居に上り、中庭にひしめいている群衆に向かって大声で話した。「我が友よ。私は無実だ。あなたたちは私の話を聞くこともなく、私を殺そうというのか？」「お前は、他の者と同じように死ななければならない」との答えが返ってきた。「私が何者か、何をしているかを聞いてから、私の運命を決めてほしい！　私は生まれついてのろうあ者を教えている。こうした不運な子どもたちは、豊かな者よりも貧しい者の中にこそ多い。だから、私は金持ちではなくむしろあなたたちの一員だ」。その時叫びがあがった。「我々はシカールを助けるべきだ。彼は殺すにはあまりにも有用だ。彼には共謀者になるような時間はなかった」「シカールを助けろ！　シカールを助けろ！」。声が唱和し、喉を掻き切るべく彼の後ろにいた者たちが彼に駆けより、抱擁し、彼を勝利者として家まで連れて行こうと言ってきた。

　皆が驚いたことに、シカールはそれを断った。彼は集まった人々にお礼を言ったが、正式に許されるまでは彼がいるべきところにいることを望んだ。群衆は中庭での殺戮にもどっていった。あちこちに死体が転がり、庭の玉石は血で赤く染まった。牢獄は空になり、出された者は豚のように刺し殺された。夕闇が落ちたが、人目にさらさないように明かりは消された。

守衛がシカールを気遣って声をかけたが、彼は会議室の隣りの物置部屋に入った。そこで彼は、中庭での犠牲者たちの弁解と死の叫び、周りで立ち会っている人たちの拍手喝采を夜通し聞いた。夜明けには、パリの牢獄の庭は千を超える死体であふれていた。その約四分の一は聖職者だった。

翌朝、シカールは四時に刑が執行されると告げられた。彼は立法議会の議員に手紙を送り、すぐに来て自分を立法議会に連れ出してほしいと頼んだ。立法議会は開会していなかったが、議場にいた秘書官が議員にその手紙を渡し、議員は議長に連絡した。議長は教育委員会に出むき、委員会はコミューンにシカールの解放を命じた。コミューンはその命令を六時に受けた。執行の時刻を二時間超えていたが、土砂降りの雨が刑の執行を遅らせていた。七時、市の幹部が公開処刑を待つ群衆をやりすごすため三色旗を身に着け、シカールを修道院から連れ出した。

時計職人のモノを伴って、シカールはすぐに立法議会に行った。「そこではすべての人が私を待っていた」と、彼は後に書いている。「そして、皆の拍手に迎えられた。議員全員が、私と抱き合おうとした。私が解放者たちにお礼の言葉を述べると、純粋な気持ちの高まりから、すべての人の目に涙があふれた」

一時間もたたないうちに、マシューは再び彼の腕の中にあった。飢えと不眠に弱りながらも、彼の恩人との再会を果たした。九月四日、シカールの逮捕から十日がたっていた。いったん自由になると、シカールはすぐに公務を再開しないほうが賢明であると考え、もう一人の時計職人の家に隠れることにした。その職人の名前はラコムと言い、彼も大きな危険を冒して投獄された神父を捜し回った人だった。この偶然の一致をどう思うか？　一人の時計職人が殺人者の短剣から身を挺して彼を守り、もう一人の時計職人が彼をかくまった。以来私は、この時の行動はマシューへの厚意から生まれたのではないかと思うようになった。多分、私の友人マシューの時計への情熱はそんなに子どもじみたものではなかったのだろう。

ナポレオンを動かす

一年後、シカールはまた非難を受け、短い期間投獄され釈放された。その次は一七九七年の夏、私が国立ろうあ学院に来る直前のことだが、総裁政府が保守主義者とカトリック教徒に反対する政治運動を起こした。シカールは廃止された王制への共感を隠さなかったし、教皇と国民政府が衝突した時に、教皇の権威を支持した政治・宗教的新聞「宗教年報〈Religious Annals〉」の編集者だったため、ギアナに国外追放になった。先に述べたようにそれに従わず、彼はパリの郊外に潜伏した。

数ヵ月の間に、神父は二冊の本を書いた。一冊は、一般的な文法について。もう一冊は、彼がどのようにマシューを教育したかを詳しく述べたものであり、これはろう者をどのように教育するかについて説明した、それまでで二冊目の本となった。これに先立つのは、シカールの指導者だったド・レペ神父が書いた論文だけで、後に非常に影響力を持つことになった。シカールを追放から解こうと友人たちがおこなった努力が実を結ばなかったため、シカールも革命側の新聞に罪状否認の文章を載せた。その新聞で彼は、実際の状況に合わせ、その時一番信じるべきとされるものを信じてきた、そして、追放の理由となった記事は書いていない――これは嘘である――と断言した。「私にとって」と、彼は書いた。「現にある権力によって行使されるすべての権限は、現にあるという事実によって正当である。したがって、私が王党派であった時と同じ忠誠心で、共和国の宣言以来、私は熱心な共和主義者であった（今も共和主義者である）」

しかし最終的には、やはりマシューが彼の愛する恩師をもう一度救うことになった――マシューと劇作家のジャン・ニコラ・ブイイである。シカールの追放を解こうとするマシューの最初の試みは失敗した。彼は嘆願書を書き、何人かの権力者に送ったが、効果はなかった。彼は嘆願書を手に、イタリア方面フランス軍の常勝司令官ボナパルト将軍〔訳注8〕の家を訪ねた。面会は許されなかったが、後日、職員が証拠文書を集めるために学校を訪れた。一方その間に、ブイイはシカールの苦境を多くの人に知らせたいと考え、「ド・レペ神父」という劇を書いた。一七九九年十二月、劇は国立劇場で上演された。クーデターが全体的な成功をおさめ、総裁政府を倒した一ヵ月後だった。ナポレオン・ボナパルトとジョゼフィーヌは二回目の公演に来ていた。劇場では、ボナパルトのボックス席に向き合うように、シカールの友人でもある数人の文人が座っていた。劇の第五幕でド・レペ神父が、「私がパリに残してきた他の生徒たちは、私がいないためにたいへん困っている」と言った時、彼らは立ち上がって叫んだ。「我々はシカールの赦免を望む」。あるいは似たような叫びが上がった。観客の多くが一緒に「シカールに赦免を、シカールに赦免を」と唱和した。ナポレオンもことの意味はわかったようだった。

そこでマシューは、シカール復帰のためのもう一つの策を考えた。ナポレオンの兄のジョゼフ・ボナパルトと親しい議員を、マシューはよく知っていた。その議員がジョゼフを晩餐に招待することになった。そこで、マシューはシカールと一緒に後からそこに合流し、ジョゼフに第一統領

〔訳注9〕への仲介を頼むことを計画した。ことは計画通り進み、マシューはシカールの復職を嘆願し、ジョゼフはそれに動かされて仲介を了承した。マシューはこの偉大な二人それぞれと腕を背に回して抱き合い（とマシューは語っている）、二人は互いに涙を流した。一ヵ月もたたないうちに、ナポレオンはシカールに国立ろうあ学院の校長にもどるよう命じた。二ヵ月の逃亡生活の後のことであった。

シカールは、自分の帰還をたいへん華やかな行事にした。午前十一時、私たちはみな集会場に集められ、男女とも演壇の前に並んだ長椅子に座らされた。私はなんとなく落ち着かなかった——有名なシカール神父を見るのは初めてだったのだ——しかし、マシューは、一秒たりとも待っていられない様子だった。彼は観客席を行ったり来たりした。彼の頭は前のめりになり、目は何かを見つめ、息は浅かった。観客席は満員だった。詰めかけた文人の中には「ド・レペ神父」の作者もいた。美しい女性たちは明らかに上流社会に属していた。そして、一般大衆。突然シカールが現れ、きびきびとした動きで中央の通路を歩いてきた。前に派手な飾りのついた黒いオーバーコートの背中は、動きに連れてうねっていた。黒い靴下とバックル付きの黒い靴を履いていた。彼は、私が想像していたほどには威厳がなかった。かなり背が低く太っていて、頭を斜め前に傾け、何か動きがぎこちないように見えた。彼のロマンスグレーの長い鬘《かつら》はウェーブしていて、真ん中で分かれており、短い首の上の真四角な顔で、それだけが目立っていた。黒い目と大きな鼻は彼の先祖が地中海出身であることを物語り、くぼんだ顎の上で、鼻から口の両端に向けて深いしわが刻まれていた。彼は歩く時、説教壇の神父のように前に手を出した。マシューは文字通り飛びつくようにその場に行き、二人は強く抱き合った。そして、シカールの手を取って観客席の中央まで来た。そこで我々生徒は彼のところに集まった。ある者は彼の手にキスをしてひざまずき、多くの者が涙を流した。

マシューの提案で、私は黒板のところに行き、ナポレオンへの讃辞を書き、もう一人の生徒が、私たちの「父」がいない間の窮状を話した。学校への助成金は止められ、肉料理は完全にメニューからなくなった。そして、教室はこれまでも十分暖房されなかったが、今は凍えるほど寒かった。政府はかつてないほど反教会的で、宗教教育をやめるよう命令を出し、祈ることや手で十字を切ることを想像すらできない状態だった。別の生徒が花の王冠をシカールの頭にのせ、マシューが聖書の一説を黒板に書いた。ブイイへの感謝を表すため、生徒たちがド・レペ神父の胸像を作り、後でそれを劇作家の家に送った。ブイイが後に話してくれたことだが、彼はナポレオンに、このシカールの感動的な学校への帰還の様子を話す機会があった。第一統領は、彼の劇のおかげだとブイイに礼を言ったそうだ。というのは、この劇を見て彼は、シカールを生徒のもとに返そうという気持ちになったからである。これが、皇帝がシカールに親切に手を差しのべた最初で最後の出来事であった。神父は彼の有名な生徒と同じく、子どもっぽい純真さと、教師への使命と、人道主義への強い愛とを持っていたが、マシューとはまったくちがった三つの欠点を持っており、それがナポレオンを怒らせてしまった。その欠点とは、偽善、狡猾さ、うぬぼれである。しかし仮に、マシューが恩師のこうした欠点を知っていたとしても、師にあまりに忠実であったので、終生それを私に話すことはなかった。いずれにしても、私と彼との友情は半世紀におよび、死による別れ以外に、それを断ち切れるものはなかった。

＊1　肥満だったシカール神父が聴衆の中にいた。
＊2　国立の教員養成大学。
＊3　プロイセン軍はシャンパーニュ州のヴァルミーで引き返した。

訳注1　Manual French：手指フランス語と訳した。後に出てくる方法的手話〈methodical signs〉と同義で使われている。また、それがどのようなものかは、第4章で詳しく説明されている。
2　（音声）言語なしで記憶できるのか、という人間観察家協会をはじめとした人々の疑問に答えたものと思われる。
3　フランス南西部の港町。ジロンド県の県庁所在地。当時、シカール神父はボルドーろうあ学院の校長だった。
4　Committee of Mendicancy：慈恵委員会と訳した。
5　一七八九年から一七九五年までパリにあった市政府。中央政府が実質機能停止していた時の革命を主導した。
6　一七九二年九月二日－七日にパリの監獄で起こった虐殺。一万数千人が殺害されたと言われている。
7　Pont Neuf：新橋の意味。十六世紀から十七世紀に作られた、セーヌ川に架かるパリ市内最古の橋。
8　ナポレオン・ボナパルト（一七六九－一八二一）。コルシカ島生まれのフランス第一帝政皇帝（一八〇四－一八一四）。すぐ後に出てくるクーデターとは、一七九九年のブリュメールのクーデター。総裁政府を倒したナポレオンは統領政府を作り、自ら第一統領となった。
9　この時、総裁政府を倒した統領政府の第一統領だったナポレオンのこと。

第3章　ろうあ学院第二代校長、シカールの功罪

野心家、シカール神父

シカールの行動を思い出してみよう。サン‐ジェルマン修道院では窓の敷居に上って演説した。聖パウロ〔訳注1〕をまねた、芝居じみた解放への拒絶があった。ひとたび解放されるや、立法議会に赴き慰めや賞賛を一身に集めた。遠慮のないローマ・カトリック教会支持の吹聴は、国外追放を招いた。そして、大げさな学校への帰還の儀式——シカールの人生は高級な劇場そのものだった！

彼はいつも舞台の真ん中にいたがった。思いおこせば彼が、フランス知識人として第一歩を踏み出した時からそれは明らかだった。ロシャンブロワーズ・シカールは、一七四二年、ルイ十五世治世下の南フランスに生まれた。彼は聖職を学んだが、聖職は当時、商業や手工業（シカールはどちらもまったく才能がなかった）よりも人気があった。そしてド・レペ神父と同じく、キリスト教義修道会〔訳注2〕に入った。二十八歳で叙任されボルドーに派遣されたが、そこで、彼は大司教のシャンピオン・ド・シセに目をかけられた。大司教はパリに行った時、ド・レペ神父の学校を訪問する機会を持ち、後世に自分の業績を残すために、自分の教区にも同じような学校を作ろうと決心し、その仕事の指導者にシカールを選んだ。

その時四十三歳だったシカールは新しい分野を学ぶために首都に行き、ヨーロッパのあちこちから集まった多くの弟子たちと一緒に、一年間ド・レペの授業と公開授業に通った。ヨーロッパで二番目に建てられるろう者のための新しい学校が、人々の耳目を集めるものになること、したがって、対外的な仕事に自分の時間のほとんどを使うようになることを、シカールは最初からわかっていたのではないかと思う。だから彼はパリにいる間、ボルドーで寄宿制学校の校長をしていた友人のジャン・サン‐セルナンとひんぱんに連絡をとり続けた。シカールは、サン‐セルナンの関心を引きだし、自分の学校経営を手伝わせるために、彼の

Photographie Bibliothèque Nationale, Paris

ロシャンブロワーズ・シカール
ろう教育への情熱を持ち、ド・レペ神父の後継者となる。

今の安泰な地位から不安定な地位に異動するように手をつくした。ド・レペがフランス語に対応するよう整理した「方法的手話〔訳注3〕」についても彼は説明している。ボルドーにもどると、大司教の助けもあって、サン‐セルナンに仕事を押しつけることにどうにか成功した。そして、このベテラン教師が新しい学校で日々の教育をおこなっている間に、シカールは教育の成果を市立公会堂での日曜教室で紹介した。また、論文をいくつか発表し、実践の理論的根拠を述べた。肩書きは校長だったが、シカールはほとんど学校にはいなかった――その代わりに、彼はフランス南西部の町コンドンの司教総代理とボルドーの大聖堂参事会員になった――だから、彼は、サン‐セルナンの指導でマシューが目覚ましく成長していたことは知らなかったのだ。シカールがマシューの最初の教師であり、彼がド・レペから学んだ方法でマシューを教育したという伝説も、じつはそんなところなのである。実際、ボルドーに持ちこまれたド・レペの教育方法は、そのままではあまり役に立たなかった。授業の場で解決策を見つけだすのは、サン‐セルナンの仕事だった。ド・レペの教育の重点はすべて語彙にあった。サン‐セルナンは、語彙指導の上に、言葉の配列と文中の性・数・格・人称の一致に注目させる指導を加えたのである。サン‐セルナンが教えた最もすぐれた生徒の一人であり、自らも教師になったフランソワ・ガールによると、文中の語に番号をふる方法を発明したのはサン‐セルナンだった。この方法によってろうの生徒は、フランス語での文構造の変換について数的な式を使って学べるようになり、自分の間違いを簡単に見つけられるようになった。しかし、シカールは、著書『先天的ろう者の教育課程』（先天的ろう者とはマシューのことである）を通してこの功績を自分のものにしてしまった。この方法は、生きながらえた数少ないシカール由来の業績の一つであるように思える。

ボルドー校ができてから約三年後の一七八九年にド・レペ神父が亡くなり、パリ・コミューンはマス神父を仮校長に任命した。三年後には、このパリ・コミューンがシカールを危機に追いこむことになるのだが、それはさておき、マスはド・レペと十年近く共に働いており、ド・レペが後継者に選んだ人でもあった。しかし、シカールは校長職への立候補を表明する論文を発表した。その中で、彼は、ド・レペの後継者となりうる人間はフランスには四人しかいないと言っている。マス神父の他に、ド・レペと共に働いたことがあり、当時、フランス中南部オーベルニュ地方で私立のろう学校の校長をしていたアントワーヌ・サルヴァン神父、そしてもちろん彼自身の三人[*1]の名をあげ、論戦を公開でおこない、誰が校長として適任かを、すぐれた学者たちに判定してもらう方法を提案した。その場で候補者それぞれが最も自慢の生徒の力を見せ、自分の教育法を説明するというものである。シカールは、マシューの力と演説家としての自己の才能に賭けたのだ。

シカールの提案のとおりに論戦がおこなわれ、彼がその日の勝利を収めた。他の候補者が棄権したからだ、と人は言うだろうが。「ド・レペが後継者として指名したのだから、自分はもう正当な校長である」と、マス神父は論戦を断った。サルヴァン神父は、私も後に学校で知り合ったが、気が小さい人で、喜んで副校長を引き受けると他人にもらしていた。一七九〇年四月、ルイ十六世は、シカールを校長に任命した。

シカール神父が学校を引き継いだ時、彼の恩師が作った学校は絶望的なほどの危機的状況にあった。十数年前、王は学校を保護下に置き、資金の供給を命じたが、命令は実行されなかった。ド・レペの晩年、学校には十分な食料や燃料がなかった。ド・レペの死に際し、二〇人のろうの子どもが家に帰った。しかし、四五人は残り、マス神父は仮校長としてのほとんどの時間を、生徒たちを養い住まわせるための資金集めに費やしていた。マス神父は嘆願書を持って国民議会に学校の支援を訴え、パリ・コミューンはそれを支持した。「ド・レペ神父の養子とも言えるろうあ者は」と、コミューンは言った。「つまり、国家の養子でもある。そして、国家は正義と社会福祉の理由から、ド・レペ神父がしようとしていたことを彼らのためにしなければならない」。しかし、嘆願は効果をなかなかもたらさず、学校は生活必需品に事欠くほどの資金不足に陥っていた。

シカールはこの苦境に彼らしいやり方で対処していく。校長に任命されて数ヵ月後、シカールはマシューを含む四人の生徒と共に、国民議会の慈恵委員会の前で日ごろの成果を披露した。委員会は深い感銘を受け、国民議会全体の場で話すことをシカールに勧めた。一週間後マシューは国民議会に、ろう者を守りその生活を保障することを求める嘆願書を提出した。国民議会は、ろう学校を保護下に置くことを決め、委員会に報告と法令の準備を指示した。秋にはシカールは生徒たちと共に、右岸にある兵器工場に隣り合ったセレスタン修道院に入った。そこは住むにはほとんど適さない所だったが、翌年には国民議会が法案を可決し、ろう学校は国の施設であると宣言し、二四人分の奨学金制度と、職員一〇人分の給料を用意し、盲学校と併設で、正式にろう学校をセレスタン修道院の中に置いた。

シカール神父の公開授業

こうして、マシューや他の生徒たちを披露したことが、最初はボルドーで、次は国民議会の前で成功したので、シカールは彼の経歴の中でもきわだつこのやり方に自信を深めた。彼が亡くなった時、フランス・アカデミーの彼の後継者はその受託演説で、次のように問いかけながら的確にシカールを語った。「人々に理論を説き、また、集まった観衆に生徒たちを披露する時の、シカール神父の、満足げで無邪気な喜びようを見なかった者がここにいるでしょうか?」。学校がサン-ジャックに移ってからは、毎月第三月曜日に学校の集会室で公開授業があった。さらに特別授業があった。教皇が来た時のことは先に述べたが、一年後にはパリの大司教、その後にはアングレーム公爵夫人、オーストリア皇帝のフランツ一世、そして、私がハートフォードに来るためにパリを去った後には、グロスターとアングレームの公爵たちとベリー公爵夫人を迎えた。さらにシカールは、一八一五年にマシューと私ともう一人の生徒を連れてロンドンで一二回の公開授業をおこない、そのうちの一回は英国議会の前でおこなった。私がアメリカに来たのも、シカールの舞台好きのおかげということになる。というのも、私がトーマス・ギャローデット師に初めて会ったのはロンドンなのである——これは別の章で話そう。

サン-ジャックでのいつもの公開授業はお昼に始まり四時に終わった。集会室の半円形の長椅子は三〇〇人から四〇〇人の見物客であふれるほどに埋めつくされていた。最前列は学校の生徒たちが占めていた。その後ろには優美に着飾った女性や品格のある紳士たちが座り、彼らの荷物は隣りの中庭に置かれていた。そのまた後ろにはろうの生徒の親たちが座っていた。親たちは、ろうか健聴の、私のクラスメートの兄弟をよく連れて来た。演習のうちの一つが目に浮かぶ。それは、シカール神父が人々の前ではじめて私を試した時で、私は十三歳か十四歳だったはずだ。

舞台には、ド・レペ神父の胸像が置いてあるだけだった。多くの人が良い席を取ろうと早くから来ていて、シカールが舞台に出てくるのを長時間待っていた。ある者は意味ありげに何かを見つめ、ある者は話しこんでいた。ついに神父が登場し、教師や復習教師〔訳注4〕たちも挨拶に立ちあがった。シカールはステージに進み、後からマシューも出てきた。

「私は待っていました」と、神父は語りだした。「皆さんを、今日の新しいお相手に紹介する時を、です。彼はほとんど幼児も同じです、つまり、かわいい野蛮人、まだ彫られていない大理石の塊です。あるいは、これから命を吹きこまれ、知性をあたえられる立像と言っていいでしょう……」。(シカールがろう者を教えるようになる少し前、当時の哲学界をリードしていたコンディヤック神父が『感覚論』を出版した。その中で、彼は、一つ一つの感覚を順にあたえていくことによって次第に生命を吹きこんでいく立像というものを想定した。シカールは、その立像の物語が、部分的にまさに目の前で起こっていると考えた。ろうあ者は生きている立像であり、その感覚を彼が一つずつ活性化させているのだと思い描いていた。人は大衆が下す評価以上に、自分のおこないを厳しく見つめることはなかなかできない。観客の波が途切れることはなかったし、中庭の両側に二段積みで置かれた荷物は、賞賛者たちの社会的地位の高さを証明していた。こうして、シカールのろう者に対するばかげた見方が高じていったのだ)。

「この子は何の教育も受けていません」と、シカールは続けた。「私は今のところ、彼の能力を知りません。彼の未来の見通しは、これから私がおこなおうとする実験で決まるでしょう。私の基礎的な授業の一つを始めます。皆さんは、私の教育方法やその効果がどんなものか、すぐに理解できるでしょう」

その時マシューが、黒板の上から下げられた三つのフックに、鍵、帽子、眼鏡をかけ、その下にそれぞれのスケッチを描いた。五歳くらいの男の子が会場に入ってきた。母親の手を離れ、彼は、舞台の黒板の前まで連れてこられた。約三〇〇人の観衆が期待しながら彼を見ていたが、男の子はしばらくの間、まったく興味なさそうに黒板を眺めているだけだった。シカールに困惑する様子が見えた。観衆と教師たちがこの子の能力を疑いだし、救済をあきらめかけたちょうどその時、彼は手で自分の頭を叩き、微笑んで黒板に下げられた帽子を指さした。

「いいですよ！」神父が大きな声で言った。「この子は夜の深淵から救い出されるでしょう。数千人もの彼の不幸な兄弟は、その孤独な深淵から抜け出せず、苦しんでいるのです」

この実験は無事に終わり、男の子は手押し車に乗って退場した。シカールはマシューに、生徒にものの名前を最初に理解させ覚えさせる方法を説明するようにと、合図した——読み書きの入門的な授業の一つである。マシューは、鍵のスケッチの上に「鍵〈clef〉」と綴りを書いたが、綴りが鍵の形になるように書いた。「このようにスケッチと結びついた綴りの文字は、生徒の頭にきざまれ、彼らは、文字がスケッチで書かれたものに代わる記号となることを学習します」と、シカールは説明していった。「綴りがしっかりと記憶に刻まれれば、輪郭は消され、綴りだけが対象の記号、あるいは表現されたものとして残ります。次の段階で、綴りは普通に印字され、印字された言葉がその意味するものすべてを運ぶようになります」

「私ははしごの一番下の部分をお見せしました」と、シカール神父は続けた。「今度は皆さんを頂上に連れて行こうと思います。よろしかったらどなたか、本か新聞をお借りできますか？　私たちはこの若者、マシューの能力を働かせてみたいと思います」。誰かが新聞を渡した。神父は私に、舞台に上がって広告の文を手話で表すように合図した。

「クレールがマシューに文を書き取らせます。マシューは、考えを理解するだけでなく、新聞に出てきた言葉を正確に繰り返すことができます。ご覧ください」

そこで、私は手指フランス語で文章を伝え、マシューはそれを黒板に書いた。彼は一つだけ間違った。「県」と書くところを「郡」と書いてしまったのだ。私は間違いに気づき、国〈NATION〉と手話をした。すると、彼は「共和国」と書いた。しかし、私が別の言い方を考えている間に、彼は「県」と書き換えた。

「彼に尋ねてみましょう」と、板書の間に神父は話しだした。「二つの言葉を定義してほしい。君の言葉では、郡と県とはどう違うのかね？」

マシューは黒板に書いて答えた。「郡は行政長によって治められる地方自治体を意味します。県は帝国領土の一部、知事が治める、州の新たな呼び名〔訳注5〕です」

「君は治めるという言葉を使ったが」と、神父はたたみかけた。「その治める所とは何なのかね？」

「自治体の頂点にある権力です」と、マシューは答えた。「自治体の足りないものを補い、害から守り、自治体を維持するためにあります」と答えたが、彼は物足りなげであり、次のようにつけ加えた。「それは自治体の中心になる一人、あるいは数人です。彼らは構成員の案内役、旗振り役、守り役として自治体に仕えます」

観衆は明らかに満足し、感心していた。「彼になんでも聞いてみてください」と、シカールは続けた。「彼は素早く、はっきりと、正しく答えてくれることを請けおいます」

「音楽とは何なのか、彼に聞きたい」と、紳士が大きな声で言った。この質問が出された時、マシューは首をふった。彼は黒板に書いた。「その質問に答えるのは、ろう者にとっては不可能ではないとしても、たいへん難しい問題です。私たちの音楽への理解はかなり貧しいはずです。音楽とは、声や楽器によって呼びおこされる快い感覚である。私は、その程度のことしか言えません」

辞書に名を刻んだシカール

「音楽について言えば、」と、シカールが言った。「皆さんは間違いなく盲人ソーンダーソン[*2]の答えを思い出すでしょう。彼は、緋色は何にたとえられるかと聞かれた時、『トランペットの音に』と答えました。私がマシューに、トランペットの音と言われて、どんなことが頭に浮かぶかと聞いた時、彼は答えました。『日没後、地平線を彩るように染める、真っ赤に燃える光。私はそれにたとえるくらいしかできません』と。貧しいろうあ者のこの貧弱な家に来ている紳士、淑女の皆さん、皆さんは彼らの今の状態と薄幸な将来に暗い気持ちを抱きながら来られているに違いありません。また皆さんは、聞こえず、そのため話し方もわからないという、特異とも言える生徒たちと意思を伝え合う方法について、いろいろ推測されてきたでしょう。しかし、彼らは耳は聞こえないでしょうが、目が見えないわけではありません。そして、ド・レペ神父のみごとなたとえを借りれば、私たちは正面玄関から持ちこめないものでも、窓から送りこむことができます。音、声、話し言葉を持っていないとしても、彼らは光、表情、色、動きの世界を持っています。だから、彼らは自分の考えを身ぶりで表すのです。ろうあ者の言葉は最高レベルに達した雄弁な動きであり、本質的に詩的絵画的であり、見たものを描き、描いたものを装飾し、想像をなんらかの形にしたもの、語源を身ぶりで表したものと言えるでしょう」

「さて、まず原本があり次に複写があります」と、シカールの話は続いた。彼は、話す時に類推をよく使った。「思考が原本であり、言葉が複写です。身ぶりは話し言葉の装飾品にすぎません。太古の人類は発音する能力を持って生まれました。彼はその能力を子に伝え、子はまたそれを家族に伝え、そして言葉が生まれました。しかし、対象とそれを指し示す言葉とに何かの類似があると考えてはいけません。言葉はまったく便宜上のものです。たぶん思考とは、集中した頭の働きと定義できるでしょう。そしてこの働きを単純に、思考の開始あるいは反応と、思考の帰結あるいは判断とに分けることができます。ちょうど、私たちが見る〈see〉ためにはまずよく視る〈look〉、聞く〈hear〉ためにはよく聴く〈listen〉のと同じです。この素早い動きの最初の瞬間では、精神は完全に受け身ですが、次の瞬間には能動的になります。もし仮説として、その瞬間を分けるとなると、それは、もとは同じものの二つの状態であり、一つが他のものの門番であり、主人の注意を呼びおこします。プラトンなら、より崇高に表現して、一つは思考の力によるもの、神であり、他は感覚の力によるもの、動物であるとでも言うでしょう。また、それは、この美しい人間の定義を思い起こさせます。感覚が仕える精神は……」

ここでシカールは、急に熱弁をやめ、観衆、特に女性たちに、自分の教育法を説明するために形而上学的な話になってしまったことをわびた。しかし、その必要はほとんどなかった。シカールの説法に耳を傾ける者はほとんどいなかったからだ。観衆はお互いを見たり、最前列の私の級友たちを時々見たりしていた。ひっきりなしにおしゃべりしているその列で、彼らの手は空中を舞っていた。

「音声言語は」と、神父は続けた。「思考を、音声言語以外の世界には伝えません。音声言語は、思考をそのまま包みこんで運びます。いわばこだまのように厳として変容しません。したがって、聞こえも声もない不幸な存在は、自然の身ぶりだけにとどまり、ほとんど孤独で暮らし、音声言語の貴重で有利な点を享受することができません――天才が現れ、ろうあ者の身ぶりを完璧なものにするのを手助けすることがなければ、です。しかし、その助けがあれば、彼の身ぶりは、音声言語にとって代わりうる唯一のもの、書記言語の高みにまで引き上げられます。では、ろうあ者の自然な身ぶりを教育する、つまり、その原始的な状態から形と規則を持ったものに導く、たいへんな教育法を実行に移しましょう。私たちは、すべての用語体系を分類することから始めます。生物と非生物の概念に進み、形容詞と現在動詞と代名詞の原形を展開します。次には、以下の命題についての理論です……」等々。

もし、認識論的なたわごとのすべて、矛盾のすべて、余談のすべて、見物人をほほえませる自己の業績への子どもっぽい自慢をそのまま再現するならば、それはあなたの、また、私の忍耐力を試すことになるだろうし、それでもなお、私はまだ彼のうぬぼれた話しぶり（ガスコーニュ訛りと私は教えられた）をそっくり再現したとは言えない。しかし、彼の名前はフランス語の辞書にsicardiserという動詞になって、永遠に記されることになったと言えば十分だろう。それは、何時間ももったいぶってしゃべる、長々とお説教をするという意味である。実際、ある人は、シカールはペテン師で、ろう者にとって彼から学べる有意義なものはないと考えた。しかし、単純、誠実、根底にある善意、何よりも彼が目ざした理想ゆえに、彼は同世代の人々に受け入れられたし、また、歴史の目からも許されるだろう。

観衆からのマシューへの質問で公開授業が終わり、それはシカールが通訳した。

――神とは何か？

――要の存在、永遠の太陽、自然の機械工、正義の目、宇宙の時計職人、宇宙の魂です（おわかりと思うが、こうした質問はろう者の思考力を試そうとするものであり、質問内容が抽象性にこだわっているなら、ろう者は具体的なことしか考えられないとする聴者の誤った理解によるものである）。

――願望〈desire〉と希望〈hope〉の違いは何か？

――願望は葉におおわれた木であり、希望は花におおわれた木であり、楽しみは果実のなった木です。

その時、シカールは私の方に振り返った。「君はどう答えるかね、クレール？」

私は言った。「願望は心の流れ、希望は精神が寄せる信頼です」

マシューにシカールが尋ねた。「感謝の念とは何か？」「感謝の念」とマシューは手話をし、シカールの目をじっと見た。「それは心にある記憶です」

たぶん私は、もっとシカールに感謝しなければならないのだろう。たしかに当時の私はシカール神父に感謝していた。しかし、長い人生が私を冷厳にした。私は見ている。善意の神父を、より厳しくへつらいなしに、私たちろう者が、怠慢で好奇心ばかり強い社会のためにこうした見世物の犠牲になったこと、不条理で冷酷な言葉が私たちに面と向かって投げつけられたこと、私たちが何かをなしとげても、常に聴者のおかげでできたことにされ、主人の命令で、町の時計が時を知らせるのと同じ回数、広場で足踏みをする賢い馬と変わらぬ扱いを、私たちは受けていたこと。これらは厳然とした事実である。

マシューの答えは間違っていた。苦い思いもまた、心の記憶に残るのである。

栄光と転落

フランス人が言う「芝居がかったやり方〈coup de théâtre〉」は、いつもシカールの友だったと言っていい。それはサン＝ジェルマン修道院で、暴徒の短剣から彼を守った。ナポレオンに、シカール追放の赦免を促した。政府の後押しとおびただしい肩書というパリでの地位を、彼にもたらした。マシューが時計を集めるような子どもっぽい単純さと満足感で、シカールは国内外での肩書を集めた。一七九五年、彼は創設間もないフランス学士会の文法学の会員に指名された。学士会は数年後に再編成され、彼は文学の部門に入った。後のフランス・アカデミーである〔彼は、アカデミーの有名なフランス語辞書の基礎作りを手伝った。辞書作りは今も進行中である〕。ロベスピエールの失墜とともに恐怖政治が終わった後、国民公会はエコール・ノルマルを作り、当時の第一級の指導者を職員にした。シカールも選ばれ、文法学部で教鞭をとった。彼は、ろうあ学院、盲学院、およびパリの施設全体を監督する各理事会の一員だった。盲学校の生徒や職員は一年に一度、シカールの聖名祝日〔訳注6〕を祝う日の式典に参加するためにサン＝ジャックを訪れた。

私が最後に参加したその式典は朝早く始まった。生徒の一団が、聖ロックの日の先触れとして、校庭で空砲を撃った。九時に音楽隊が行進してきた。少年少女たちが手に手を取って二列で——盲《もう》の子どもたちが式典に来たのだ。我々は彼らのところに駆けていって礼拝堂に案内した。何人かは指文字を手で読みとることを学んでおり、幾人かの古い友達が再会した。少女は白いリネンに青い帽子とベルト、少年はグレーの制服に襟の高い上着と青い袖口。そうした出で立ちで二列で礼拝堂に行進し、少女は右の椅子に、少年は左の椅子に分かれて座った。たくさんの客が座っていたが、学校職員と卒業生もいた。司祭が日々の祈りを始め、ときおり服の帯がひらめいた。司祭が聖餐のパンをあげた時、盲の女性が立ち上がりアリアを歌った。

そのあと、礼拝堂からの行列が集会室へと進むと、今日の主人公が待ち受けていた。シカールは舞台上のカーテンの横に座り、二人の生徒がそのカーテンをつかんでいた。合図で二人がカーテンを引っ張ると、ド・レペ神父の大きな胸像が現れた。その像には「シカール神父に捧げる、神父の子どもであるろう者より」と銘があった。その時、ろうの子どもが盲の子どもの手を取り、行列になってシカールの前に来て、それぞれが自分の言葉で、彼に長生きしてくださいと語り、ある者は花や絵や花瓶等の贈り物を、仲間と一緒に差し出した。シカールは立ち上がり、集まった人たちを次の家庭的な祝宴に誘った。三時だった。観衆が列になって集会室を出る時、盲の生徒の聖歌隊が、「あなたの温かい家庭より良い生活などどこにあるだろう」と歌った。祝宴は陽気で、にぎやかだった。デザートが出た後、マシューが王室のため、そして盲学校教師のヴァランタン・アユイ〔訳注7〕の健康のために乾杯をした。続いて盲の少女が、ド・レペとシカールのために乾杯をした。

五時に解散となり、一同は庭や中庭に出た。青白く美しい満月が灌木の茂みの向こうから優しく顔を出し、やがて、サント－ジュヌヴィエーヴ山の上に浮かぶのが見えた。ろうの生徒がシカールの日を祝って、風船を飛ばした。日が暮れると、盲の生徒たちは中庭に集まり、太鼓の音に合わせて退出し、続いてろうの生徒たちは、まばゆい花火の束を解いた。爆竹が鳴り、花火が打ち上げられた。夜空に舞い上がった光は三色、多色、真紅と最後になるほど鮮やかな色をはなちながら地上に散っていった。それを見て私たちは就寝した。

シカールの名誉欲は、学界や、慈善団体関係の会員であることにとどまらなかった。彼は、文法学会、科学アカデミー協会、第一スペイン愛国協会の会員でもあった。一八一四年ナポレオンがエルバ島に流され、ブルボン朝が復活した時、シカールはレジオン・ドヌール勲章を受けた。シカールがずっと欲しがっていたが、ナポレオンが授与を認めなかった勲章である。彼はまた、ノートルダム大聖堂の名誉司教座聖堂参事会員の称号を受けたが、それも皇帝が承認を拒んでいたものである。ルイ十八世は彼に聖ミカエル勲章をあたえた。さらに、スウェーデン王[*3]からヴァサ勲章を贈られ、また、プロイセン・オーストリア・ロシア連合軍が侵入し、ナポレオンを放逐した時は、ロシア皇帝から聖ウラジミール勲章を贈られた。教室で乗馬服を着て、ポケットを本と時計で膨らませていたマシューは微笑みを誘ったのだが、数々の名誉と共に得た勲章やリボンで自らを飾り立て、丸々と太っていたシカールは、嘲笑を買っていた。

シカール神父の外見に対する無邪気な欲望――芝居じみたふるまい、肩書への執着――は、浮かれ騒ぎになるだけだった。しかし、彼の、権力と金への無邪気な欲望はより深刻な問題だった。前者はシカールを国外に追放し、後者は彼の晩年から平穏を奪ったのである。たぶん聖職者に対し、反教会的で反王室的な革命への支持を期待するのは無理なことだろう。しかし、聖職者の多くは時流に逆らっても意味はないと悟り、水面下のいわばそれほどかき回されていない水流に隠れた。しかし、シカールは違った。彼は数年間あからさまに動き回った。すでに述べたように、聖職者の市民憲章を受け入れる誓いを拒絶し、『宗教年報』の編集を引き受け、公開授業ではマシューに神とその属性についての定義を繰り返し述べさせた。また、彼自身も公開講義で、魂の不滅について講演した。彼は公然と、他人を呼ぶ時に対等に「君〈tu〉」と呼ぶ、革命生まれの新仕法をなくそうと取り組み、エコール・ノルマルではその言い方をやめさせた。亡命中のブルボン朝政権とひんぱんに連絡を取り、しかも、ナポレオンはそれに気づいていないと思いこむほどのんきだった。ナポレオンは、すぐ後に反革命的行動により射殺されたエンジー公爵[*4]とシカールとのつながりも知っていた。このように、皇帝は我々の新しい校長を嫌い、彼に謁見を許すことも名誉をあたえることもなく、サン＝ジャックを訪れることもなかった。連合軍〔訳注8〕がパリに入り、ナポレオンがエルバ島に連れて行かれた時、シカールは子どものように喜んだ。それは、私の目の前で起こったことだが、そうでなくても十分想像できるだろう。侵略者の王女は「天使のよう」で、プロイセンの王は「すてき」、オーストリアの皇帝は「とても立派」だった。しかし、彼の最大の賞賛はロシア皇帝に対して向けられ、皇帝の名を言う時、シカールは「崇拝する」という形容詞をかならずつけていた。一八一四年にフランス王室が復権するや、シカールは新しい王に謁見《えっけん》に行き、陛下の幸運な帰還を祝福した――そして、それまでもらえなかった勲章を自分のものにすることができた。では、ナポレオンがもどってきた時は？　一八一五年春、ナポレオンがエルバ島を抜け出し、フランスにもどってまた権力を握ろうとした時、シカールはマシューと私を連れてフランスを逃れ、イギリスに渡った。ボナパルトは内務大臣を通して、私たちをロンドンから呼び返した。しかし、私たちがパリに着く時には、彼はワーテルローの戦いに敗れ、その新しい統治は終わっていた。

シカールの残された数年の人生は、彼の衰えていく年月であった。ちょうどそのころ、彼は悪質な借金の連帯保証人になってしまっていた。債権者への支払いで彼は極貧になった。馬車や家具を売り、なんとかして三万フランを工面したが、それはマシューが自分の給料から、彼に預けていたものだった。数年後、彼はかろうじて負債を返済したが、愚かにも、そのために新たな負債を背負ってしまった。

純粋な英雄は物語の中にはいても、現実にはいない。この純朴で自己中心的で献身的なろう教育の教師を美化しても何にもならない。聴者が好む言い方だが、「ろう者を社会にもどす」ことを目指した人が、岸に打ち上げられた魚のように、その社会の中でもがいたのは皮肉である。ある時は追放される、されないという問題で。ある時は獄につながれる、つながれないという問題で。ある時は借金が払える、払えないという問題で。私たち子どもを世間になじませようと努力した育ての父が、子どものように無邪気でいて、その無邪気さを子どもたち、特にマシューに刻みこむことになったのも皮肉である。さらに、文法学者であるシカールが私たちの手話の文法を見落とし、その文法はフランス語によって補われるものと考えたのも皮肉である。

死の一年前、彼の行動が幼児化してきた時、シカールはもうすぐ辞めるだろうという噂が広がった。彼は新聞に、自分をその地位から降ろすのは死のみであろうと、噂を否定する記事を書いた。一八二二年五月十一日、死がその願いを聞き入れた。市のすべての鐘が数時間鳴り続け、彼の遺体はノートルダム大聖堂に公開で安置された。まさにシカールに似つかわしい舞台ではないか！

＊1　シカールの考える四番目の候補者、オルレアンのろう学校長だったデシャン神父は、その時、重い病気だった。

＊2　Nicholas Saunderson（一六八二－一七三九）。ケンブリッジ大学の数学教授。

＊3　カール十四世（一七六三－一八四四）。スウェーデンとノルウェーの王にして、フランス革命の将軍。

＊4　エンジーのブルボン－コンデ公爵は、一八〇四年三月二十一日に処刑された。

訳注1　初期キリスト教の宣教者。初めはキリスト教徒を迫害したが、回心を体験、キリスト教発展の基礎を作った。ユダヤ名でサウロとも呼ばれる。新約聖書の著者の一人。

2　Congregation of Christian Doctrine：一五九二年にフランス人の司祭セザール・ド・ビュスによって作られた。

3　methodical signs：方法的手話と訳した。第2章最初の訳注で述べたmanual Frenchと同義で使われている。

4　第1章25ページの訳注5参照。

5　フランス革命により、それまであった州は全廃され県になった。郡はその県をさらに細かく分けた行政区分。

6　カトリックの世界では、一年三六五日それぞれに守護聖人が定められており、その聖人の聖名祝日という。またその日には、ファーストネームがその聖人に重なる人は祝福を受ける。シカールのファーストネームはRoch。単独の発音はロックなので、聖ロックの日（八月十六日）がシカールの聖名祝日となる。なお、聖ロック（一二九五－一三二七、聖ロクスともいう）はペストに対する守護聖人といわれている。

7　盲学校創設者。第5章で説明がある。

8　オーストリア、プロイセン、スウェーデン、イギリス、ロシアの軍が、ナポレオンのフランスを包囲した。

第4章　ろう教育の誕生

劇「ド・レペ神父」の成功

ド・レペ神父の死の約十年後、十九世紀の幕開けのころ、この「ろう者の父」を讃えるジャン・ニコラ・ブイイの劇が、パリの舞台で大成功をおさめた。一〇〇回以上公演され、当時の劇では二番目の成功だった。[*1] この劇が、ろう者の窮状に注目させ、シカールの自由を確保することに大きく貢献したことは、すでに述べた。成功した理由ははっきりしている。ブイイの劇は、ド・レペの性格や行動に対する賛辞や感謝を超えて、啓蒙主義と革命の時代にあわせて作られた寓話であった。誘拐され、地位を奪われた若い伯爵の姿は悲惨そのもので、運命と社会に翻弄され、享受できたはずの社会生活の恩恵をまるごと奪われていた。彼の救済者、ド・レペ神父は非常に聡明にして控えめな教師で、自分の生徒の正当な相続財産を取りもどさせた。そして、ブイイは事実を少しドラマチックに仕立てた。例えば、「若い伯爵の地位・財産の略奪者」をダルモンという名の「悪徳の叔父」にし、ド・レペを助けるフランヴァルという弁護士を創作した。しかしブイイは、神父と彼の有名な生徒については正確に描いていた。その生徒はソラール家の伯爵で、本当の名前はジョゼフといった（少なくともド・レペはそう確信していた）。そして、物語は始まる。

「ド・レペ神父、ろうあ学院の設立者、六十六歳――飾り気がなく威厳がある。その鋭い眼力はなにものも見逃さない。一方、上品な雰囲気で愛想が良く、才気と善良さをあわせ持っている。何よりも、穏やかで変わることのない敬虔な心と、神への絶対の信頼をもつ。彼は、生徒に害をなす者に対しては、礼儀をわきまえながらも、毅然とした態度で接する。また、自然に関する完璧な知識をもつ」

そして、「ド・レペの生徒の若い伯爵（彼は劇ではテオドールとされる）」は生まれつきのろうあ者で、貴族の家のただ一人の跡取り。十八歳――たいへん聡明で、感情もきわめ

Photographie Bibliothèque Nationale, Paris

シャルル－ミシェル・ド・レペ
世界で最初のろう学校、フランスろうあ学院を作った。ろう教育の生みの親。

て細やかである。先生を全面的に信頼し、ふるまいは静かで慎み深い。彼の眼差しは素早く鋭く、理解したこと、見たこと、望むことを説明したい時には身ぶりで伝える。しかし、温和で愛想の良い微笑みは、むしろろうであるために味わった不運と苦しみから生まれたものであり、周りの人たちは思わず涙した」

第一幕でブイイは、主題から離れた、かなわない恋のわき筋で観客を楽しませる。「悪徳の叔父」の息子は子どものころ、ろうの少年と友だちだった。その息子が弁護士の妹に恋心を抱く。しかし、彼の父親は反対する。そこで場面が変わり、ド・レペが若い「テオドール」とともに登場する。テオドールは興奮している。家を探し、はるばる歩いてたどり着いた町に少年は見覚えがあった——フランス南部の町トゥールーズだった。第一幕のカーテンが下りる直前、テオドールは自分の家を見つける——じつは、ソラール伯爵の家である。ここは、劇中で最も有名な場面で、ダヴィッド〔訳注1〕の弟子であり、ド・レペの教え子でもあったポンス・カミユはこの場面を絵に描いた。その絵は劇と並んで、このろう者に世間の注目をますます集めた。

ド・レペ　（黒ずんだ外套、黒いベスト、膝までの半ズボンと靴下。白髪は丸く整い、先が少し巻き毛になっている。白いカラー、聖職者用の帽子。小さな黒いボタンのあるグレーの布のゲートル。靴は埃にまみれ、手には節くれだった杖）この急な動揺、彼の表情の変化。彼が周りのものに覚えがあることは疑いない。

（テオドールはこの場所を覚えていると手話で言いながら懐かしむ表情）

ド・レペ　私たちは、長く苦しい探索の旅の終わりにたどり着いたということなのか？

（少年はドアに向かって数歩進み、叫びをあげ、そして、息切れしながらド・レペの腕にもどる）

ド・レペ　何と耳をつんざくような叫び声だ！　彼はほとんど息もできないほどだ。こんなに取り乱している彼ははじめてだ。

（テオドールは素早い手話で父親の家を見つけたと伝える。彼は、手を交互に重ね、そして指を伸ばした手で屋根の形を作る——それから、右手で約六〇センチ、子どもの高さくらいを指さす）

ド・レペ　（邸宅を指さしながら）そう、彼が生まれたのはここだ。誕生を見守ってくれた住まいや子どもの時の愛着ある場所は、必ず私たちをそのころに呼びもどす。

（テオドールはド・レペに感謝を表す手話をし、その手にキスする。ド・レペは、少年が感謝すべきは自分にではなく、神のみに対してであり、神が彼らを導いてくれたのだと手話で言う。テオドールはすぐさま片膝をつき、彼の恩人に祝福を分けあたえるよう手話で祈る。ド・レペも、帽子をとって頭を垂れ、神父と少年はともに祈る。
二人は立ち上がり抱きあう）

ろう少年誘拐事件

第二幕で、少年の誘拐と財産略奪事件の中身が説明される。まず若い弁護士フランヴァルが家にいる。妹が、ある人を愛してしまったと言う。ある人とは、悪徳の叔父ダルモンの息子である。そのダルモンからフランヴァルに手紙が来る。そこには、一緒にその恋をあきらめさせてほしいと書いてある。その時、ド・レペが登場する。ド・レペはこの法律家の助力を乞い、ここでブイイ版のソラールの物語が語られる。カーテンが下りる時、フランヴァルは、テオドールの正当な相続権を取りもどす仕事を引き受ける。

事実はこうである。マシューーが生まれ、ルイ十六世が王座に就いたころ――正確には一七七三年九月二日――ピカルディ[*2]のセシェルの商人がパリ郊外のビセートルの城に、十二歳のろうあの少年を連れて来た。その少年は、セシェルから北部の町ペロンヌに向かう路上で置き去りにされているのが見つかり、セシェル市の警官は、彼をビセートル城に送るように命じた。その城は、当時、精神障害者、知的障害者、てんかん患者や迷子の収容施設になっていた。少年は青白い肌とブロンドの髪と青い目をしていた。端正な顔つきには悲しみと知性が感じられた。彼が何かを伝えたいと思った時、表情には幾千もの思いや感情が表れた。彼は施設のグレーの帽子と上着をもらい、二年間、何も知らず誰にも知られず、建物の中をさ迷い、一緒に収容されている健聴の子どももあるいは大人の狂気、残酷さの餌食になっていた。

一七七五年六月、少年は重病になり、ビセートルの施設からパリ中心部の市立病院に移されるが、そこから彼の運命は好転しだした。病院で彼は、女子修道院長サントーアントワーヌの愛のこもった世話を受け、アントワーヌは彼をド・レペ神父に紹介した。ド・レペ神父はそのころ、司祭として家々を訪問していた。ド・レペは名前もわからぬ、ろうあの少年が病院で自分に語ったことを、手紙に詳しく書いている。「少年は、高潔で裕福な家の出であることがわかった。彼の父は足を引きずっていたが、すでに亡くなっている。未亡人の母には四人の子がいて、二人は姉、一人は妹である。母親はリボンと美しい服と時計を身に着けていた。彼女は広い家に住んでいた。彼らの家には召使がいて、少年自身もかしずかれていた。家には広い庭があり、庭師がいた。庭には果物がたくさんなり、冬の貯えとした。ある日彼は、男と一緒に馬に乗るように言われた。男は少年の顔にマスクをかぶせ、馬に乗って非常に遠くまで連れて行き、彼を捨てた」

この少年と会った夜、神父はこの話をサロン〔訳注2〕で語ったところ、その場にたまたまフランス警察のパリ地区長がいた。その話を聞いた地区長は、これは犯罪ではないかと考えた。数日後、国のすべての警察隊が、少年の人相と経緯を印刷した覚え書きと、適切な捜査をおこなうべしという指令を受け取った。

警察が回覧したチラシに寄せられたいくつかの情報が間違いだとわかったころ、ド・レペは少年にジョゼフという名前をつけ、彼を病院から移し、シェブロー氏が舎監をする寄宿舎に二六人の生徒と一緒に住まわせた。間違った情報が続いたのでド・レペは警戒心を強め、一七七六年に警察から届いたオートセル夫人の手紙も、最初は信じようとはしなかった。彼女が言うには、彼女は一年のうちの約八ヵ月をトゥールーズで暮らすことにしている。一七七三年、彼女は、未亡人となったソラール伯爵夫人の広い庭が見渡せる一室を借りた。伯爵夫人には、十四歳の娘と十二歳のろうの息子がいた。息子はたいへん聡明でブロンドの髪、灰色がかった青い目、痩せた顔、大きな口、曲がった歯並び、一本の八重歯が特徴だった。一七七三年九月、たぶん障害を治すためにバレージュ[*3]のお湯につかろうと、彼は伯爵夫人の召使に連れられて行った。以来、彼を二度と見ることはなかった。彼の母親は二年後に亡くなり、彼の姉はトゥールーズの女子修道院にいる。

この説明は驚くほど「ジョゼフ」に当てはまった。違うところは、彼が受けた世話や治療から説明できた。彼の顔はもはや痩せてはおらず、歯並びは矯正され、八重歯は抜かれていた――サント＝アントワーヌ院長の指示だった。それでも、間違った情報が続いたこともあり、ピカルディや、ベルギーのリエージュからも手がかりらしき話があったので、ド・レペは天の導きが現れるのを待つことにした。そして、それは彼の公開授業の時にやってきた。公開授業は、ムーラン通り一四番にあるこぎれいな広い家でおこなわれた。ド・レペが兄と共有していたもので、兄は父と同じ建築家だった。

ろう教育の先駆者、ド・レペ神父

ここで、この公開授業について少し述べよう。この授業は、ろう者が教育可能であるという知見をヨーロッパ中に広げるのに大いに益した。最初は毎週火曜日と金曜日、彼の家でジョゼフを含む生徒たちが、朝七時からお昼まで受けていた午前の授業を公開したものだった。しかし、一七七一年に、それが始まるとすぐに見学したいという人があまりに多くなり、神父は、夕方にも授業を公開することになった。私の手元にある、一七七二年七月二日のプログラムの冒頭にはこう書かれている。「集会室は一〇〇人しか入れないので、見学者は、二時間以上は残らないようにと丁重に言い渡される」

例えば、ある授業は、洗礼の秘跡〔訳注3〕に関するものだった。ド・レペは手指フランス語で「なぜ洗礼は秘跡の入り口と言われるのか?」と質問した。生徒たちはフランス語を、あるいはラテン語、イタリア語、スペイン語を書いて答えた。他の授業では、九人の生徒が洗礼と懺悔についての質問に四つの言語で答えた。なぜ、数種類の言語なのか? ド・レペはこの質問にこう答えている。ろう者は彼らの国の言葉が何であれ、ド・レペの教育法によって教育可能であることを示し、また生徒にとっては、違う文法に合わせて、彼らの思考を整理しなおす訓練を受けるためである。

他の授業では一一人の生徒が、聖餐についての質問にドイツ語と英語で答えた。その授業の最後には、二人の生徒が、哲学の定義について口話で討論した(ド・レペは、口話による討論については事前指導をしていると隠さずに言っている)。ド・レペの一七七六年の本『方法的手話によるろうあ者の教育』に書かれている授業では、同じ一一人の生徒が、懺悔に関する質問に対し、七つの言語で答えている。その中の一人は、ジャン‐フランソワ・ディディエで、彼は後にソラール伯爵の探索の旅に同行することになる。もう一人、ルイ‐クレマン・ド・ラ・ピュジャドは、ラテン語を口話で話す連続講演をおこなった。

ド・レペが死の数年前まで続けた、この公開授業をおこなったのには、少なくとも二つの動機があった。彼は百科全書派〔訳注4〕と同じく、社会を啓蒙していた。そして、彼自身の努力が終わることで、一部の裕福な人々だけでなく社会全体に目を向けたろう者の教育が終わってしまうことを恐れており、彼の仕事が世間の注目を引くことで、世界のいたるところの統治者からの支援を受けることを望んだ。

ド・レペ以前のろう者の悲惨な状況を思うと、彼の業績に対する人々の驚きや賞賛が理解できるだろう。生まれつきのろう者、またはフランス語を覚える前に失聴した者は、教育を受けられず、教育不可能と思われていた。彼らは、恥ずかしい者として隠し通されるか、ソラール伯爵のように路傍に捨てられるか、どこかの施設に秘密裏に入れられるか、あるいは、ただ食べて寝るだけの生活をするかだった。たとえ何かの職に天分を持つ者がいても、偏見や恐れから弟子として取られることはまずなかった。ろう者がフランス語やその他の言語を、さほど話すことはなくても、書いて会話ができるというのはまさに奇跡であると思われた。

Photographie Bibliothèque Nationale, Paris

ド・レペ神父と生徒たちと見学者

啓蒙運動の指導的人物たちがその奇跡を見に来た。エティエンヌ・ボノ・ド・コンディヤックが来た。哲学者中の哲学者、その経験主義の理論で、同時代のすべてのフランス知識人に深い影響をあたえたコンディヤックは、ド・レペの学校で見たことを二つの本で紹介し、手話に深く感動したと書いている。彼は、手話は音声言語よりはるかにあいまいな部分が少ないと思っていた。イギリスの哲学者ジェームズ・バーネット、つまりモンボッド卿〔訳注5〕も参観した。ローマ教皇大使や、トゥールの大司教、そして、ジョン・クィンシー・アダムズ〔訳注6〕も参観した。ロシアの女帝、エカテリーナ二世は、金銭による寄付の申し出を添えて大使を送った。ド・レペ神父は、お金はいらないが、代わりにロシアからのろうあの生徒が欲しいと答えた。

王妃マリー・アントワネットの兄、神聖ローマ帝国のヨーゼフ二世は、一七七七年四月ヴェルサイユ宮殿の王妃を訪れた。そしてお忍びで、ファルケンシュタイン伯爵と名乗り、王妃とともにド・レペの奇跡を見にきた。ムーラン通りの授業を参観し、サン-ロック教会でのろう生徒のためのド・レペの手話によるミサを見た。

ロシアの女帝の場合と同じく、ド・レペは皇帝からの贈り物を辞退した。代わりに彼は、彼の後もその仕事が長く続くために弟子となる人がほしいと皇帝に言った。フランスとスペインを除いたほとんどの西ヨーロッパを含む広大な帝国から、皇帝はシュトルク神父を選び、ダイヤモンドのちりばめられた嗅ぎ煙草入れと手紙を持たせて、彼をド・レペのもとに送った。手紙はこう始まる。「敬愛する尊師へ――いえ、そうではなく、私は、親愛なる神父へと言いましょう。なぜなら隣人に仕え、滅私の心を持って隣人を愛する人を私は愛するからです」。彼はド・レペに、シュトルク神父を「受け入れて」ほしい、そして「あなたが素晴らしい成果をあげた方法を、彼に伝授して」ほしいと頼んだ。シュトルクは後にウィーンに戻り、オーストリアで最初のろう学校を開いた。

劇的展開

ド・レペが待っていた、ジョゼフの天の導きは、皇帝の訪問から二ヵ月後の公開授業の時に現れた。神父が生徒たちの中に立っていた時、聴衆の中の一人の女性が、この出自が謎の少年を選び出すように指さし、「まあ、ソラール伯爵だわ！」と言った。

質問を受けて、そのデビエールという女性は、少年の大叔父と大叔母が夏休みにパリを訪れた時、付添人として仕えたと答えた。二人はすでに亡くなり身元確認ができないが、前に働いていた侍女はまだ存命で、身元確認ができるはずだ、と。その侍女が呼び出され、彼女と少年は涙ながらに抱き合った。もちろん彼女は、かわいそうでかわいいジョゼフが父親にそっくりであることを認めた。何も知らないド・レペが少年につけた名前が、本当の名前と同じだったのは、もう一つの天の導きだろうか？

ブイイの劇でのド・レペは、少年が心を開くまで三年待った。しかし実際は、彼がうちとけるのには一年もかからず、また、ド・レペは彼の話を完全に受け入れていたが、それはオートセル夫人の話によってさらに裏づけられた。ソラール伯爵であるジョゼフには、クレルモン市[*4]に従弟と祖父母がいた。神父は、ジョゼフをそこに連れて行く許可を王から得た。そうして、クレルモンでジョゼフは、母方の祖父を含む二八人から認知された。孫はバレージュで天然痘で死んだものと思っていた祖父の、ジョゼフを見た時の喜びは想像できるだろう。一つの例外を除き、ジョゼフの話はあらゆる面で間違いのないことが確認された。彼の父親が足をひきずっていたというのは、死ぬ一年前に通風を患っていたからだった。例外というのは、ジョゼフは三人の姉妹がいたと言ったが、ソラール伯爵に娘は一人しかいなかった。しかし彼の姉には、なかよしの女友達が二人いて、家によく来て、彼を弟のようにかわいがっていたことがわかった。食い違いがあってもこのように解明されると、彼が最初からそれがわかっていた以上に、彼の話を強く裏づけたように思われた。もし何かの疑いが残ったとしても、二つの傷がそれを取り除いた。従弟がジョゼフに、父親の顔の特徴を覚えているかと尋ねた。ジョゼフははっきり覚えていた。彼は父が何かの爆発で負った傷を、自分の顔の上でなぞった。幾人かの親戚と彼の乳母と学校の教師が、ソラールの若い伯爵には生まれつきの痣《あざ》があることを知っていた。「その場所は」、神父が聞き合わせたところでは、「私たちが腰を下ろすところにある」。実際彼の父親も「もし私の息子が行方不明になっても、息子は生まれつきの痣で誰だかわかるだろう」と言っていた。そして、痣は彼にもあったのだ！

第三幕でブイイは、ろうの少年が若い伯爵に間違いないことを示し、また彼が他の人と同じように思考する、当時は奇跡と思われていた能力があることを示す。聴衆は完全にろう少年の味方になる。まず神父が、「テオドール」と一緒に登場する。テオドールは栗色の厚地のコート、白のベスト、グレーの膝までの半ズボン、色のついた靴下、編み上げの短いブーツ、カラーの首巻きをゆるく巻き、髪には少しの髪粉。彼は登場しながら帽子を投げ捨て、さまざまな表情を見せる。フランヴァルの母親は、その表情から気持ちを読み取る。ろう者と伝え合うこのような方法は、聴衆にとっては初めて目にするものであり、彼らの興味はいやがおうにも高まる。それからブイイは、次のような場面を作る。弁護士の妹クレマンスが、ろうの子どもは「なんでも理解し、なんでも表現できるのね」と不思議さに打たれて言う。ド・レペが、「聞きたいことをなんでも聞いてごらんなさい」と答える。そして以下の場面が続き、そこでブイイの創作した神父は、「テオドール」と長くぎこちない身ぶりで伝え合うことになっている。実際には、ド・レペはソラールと明らかにフランス手話で話したはずだが、ブイイはより聴衆が理解できる演出を選んだ。

クレマンス　誰が（ド・レペは伯爵への質問を手話にする。手のひらを上にし伸ばした両手を前に突き出す。次に右手の人差し指で右から左へと半円を描く）あなたの意見では（ド・レペは右手の指を額まで上げ、瞬間そこで止めてから、右手人差し指で伯爵を指さす）生きている最も偉大な人か（ド・レペは右手を三回上げ、次に両手をそろえて高く上げ、それぞれ肩の上に下ろし、さらに胸の上から腰まで下ろす。彼は「生きている」を、一度大きく息をし、それぞれの手の脈拍に触れることで表す）フランスで？（ド・レペは両手を頭の上に挙げ、周りを指さす。こうした手話は非常にはっきりと、しかし、場面の進行の妨げにならないよう素早く表現されなければならない）

ド・レペ　（少年が書いた紙を取り、それをクレマンスに渡す）まず、彼が、あなたの質問を正確に書いたのがわかりますね。

クレマンス　（読む）質問――あなたの意見では、生きている、もっとも偉大なフランス人はだれか？　答え――自然はビュフォンの名前を挙げる。科学はダランベールを指し示す。感覚と真理はジャン‐ジャック・ルソーであると主張する。機知と趣味はヴォルテールと言う。しかし、才能と人間性はド・レペであると宣言する。私はド・レペ先生が他の誰よりも好きだ。（テオドールは手話をする。両手を交代で上げたり下げたりし、それから右手をできるだけ上に挙げ、人差し指でド・レペを指さす。その後、ド・レペの胸に倒れこみ、彼を抱きしめる）

ド・レペ　（高まる感情を抑えながら）彼のこの間違いを許してください――私への感謝の念から気持ちが高ぶってしまったのです（彼はテオドールを再び抱きしめる）。

容疑者逮捕

第四幕は財産を奪い取ろうとする叔父ダルモンとの対決にあてられる。「かなりの資産家、たっぷり髪粉を振った鬘」の出で立ちで、叔父は独白する。

「私は何を恐れるというのか？　……いずれにしても、ろうあ者にどんな知恵があるというのか？」

ド・レペが登場し、叔父の被後見人がまだ生きており、神のご加護のもとで安全であることを告げる。ド・レペは

「六十年間自然を研究し、あらゆる体や心の動きを解読してきた私は、人の心も容易に読みとれる。一瞥すれば、あなたが心の中で何を思っているかが手に取るようにわかる」と目の前で言うが、叔父はすべてを否定する。そこに入ってきた叔父の息子は「テオドール」を彼の従弟と認めた。しかしダルモンは、真実を言うことを固く拒んだまま、幕が下りる。

現実の話での悪役は、悪徳の叔父ではなく伯爵夫人の召使であった。それがわかったのは、王が派遣した検察官がトゥールーズでの調査を命じた時である。若い伯爵を連れ出し、表向きはバレージュのお湯につかると言いながら、じつはセシェルの郊外に連れて行ったと、オートセル夫人が手紙で書いた人物を、その調査で特定した。彼は若い法学生で、名前はカゾーと言い、愛想がよく、美男子で機知に富み、伯爵夫人の秘書として仕え、夫人にぞっこん惚れ込んでいた。一七七三年の夏、カゾーは幼いソラール伯爵を前に乗せて馬で、トゥールーズを出発した。七ヵ月後に一人で帰ってきたカゾーは、伯爵夫人と一緒に暮らした。夫人の息子は天然痘のため、バレージュの手前の、カゾーの生まれ故郷のシャルラの近くで亡くなり、カゾーの家族の墓に葬られたと報告していた。伯爵夫人は、それをそのままにしておいた。彼女がろうの子どもをやっかいな重荷として見ていたことは周知のことだった。この恋人たちは郊外に移り子どもをもうけた。しかし、育てるのは諦め養子に出した。伯爵夫人はその少し後に亡くなった。

カゾーの話はたやすく確かめられるものだった。もし若いソラール伯爵が本当に亡くなっていてジョゼフが伯爵でないのなら、シャルラに死亡証明書があるはずである。そして実際に、一七七四年初めころのその教区の記録簿が捜査され、死亡証明書が見つかった。しかしそれは、本来の死亡証明書とは言えないものだった。死者の姓と洗礼名がなかった。改ざんの跡や空白箇所があり、立会人の署名もなかった。「ソラール伯爵」の字は後から書き加えられたように見えた。カゾーの逮捕が命じられ、パリに送られた。怒った群衆がトゥールーズの警察と一緒にやってきて、彼の家に押し入った。彼は縛られ牢屋に入れられた。次の日の朝、手足を鎖でつながれた彼は、荷馬車に乗せられ首都への旅に出た。着くとすぐに、地下牢に入れられた。六世紀前にセーヌの川面より低い地点に作られた独房で、日の光はまったく入ってこなかった。

カゾーに対して（ブイイの劇の中では、ダルモンに対して）、自明の事実がつきつけられた。若い伯爵が気楽な旅と思って出発した日付と、ろうの浮浪児が発見された日付は合致した。若い伯爵と、目の前にいる孤児とは年齢と傷とが一致した。貴族の家族は孤児が彼に似ていると言い、召使は本人であることを認知した。そして劇では、従弟が伯爵を認知したように、現実の話でも、ジョゼフと小さい時から一緒だった彼の姉のカロリーヌが彼を認知した。彼女はトゥールーズの修道院からパリに連れてこられた。不思議なことに、彼女は最初、彼が弟だということがわからなかった。しかし手話で会話し、彼が彼女に家族での生活の細部までのさまざまなことを思い出させた時、ようやく彼女は彼が弟であることを認めた。カロリーヌはジョゼフと特異なホームサインで話す力がありながら、なぜ最初から、彼を弟とは認めなかったのか？　ともかく、このことでド・レペは確信を持った。

第五幕では、少年を連れ去り放置した召使が、彼がそれをおこなったのは叔父の教唆のもとだったと、嘘の死亡証明書にサインしたことを白状する。弁護士はダルモンに対する告訴状を作り、ド・レペに、サインと、必要な場合の証言を頼む。そこでド・レペが以下の台詞を言うが、ここが、聴衆が立ち上がってシカールの赦免を要求して叫んだ場面である。

「私が責任を持って世話をしている生徒はテオドールだけではない。パリに残してきた他の生徒たちは、私がいないためにたいへん困っている」

そうしている間に、伯爵の従弟は、召使を連れて父親のところに行き、動かすことのできない数々の証拠を出して、父親の自白を引き出すことに成功する。伯爵は本来の権利ある場所に復帰する。彼は友情の証として、財産の半分をゆずることを従弟に申し出る。しかし、従弟は彼の父親の卑劣なおこないをどうして忘れられるかと尋ねる。ド・レペが答える。

ド・レペ　分かち合ってもいいのではないですか？　もし、クレマンス嬢があなたを助けて——あなたと運命を分かち合ってくれるのなら。

フランヴァル　（ド・レペに）あなたの眼差しからは何者も逃れられません（ド・レペはテオドールに手話をする。両手を二度合わせ、それから指輪をはめる指をさすことで結婚を表す。伯爵は若い恋人たちの手を取り結び、それを自分の胸に当てる）。

クレマンス　夢にも見ていなかった幸せな時だわ。

従弟　今感じるこの幸せは、言葉ではとても表現はできない。

フランヴァル　これまでにない喜びと驚きです。（ド・レペに向かって）善意の人よ。あなたは、どれほどあなたの生徒を誇りに思っていることか！　今のテオドールと初めてあなたの前に現れた時のテオドールとを比べ、あなたの成し遂げた仕事の大きさを噛みしめてください。

ド・レペ　（伯爵とその周りの人たちを見て）とうとう、彼はわが家にもどった。神聖な祖先の名前を冠し、彼が幸せを分けあたえた人々に囲まれているのを見届けた。おお、天の導きよ。この世でこれ以上望むことはありません。現世の体を捨て去る時、私は「静謐の中で眠らせてください。私は自分の仕事をまっとうしました」と語れるでしょう。

劇は終わる。しかし、現実世界の話は終わらなかった。というのは、カゾーはセシェルで、あるいは他のどこにあっても、彼の荷物を捨てたと白状するのを強く拒んだからである。実際、彼は、神父の生徒は偽物で、ソラール伯爵ではないことを証明できると言いはった。彼は、多くの目撃者のいる前で一七七三年九月四日にトゥールーズを旅立った。一方ド・レペの生徒は、その二日前にビセートルに送られたし、ピカルディで放置されていたのが見つかったのはその一ヵ月前だった！　独房にカゾーを慰問に来たコマンジュの司教が、当代一流の弁護士のエリー・ド・ボーモンを雇うことを提案した。

これは引き受けるに値する魅力的な事件だった。貴族の家庭での陰謀の疑い、ろうあ者の発言をもとにした告発、カゾーに科せられた罪の重さ、ド・レペとパンティエーブル公爵（王の親族でジョゼフの教育の後援者になることを了承した）の名声――こうしたことすべてが、パリ中の噂の的になった。エリー・ド・ボーモンの準備書面を裁判所は待っていたが、一般大衆も、最近の成功した劇や政府の声明を待つのと同じくらいの関心を持って待っていた。その書面は一週間前に作成され、印刷されるとすぐに特権階級の人たちに回覧された。彼らは、書面を読み、討論し、ある部分は認め、ある部分は批判した。弁護士が、特権階級の人たちの前で彼の案件を立証した時は、裁判所でも半ば立証できたようなものだった。

ド・レペは、しかし、彼の被後見人が負けるはずがないと考えていた。法律は「不幸な人」と呼ばれる人の弁護のために聖職者が法廷に立つことを認めており、彼がジョゼフと名づけたろうの少年も間違いなくその対象となっていた。ド・レペは、法廷でのジョゼフの代弁をすることを引き受けた。エリー・ド・ボーモンとコマンジュの司教を敵に回し、聖職者の僧服と六十六歳という高齢も顧みずに。そのような行動をとった理由は、若き日の彼に見いだすことができる。

ド・レペ神父の献身

シャルル＝ミシェル・ド・レペは、ヴェルサイユの裕福な家で――彼の父は、国王ご用達の建築家だった――生まれた。一七一二年、太陽王ルイ十四世の治世の終わるころであった。十七歳で学校を終え、彼は聖職者になることを考えた。その時、ソラール事件での彼の行動を含めたその後の彼の人生を形作る、独立の精神の兆しが現れた。聖職者の身分に入る最初の入り口で、彼は、異端の教えであるジャンセニスム〔訳注7〕を捨てる誓いを求められた。恐らくド・レペは、神は寛容であるから、すべての宗派に寛容であるべきと信じていた。それ以上に、自由意思を否定して運命を強調し、イエズス会と新決疑論〔訳注8〕を攻撃したコルネリウス・ヤンセンに積極的な共感を持っていたのかもしれない。ともかく彼は、聖職に入るための門となるこの署名を拒否した。

若いド・レペはこの問題で妥協しなかったので、修道士になることができず、助祭の地位にとどまった。宗教面での道を妨げられた彼は法律の勉強をし、四年後にパリの法曹界で認められるようになった。ド・レペの讃美者である私の友人ベビアンは、ド・レペは法律の世界の詭弁には耐えられなかったのだと考えていた。それが真実かどうかはわからないが、確かなのは、三年後に彼は宗教の世界にもどったということである。寛大な司教がトロイの教区の小さな律修司祭の職を彼にあたえ、二年後に司祭に任じられた。しかし、ほどなく擁護者は亡くなり、ド・レペは秘跡を執りおこなうことだけでなく、聖職者としての相談、助言も禁止された。彼はトロイの律修司祭の職も失った。新しい司教が友人の一人にそれをあたえたためである。

その後の四半世紀の彼の行動はほとんど知られていない。わかっていることは、彼はパリに住んでいたこと、聖職者の服を着続けたこと、家族からのささやかな援助のもとで暮らしたこと、しばしば貧困な地区を訪れたこと、その訪問活動を通して二人のろうの女性に出会ったこと、その時から、五十歳にして、卓越した忍耐と克己の精神で、社会から見捨てられた階層に対する教育に乗りだしたことである。

ド・レペの行動をささえる主義を知るにはこの知識で十分である。多くを受けついだ彼は若い時から、受けつがざる人たちに対しての、変わらぬ献身を心に決めるようになった。なぜか？　なぜなら、ド・レペは魂の救済に恐れを抱いていたからである。「聖人は、多大な努力を通して作られる」と、彼は同僚の司祭に言った。その司祭は王の説教師で、後に王に最期の説教をすることになる人だった。「神は、私が裕福になるべくあらゆることをしてくれたが、その素晴らしい恩寵に対して私は何も返していない」。こうして、ド・レペは次のように考えた。

私は、神を知るよう聴者を導くことを禁じられている。——ならば、私は、神を知るよう、ろうあ者を導こう。私は、話せる人たちに賛美歌を教えることを禁じられている。

——ならば、私は、ろうあ者に賛美歌を手話で歌うことを教えよう。

国は、不寛容の考えにより私を見捨てた。[*5]

——ならば、私は、見捨てられた階層全体を役立つ市民として復帰させよう。

誰も、私を助けないだろう。

——ならば、私は一人でそれをおこなおう。

もし神が私とともにあり、もし神が私に兄弟を愛する心をあたえてくれるなら、もし神の言葉がその創造的な光の輝きを私に伝えてくれるなら、私はすべての障壁を乗り越え、不十分な私の感覚を補っていこう。

私は、人を自然のもとに返そう。キリスト教徒を福音のもとに、市民を国のもとに、そして聖人を永遠のもとに返そう。

誘拐事件の裁判の行方

人が、自らの情熱のままに願望を燃やすのに夢中になるように、ド・レペは善をなすという願望に燃え夢中になった。どちらの場合も、強い思い入れの気持ちは、明確な議論の組み立てを妨げてしまう。このことは、ド・レペが彼の被後見人ジョゼフのために取った次の行動をある程度は説明しよう。

ド・レペは、準備書面を裁判官たちの前で読むのでなく、敵の弁護士の前で読んだ。もしカゾーがソラールの邸宅を出発した時、私の生徒がすでにビセートルにいたとするなら、と彼は考えを述べた。それは、私の生徒がソラール伯爵でないことを意味せず、むしろ、カゾーと一緒だった少年がソラール伯爵ではないことを意味する。実際は、ジョゼフが一ヵ月早くピカルディで置き去りにされた時に、伯爵夫人とカゾーは身代わりを雇ったに違いない。この代役こそ、カゾーがシャルラで葬った者である、と。

エリー・ド・ボーモンの鋭い知力の前では、この主張がどれだけもろいものかは容易に想像できる。どうやって代役を手に入れたのか？　誰が本当のジョゼフをセシェルに連れて行ったのか？　なぜ本当のジョゼフの乗った馬車を誰も見ていないのか？　代役はどうやって支払いを受けたのか？　代役は今どこにいるのか？　その偽のジョゼフをどうやって納得させ、天然痘にかからせ、そして黙らせておくのか？　シャルラとバレージュの司祭をどうやって買収したのか？

カゾーの事件を法廷で弁護するために雇われた法廷弁護士は、有名なトロンソン・ド・クードレーだった（彼は十四年後、裁判所の同じ部屋でマリー・アントワネットを弁護することになる）。そして、彼はまさに弁護をした——

高等裁判所の治安判事を前に、多数の見物人を後ろに控えて――雄弁と狡猾さとを取り混ぜて。「すべてを考察すると、このようになります」と弁護士は言った。

「カゾーが荷物を持ってトゥールーズを立った時にビセートルにいた若者が、ド・レペの言うように本物の伯爵で偽物ではないとしたら、被告人は一人のろう少年を、ほぼ双子のようなろう少年とすり替え、一人をピカルディに放り出し、もう一人のためにそこに留め置き、最後は天然痘で死んでもらわなければならないでしょう。どんなに作り話がうまい作家でも、話の筋を面白くするためだけのこんな児童交換の話を少しでも信じこませるような芸は、持ち合わせていないでしょう。ド・レペ神父ならそんな芸当ができて、法廷は一人の男の命を取るというのですか？ 実際、法廷は、一人の人間の命が奪われようとしている時、裁判官や、被告や、弁護人にわからない秘密の言葉を使って、神父が証言を導き出そうとしているのを見のがそうというのですか？」

裁判所はカゾーの釈放を命じ、一方で取り調べを続けた。ジョゼフはトゥールーズに連れていかれ、判事の前で何人もの証人と対面した。その時はまさに、本当の行列が彼に随行した。痛風のために遠出できないド・レペ神父に代わって、寄宿舎の舎監のシェブロー氏、ジョゼフの級友のディディエ、それにカロリーヌ・ド・ソラールと彼女の庭師、それと法廷の判事と役人。数日後、カゾーと法廷の役人が同じ道をたどった。ジョゼフは、さまざまな場所や人を思い出せなかった。最初の内はカゾーのことも思い出せなかったが、いくつかのきっかけをあたえられて、彼は、母の家でカゾーを見たことがあると手話で言った。一方で、ソラール家の侍女、庭師、隣人はすべて確信をもってジョゼフは若い伯爵であることを認めた。現場に呼ばれた小学校教師とオートセル夫人も同様だった。一行はシャルラに場所を移した。そこでは農夫も店主も、さらに町の噂も、彼らの目の前にいる少年はカゾーが六年前にシャルラに連れてきた少年とは違うと声をそろえて答えた。ジョゼフも彼らに見覚えがなかった。すると、二人のろうの少年がいたことになる。かつ、ジョゼフはパリでも、クレルモンでも、トゥールーズでも、何度も伯爵と同一人物と認められていた。それならば、シャルラに葬られた少年は替え玉に違いない。全員が共同墓地に行き、問題の墓を囲んだ。判事、弁護士、目撃者、医者、そして、ドラマの主役たち。その後ろには明らかに全員と言っていい町の人たちが、数人の警官にはみ出ないよう押さえつけられていた。

もし墓が空なら、カゾーがジョゼフを誘拐したことになる。誘拐後、ジョゼフを、ピカルディで置き去りにするよう謎の共犯者に預け、ジョゼフの死亡と埋葬を演出し、そして、なんとか替え玉ともけりをつけた。しかし、もしそこに少年の遺体があっても、替え玉の少年がカゾーと一緒にいて亡くなったことになり、カゾーは誘拐に関しても、ジョゼフの放置についてももちろん有罪である。墓掘人夫が少しずつ掘り返していき、八歳から十歳くらいの子どもの骸骨を持ってきた。少年か少女か？　恥骨が無くなっていたので、医師はどちらとも言えなかった。頭蓋骨が調べられた。右の上顎にくぼみがあり、八重歯があったことを示していると、医師が静まり返った見物人に知らせた。土が振り分けられ、歯が見つかり、それは完全にくぼみと一致した。ソラール伯爵の八重歯である。

真相はいっそう混迷し、妥当な結論を出すのは至難に思われた。皆が、パリに帰ってじっくり考えるのが一番よいだろうと考えた。高裁は二年間熟考し評決〔訳注9〕をくだした。カゾーはソラール伯爵を放置した件については無罪、そして、ド・レペ神父の生徒は確かに伯爵であり、その権利を回復させるべきである、と。

評決は、事件そのものと同じく矛盾に満ちていた。もしド・レペの被後見人がソラール伯爵であるなら、結局、子どもは入れ替えられたことになり、カゾーは、殺人ではなかったとしても、詐欺罪を犯したことになる。一方、もしカゾーがまったく潔白であった場合、彼が世話をしていた子どもが伯爵であり、パリのド・レペの生徒はそうではありえない。

なぜカゾーを釈放したのか？

――彼が罪を犯したという現場の証拠がなかったからである。

しかしでは、なぜジョゼフをソラール伯爵として復帰させたのか？

――彼をソラール伯爵と認める多くの証言があったからら。その通り。

しかし、ド・レペ神父が関わっていることが、少年の後光として輝いていたことも事実であり、それほどの威厳を神父は持っていたのである。

神父は警察による全国捜査を望んだか？

――そう。それはただちにおこなわれなければならなかった。

一行をクレルモンに動かすことへの王の許可は？

――聞き入れられた。

その少年の保証人は？

――王の親族自身が買って出ることになった。

この神父への敬意は、彼の敬虔と慈悲の心に対して生まれたものではあるが、とりわけ、彼がろうあ者を社会に復帰させたことへの驚嘆から生まれたものである。ブイイは劇の配役で手腕を示した。実際、革命後の反教会的なフランスで、キリスト教の信仰という、ド・レペのろう教育の中身と目標に言及するのは時宜にかなったことではないと考えた。福音、ましてやイエス・キリストという言葉は一言も劇には出てこない。ド・レペはその代わりに、理神論者、ジャン＝ジャック・ルソーの使徒、至高の存在と自然を崇拝し、生徒たちの心と精神を彼らの周囲の世界へと開いていく人間に作り変えられている。

ド・レペ神父とろう者との出会い

実際のド・レペ神父は、彼の言葉を借りれば、「せめて他者を天国に導くよう努め、そのことによって天国に至る」ことを求めて、一七六〇年代、彼が司祭職から排除されてから約二十五年後にろう者の教育を始めた。この分野に彼が関わるようになった偶然の出会いは伝説的である。私たちの知るいくつかの事実は彼自身の著述によるものである。彼は語る。

それは、フォッセ・サン・ヴィクトワル通り[*6]の、ろうの双子の娘を持つ貧しい未亡人の家だった。彼は何かの仕事でそこに行き、少女たちがろうであると知った。母親の話から、彼女たちは、ヴァナン神父から宗教についての教育を受けていたこと、神父は版画を使って聖人の生涯を説明したこと、その神父は少し前に亡くなったことを知った。その場面はきっとこのようなものだっただろう。パリのみすぼらしい一角。丸石の敷かれた細く曲がりくねった道。昔の壁の残骸にごみが積み上げられた中庭。すり減った階段が、ぼんやりと灯りの点いた小部屋に続いていく。そして裸の壁と天井は、暖炉からの煤で黒ずんでいた。遠い昔に亡くなった人たちが塗った漆喰の中で、今、住んでいる人たちが剥がした場所が、生々しい傷を刻んでいた。荒っぽく切り出された木の大きなテーブルが部屋の大部分を占めていた。通り道を少しでも広くするために、三つの藁のベッドがその下に押し込められていた。かたわらに二人の若い女性が腰掛に座っていた。十五歳くらいで、二人とも単色の黒っぽい上着とフィシュ[*7]とフリルのついたモスリンのボンネットの姿だった。彼女たちの唇は動かず、まなざしは他人を見るのを避け、顔はやつれていた。二人の若いろうの女性、不幸な姉妹。このことの意味を理解してほしい。ろう者は学校に行けない。読み書きができない。ほとんど友がいない。健聴の親のもとでは、家での会話もまばらなものになり、必要なことだけに限られる。この女性たちはちゃんとした仕事には就けないし結婚もできない。彼女たちは役立たずだと自分でもわかっていて、貧しい両親には重い荷物であった。あわれにも彼女たちは、毎日の単調な生活の繰り返しにただ耐え、いつまでも子どものままで成長することをとがめられた。父親が死んだ時、家族はますます貧しくなった。二人の若い女性はレースを針編みしてパンを得るのを助けた。しかし、仮に彼女たちの現生があわれなものであっても、少なくとも魂は救われるだろう。親切な神父、時々聖人の版画を持ってきてくれたヴァナン神父によって、彼女たちはもうすぐ初聖体をおこなう予定だった。

しかし、神父はもう来なかった。

さて、ド・レペ神父が長く黒い法衣を着て部屋に入ってくる。五〇もの黒いボタンが下から太ったお腹を通り、喉にまでかかっているが、上の部分は白い房飾りのついた黒い胸当ての下に隠れていた。五十代後半〔訳注10〕のド・レペは幾分風格があり、丸顔で、心配りの細やかな人であった。彼はにこやかに笑う。「こんにちは。お嬢さん方」

若い女性たちは彼が入ってくるのが聞こえず、挨拶に答えないまま、縫い物を続けていた。

ド・レペは、と伝説は言う、女性たちが過剰に慎んでいるものととらえ、座って母親の帰りを待った。

なぜド・レペはそこに行ったのか？　教会の拘束にかかわらず、自己の人生をキリスト教的に役立てたいと考え、貧しい人たちを回ってできる限りの控えめな援助や慰めを提供していたと想像する。母親が帰り、ド・レペにすべてを説明した。彼女の最大の悩みは、娘たちが今後もまったく意思疎通できないだろうということだった。ド・レペはこう答えたと述べている。

「もし私が彼女たちを教育する方法を考えなければ、彼女たちは信仰について知らないまま生き、そして死ぬことになると考え、……彼女たちを毎日私の家に来させるように母親に言った」

こうしてこの世界でのろう者の教育が始まった。やっかい者とされた階層の人々が社会に復帰するための長い旅が始まり、その旅は今も続いている。すべてのろう者が教育されるようになった時、この世界に新たなダルモンは二度と出てこないだろう。

しかし実際のところ、どうやってこの女性たちを教育するのか？　それはできそうにないように思えた。女性たちはろうの双子で、ほぼ確実に生まれた時から聞こえず、ともかくフランス語を聞き理解するようになる前に聞こえなくなっていた。ド・レペも十分すぎるほど知っていたように、聖パウロは「ex auditu fidem」（「信仰は聞くことを通して生まれる」）と言い、聖アウグスティヌスは「Quod vitium ipsum impedit fidem」（「この障害は信仰を妨げる」）と言った。それは不可能とされていた。信仰を学ぶには言語が必要であり、言語とは音声言語であったが、ド・レペの生徒たちはそれを持ちあわせていなかった。

ろう者の手話は、それ自身の語彙と文法を持つ彼らの言語の表現かもしれないと、ド・レペはなぜ気づかなかったのだろう。同じように、シカールも、なぜこの事実を見逃したのだろう？

この時代のろう者に言葉がなかったのではない。手話は、ろうの人々が集まるところならどこでも発展し、ド・レペがそれを見る目さえ持っていれば、言語は彼の周りにあったのだ。ろうの作家ピエール・デロージュは、パリのろう者はみな手話を使っていると言っている。同じように国民公会の代議員の一人が、政府は私たちの学校に丸めこまれて多額すぎる出費をしていると主張し、そして「ド・レペ神父以前のろう者は、このように賢い神学者ぞろいではなかった。しかし彼らは、彼ら自身の中で、あるいは彼らと親しい者との間で、考えを容易に伝達していた。……私の知っているろうあ者は、ド・レペ神父が彼の学校を作るずっと以前から、確かに、彼ら独自の手話の文法を持っていた」と述べている。

もしかしたら、ド・レペが教えることになったろうの双子も他のろうの人々と交流があり、十分フランス手話を知っていたかもしれないと私には思える。そしてド・レペが、この後すぐに、彼の学校に集めることになる子どもたちはその言葉を知っていた。もし私が、フランス手話がまず先にあったということを強調しすぎたなら、許してもらいたい。

それは、「ド・レペ神父こそが、ろう者の手話の創出者である」という神話を、健聴の人々が喜々として語り続けるからである。そうではない。ろう者の言葉は、ろうの母親がわが子を胸に抱き手話で話しかけるその一つ一つの時に伝わっていくものであり、聴者は、そこには何の関わりもない。

ろう教育と手話言語

生まれつきのろう者は、彼ら独自の手話という言語を通して、信仰を、あるいはそれに類したどんなことでも、しっかり身につけることができる。ド・レペは先の聖人と同じく、そのことに気づかなかった。なぜなら健聴の人たちは、生まれながらのろう者は、単に身ぶり手ぶりができるだけである、と長らく決めつけてきたからである。だからコンディヤックは、ろう者には抽象的な概念や記憶はないと決めつけていた。なぜならこうした働きには象徴が、つまり言語が必要だからである――しかしながらコンディヤックは、ド・レペの学校見学を通して、ろう者のことがわかってくると意見を変えた。ところが彼の死後、彼の弟子のデステュット・ド・トラシーは古い神話を復活させた。「人工的な手話なしには、そしてたぶん、発語に合わせた手話なしには抽象的概念はなく、抽象的概念がなければ演繹はない」。したがって教育をしても、ろう者の「考える能力は我々よりはるかに制限されている」とした。

幸いにもド・レペは、他人に依存しない精神の持ち主で、旧来の見方を無批判に取り入れることはなかった。「信仰は聞くことを通して生まれる」と聖パウロは言った。たぶんそうだろう。多くの人は司祭の説教を聞くことにより信仰を受け入れていく。しかし同じように、多くの人は読むことからも信仰に入っていく。聖ヨハネは言った。「イエスがキリストであり神の子であることを人が信じるようになるのは、書物を通してである」と。ろう者は書き言葉を通して神のもとに行くことができるはずだ。ド・レペは、ヴェルサイユの四ヵ国大学[*8]での、初期の哲学の授業を思い出した。つまり、思考と話し言葉の音との間には直接の自然な関係はなく、それは思考と書き言葉の字との間に関係がないのと同様である、と。ならば、ろう者の思考をフランス語で書かれた諸単語に結びつけることによって、彼らに言語をあたえることができるはずだ、とド・レペは考えた。

もちろん、もし書き言葉が、話し言葉と同じように思考を表すことができるなら、手話で表された言葉についても同じことが言えるだろう。もし私たちが自分の思考を可視化する時、その衣装は恣意的であるとするなら、ろう者の手話を構成する手や体や表情の動きでも、同じように美しい衣装は作れる。しかしド・レペは、彼の前提からして、この結論には至らなかった。その代わりに彼は、次のように考えた。彼らにパンを示しながら、そのフランス語の綴り「pain」を教えよう。「saint」という言葉なら、聖人の絵を指し示そう。しかし、「神」や「義務」のような抽象的な言葉については、どうやって教えたらいいのか？　そういう言葉は、それに結びついた概念を呼び起こすために、何かを指し示すということができない。ろうの姉妹はまだ言葉の意味を知らないのだから、フランス語で説明しても意味がないだろう。

では、私の場合はどうだったか？　どうやってラテン語の抽象的な言葉を教えてもらったか？

私の母語によってである。とすれば、私は、彼らが教育以前から自然に使っている手話を学ばねばならない。ド・レペは、ここで広い意味でろう者の言葉と言っている。しかし彼は、その言葉には文法が欠けており、そのままでは教育に使えないと考えた。

「私たちのところにやってくるろう者はみな、すでに言葉を持っている」と、ド・レペは書いている。「彼はその言葉を使うのを常とし、それを使って仲間が言うことをよく理解する。それによって彼は、必要、願望、疑問、痛みなどを表現し、他者がそれを表現した時、その意味を取り違えることはない。彼を教育するには、まずフランス語を教えたいと思う。何が最も簡便で最も容易な方法か？　それは、私たちが言いたいことを彼の言葉で表現することではないか？　彼の言葉を採用し、それを明確な規則に従わせることで、彼の教育を導くことができるのではないだろうか？」と。*9

方法的手話

数年前、パリに行った時、私はシカールがボルドーに建てた学校の前校長を訪ねた。ヴァラード－ガベル教授は私に六冊のド・レペの手書きのノートを見せてくれた。彼が競売で買ったもので、それぞれ四〇〇ページくらいの厚さだった。見たところ一七六四年から書き始められ、公開授業で生徒が朗読したものの原文、生徒や住んでいた寄宿舎に関すること、いくつかの手紙、そして、問答形式で解説された二〇〇〇ページを超えるキリスト教の教義などから成っていた。同じくその中に、ド・レペの公開授業で上演されたと思われる、短い劇の第一幕が含まれていた。ページの左側には第一場の台詞が、右側には、フランス手話への素晴らしい翻訳とは言えないが、基本の手話が並べられ、これによってド・レペは生徒たちにどうにかフランス語の文章の意味を教えることができたようだ（彼は、生徒たちの手話の世界すべてを共有していたわけではなかったが、フランス手話の文法と語彙についてある程度の知識があったことがわかる）。

劇での台詞と翻訳を比べると、ド・レペが彼の最初の二人の生徒に、二人がすでに知っている手話を使って書記フランス語を教えようとした時にぶつかった困難のいくつかが、容易に見てとれるだろう。ここに劇の最初を例として出そう。

フランス手話での文が、そのフランス語への翻訳より単語数が少ない。フランス手話では、冠詞、前置詞、その他、フランス語では必要な品詞を省略できる。なぜならフランス語は、手話と違って、関係を空間的に表すことができないからである。また、語順も違っている。ド・レペは手話への偏見から抜け出せず、こうした違いのすべてから、手話は真の言語ではなく、生徒を教育するのには使えないという考えを深めるばかりであった。しかし、対応する手話表現のないフランス語の単語や語尾に合わせた手話を作り、その手話をすべてフランス語の語順に表すことで、手話を言語に変えられるのではないかとド・レペは考えた。一度生徒が、すべての新しい手話とそれに対応するフランス語を覚えれば、フランス語で書かれたどんな文も、手話で表現できるだろうし（マシューが教皇に示したように）、同様に、手話で表されたどんなフランス語の文も書くこと

Saprice（司祭）と Nicephore（彼の友人）

	（対応する手話単語）
NICEPHORE Good day, my friend Saprice ; how are you?	HOW FEEL?
SAPRICE I am well.	GOOD
NICEPHORE Did you have a good trip?	TRIP GOOD（or）BAD?
SAPRICE Good enough.	SO-SO
NICEPHORE I was very worried about you.	WORRIED-MUCH ABOUT YOU.
SAPRICE Is that really true?	I DOUBT
NICEPHORE Could you doubt that?	TRUE TRUE

右の手話単語をその順に、正しい位置関係で、適切な表情を加えて表現すればフランス手話の文になる。しかし、語順はもちろん、対応する単語も音声語とは異なるため、手話一つ一つに関連づけて音声語を説明しようとすると、大きな壁にぶつかる。

ができるだろう（マシューが示した時に、私がしたように）。いずれにしても、文の内容理解については別次元の問題である。

ド・レペの方法の例として、フランス手話の動詞に、どうやってフランス語の時制をあたえるかに関する彼の説明がある。「フランス語の直説法での八つの異なる時制を生徒にノートに書かせる。その横にそれぞれの時制の時の言葉を書く。過ぎ去ったものを表現する時、生徒は通常軽く手を肩に向けて動かしている。そこで生徒にこう教える。きちんと一回が未完了、二回が完了、三回が過去完了……」

名詞になると、事物や出来事に関したすべての手話は、フランス語と同じように男性か女性かの手話をつけなければならなかった。「男性名詞の時は、手を帽子のところに上げる」とド・レペは説明している。「そして女性名詞の時は、ボンネット帽の端になる耳のところに」。こうして、ひじ掛け椅子や雄猫や長椅子（フランス語ですべて男性名詞）を言う時には、必ず帽子をかぶせなくてはならなかったし、ドアや皿はその前にボンネットをつけねばならなかった。

次に問題になったのは、対応する手話がないフランス語の問題であった。もちろんろう者はそれを自分たちの言葉では違った方法で表すことができた。しかし、手指フランス語の空間の動きでは表現できなかった。そこでそれぞれのフランス語に、特別な手話、あるいは特別な手話数語が必要になった。ド・レペはここでコンディヤックの示した指針、分析に従った。しかしこの分析は、概念的にではなく、ラテン語の語源学に基づいておこなわれた。例えば、「知性〈intelligence〉」は、「できる〈can〉」＋「知る〈know〉」のようには分析されず、「読む〈read〉」＋「内側に〈inside〉」と分析される。なぜなら、ラテン語の語根は「legere　読むこと」と、「intus　内側に」だからである。いったんド・レペが、このようにラテン語を使いだすと、彼はそれにはまっていった。完全に対応した手話があるフランス語でも、以下のように分析された。「満足させる〈satisfy〉」は「make + enough」になり、「導入する〈introduce〉」は「lead+into」になる等々……。

最後にド・レペは、接尾辞と接頭辞の問題にぶつかった。これは手話とはなじみがなく、手話は違う方法で同じ目的を達成する。例えばアメリカ手話で、「望まれる〈wanted〉」と「望まれない〈unwanted〉」の違いは、おおざっぱに言えば「欲する〈want〉」の手話を、手話をする人に向かうようにするか離すようにするかの違いである。しかし、この英語をド・レペが考案した手話に置き換えると、まず「un-」に手話が必要とされ、二つ目に「want」、三つ目に「-ed」が必要になる。ド・レペの生徒がどのように「訳のわからなさ〈unintelligibility〉」を表現したかと言うと、「最初の手話は内面的な活動であることを知らせる。二番目は、内省的に本を読む、すなわち言われたことがわかる動作をする。三つ目で、このことが可能であることを表明する。これで『理解できる〈intelligible〉』という意味にならないだろうか？　しかし、四つ目の手話がこの形容詞を抽象的な質に変換すると、その結果は『理解できること、明瞭さ〈intelligibility〉』ではないだろうか？　最後に五つ目の手話によって否定を付け加える。これで全体の言葉『訳のわからなさ〈unintelligibility〉』になったのではないだろうか？」

方法的手話の限界

ド・レペが方法的手話と呼んだこの方式では、もっとも単純な文でさえたいへん複雑なものになってしまった。一つの例として、ラシーヌの詩の一行「一番小さな鳥に、彼はパンくずをあたえる」は、ド・レペの生徒にとっては四八の手話が必要になる。「あたえる〈gives〉」だけでも五つの手話を要した。つまり、動詞、現在、三人称、単数、そして「あたえる〈give〉」。このくらいの内容なら、違う語順の五つか六つの手話ですますのが普通の生徒にとって、対応手話の文は、つながりがなく、集中しにくく、一つの意味の区切りに対する言葉があまりに多く、つまり訳のわからない〈unintelligible〉ものであった。この方法によって生徒たちは、本文をあたえられれば、そのフランス語の文を手話で表すことができるし、逆に手指フランス語で文を示されれば、完璧なフランス語の文を書くことができた。

しかし彼らは、この文の意味を理解できなかった――彼らはフランス手話で説明されねばならなかった。同じ理由からド・レペの生徒が、手話による口述を書きとることができたという事実は、彼らが自力で何かの文を作れるということを意味しない。生徒たちは書けなかった。だから、ド・レペもそれを彼らに求めなかった。「もちろん彼らはできません」と、彼はシカールへの手紙に書いている。「彼らが文で考えを表現できるなどということは望まないことです。彼らの言葉は、我々の言葉と違います。彼らの言葉は手話です。手話によって、我々の言葉がどう翻訳されるかがわかればよいのです。我々も自分で外国語を翻訳する時、外国語でどう考えどう表現するかはわかりません。それと同じです」

ド・レペの教育の基本的な進め方はこうである。生徒は最初に指文字のアルファベットを学ぶ。アルファベットのそれぞれの字に一つの手の形がある。そうして生徒は手でフランス語の単語が綴れるようになる。次に生徒はこうして習った字を書くことを学び、それから例えば「運ぶ」というような、一つの動詞の活用を書き出していく。生徒に名詞を教えるにあたってド・レペは、まず体の部分の名前から始める。体の中で、指さして選び出せる二〇ヵ所程度と、カードに書かれたそれぞれのフランス語での名前を結びつける。文字だけが抜き出され、生徒はその名前を綴ることを学ぶ。次に生徒は、人称、時制、いくつかの冠詞、前置詞を学ぶために方法的手話を学ぶ。ここで初めて、生徒は方法的手話によって、口述に応じたフランス語の文を書くことができる。ここからは、名詞と動詞と方法的手話の語彙を増やす学習になる。

正直に言うと、ド・レペの生徒が師から学んだように、私はこの方法的手話をシカールから学び、ギャローデットとアメリカに渡った後も、数年間はこの方法を採用していた。我々は最初、何かの考えをアメリカ（あるいはフランス）手話で表現する。例えば、「私を理解するように努めよ〈Try to understand me〉」という文は、TRY と UNDERSTAND-ME の二つの手話を適切に位置させ動かせば表現できる。そこで同じ手話を使いながら、一〇の方法的手話を教え説明し、生徒が手指英語で考えを表現できるようにする。「try」＋二人称＋複数＋命令＋「to」＋「under」＋「stand」＋不定詞＋「I」＋対格。最後に、それに対応する文を英語で黒板に書く。「Try to understand me」。

こうしたことがすべて教育にはじゃまなものと思えるようになったのは、ロシャンブロワーズ・ベビアンの天賦の才能のおかげである。彼は、シカールの弟子であり後継者でもある。一〇の方法的手話を教える労力は、対応する一〇の英語の文を教えるのに要する労力と同じであるということだ。手指英語という中間の階段を作る必要はない。アメリカ手話で考えを伝え、それからすぐに書き言葉に向かうというやり方が増えていった。一八三〇年代にはすでに方法的手話は、大西洋の西と東でともに消えていった。

そして、そうなるべきだった。ろう者の言葉をねじ曲げて音声言語に従わせる、あるいは完全に奪い去ろうとする。後者は、今、有名な紳士たちが我々に対して強引に推し進めようとしていることだが、どちらも同じ罪悪の二つの形である。ろうの子どもの第一言語を使わなければ、教育は霧に包まれ、子どもは、ただぼんやりとした意味や感覚しか受け取ることができない。

こうして二人の姉妹とその後の生徒たちは、ド・レペの手指フランス語から模倣の技術を学び取り、ド・レペのフランス手話から教養を学び取った。その中でも最も優秀な人たちは、それぞれの道で名をなすようになった。私がサン－ジャックにいたころだが、ド・レペの生徒だった四人がまだ存命だった。我々は時々落ちあってはド・レペの話をしたものだった。

ド・セーヌ氏、彫刻家。
ポール・グレゴワール氏、肖像画家。
ディディエ氏、雑貨商、健聴の女性と結婚した。
そして、ルーセル氏、第一革命期の腕の立つ印刷工で、ナポレオンが第一統領だった時に財務省内に小さな事務所を持っていた。

彼らはド・レペの第一期生だった。皆とても聡明な老人に見え、字もきれいだった。しかし、彼らのフランス語の知識は乏しく、結局我々は手話で話した。

それでも、王の建築家の息子ド・レペ神父こそ、最初の人であった。貧しく、軽蔑され、読み書きのできないろう者に、初めて向きあい、「私に教えて欲しい」と言ったのである。そして、頭を下げたこの行為が、彼に永遠の栄光をあたえた。これこそが感謝すべき彼の真の功績である。ド・レペは生徒たちの生徒になり、彼らの手話を学ぼうと努力して、教育を進め、ろう教育の基礎を身につけたのである。だからろう者は皆、ド・レペの誤りを許すのである。

しかし、フランスのろう者社会の手話はそれ自体で完全な言語であり、単なる身ぶりの寄せ集めではなく、したがって、ろう者を教える道具とするために「明確な規則」――「手指フランス語」で表現されるフランス語の語順や活用――に従わせる必要はないのである。

ろう教育の発展

ド・レペが教える生徒の人数が増えるにつれ、彼の弟子も増え、その弟子が母国に帰って、ド・レペにならって作ったろう学校が増えていった。最初の学校は、フランスのアンジェに、シャルロット・ブルアンによって作られた。フランスでは、十年後シカールがボルドーに学校を作った。シカールの生きている間に学校の数が急速に増え二一校に達し、今や五四校で二〇〇〇人以上の生徒を擁《よう》している。

ド・レペの死の十年前、彼の弟子のデロがアムステルダムに帰り、オランダで最初の学校を作った。弟子の一人で、皇帝ヨーゼフ二世がパリに送ったシュトルク神父は、ウィーンでろう学校を建てた。シュトルク神父はその地で、エカテリーナ二世が送ったロシアの校長や、ドイツのろう学校の創設者たちを育てた。シュトルクの後継者ヨーゼフ・メイはもっと数多くの校長を育て、その中にはオランダのろう教育の創設者P・A・カストベルグがいた。しかし数人のドイツの君主は、ヨーゼフ二世の例にならい、直接パリに教師を送りこんだ。そして彼らが、後に自分の国でろう学校を始めた。そのようにして、ド・レペの在職中にカールスルーエとプラハのろう学校が、シカールの時にミュンヘン、ヴァイツェン、フライジンク、リンツのろう学校ができた。シルベストリ神父は、ド・レペの亡くなる五年前にローマに帰って学校を作り、その学校はすぐに教師をポーランド、ナポリ、そしてマルタに送り出した。ド・レペの亡くなった年、ミケル・ド・タランテはイタリアのターラントに帰って学校を開き、次の年、アンリ・ギュヨーがオランダのフローニンゲンで学校を開いた。三年後、ゴッセがベルギーのトルナイに学校を建設し、ヘメリンクもドイツのヴュルテンベルクという国で学校を作った。ダングロとJ・M・ダレは一八〇五年スペインで最初のろう学校をマドリードに作った。そして、I・R・ウルリッヒは四年後にチューリッヒに学校を作った。このころ、ペル・アヴォン・ボルグはブイイの劇を見て、ド・レペの道に続くことを決意した。数年の内に彼は、ド・レペの方式の学校をスウェーデンだけでなくポルトガルにも作った。

ド・レペは生きている間に、ヨーロッパにおける一二の学校の設立に直接に関係し、シカールの生きている間にその数は五倍になった。パリろう学校からだけでも、数学者、化学者、画家、彫刻家、石版画家、製版者、印刷工、詩人、船乗り、兵士、文筆家、特にろう学校のろうの教師を輩出し、その教師たちはフランスとヨーロッパの隅々にまで足を運び、彼らの兄弟姉妹を教えた。

今日、ド・レペの弟子たちによって作られた学校は世界中に二〇〇校以上あり、そのうちの二八校——ろう者のための大学を含めて——はアメリカにある。そして、ヨーロッパとアメリカで、ろう学校のろうの教師は五〇〇人以上いる。

ド・レペ神父の晩年

ド・レペが亡くなった一七八九年は、ろう者と聴者にとって終わりと始まりの重要な年であった。七月九日、フランスでは財政破綻した王国に対し、憲法を作るための憲法制定国民議会が作られた。ルイ十六世は自衛のために軍隊をパリに呼んだ。しかし七月十四日、数千人のパリ市民と兵士が、王権の象徴であったバスティーユ牢獄を襲った。王は要求を受け入れ、軍を地方に移し、ブルボン王朝の白い花を赤と白と青の革命旗に変えることに同意した。こうした譲歩は王権の脆弱化の表れであり、地方の農民反乱の火に油を注いでいった。義勇軍が作られ、貴族は国外に逃げ始めた。八月四日の夜、国民議会は聖職者と貴族の特権の廃止、封建的特権の廃止を議決した。二十六日、人権宣言が議決された。十月、革命支持派は「パンをよこせ」と叫んで、ヴェルサイユに押しかけた。彼らは王の親衛隊を殺し、王族はパリのチュイルリーに余儀なくもどらされた。憲法制定国民議会もヴェルサイユからパリに移された。その年の終わりには、フランスの統治は革命支持派の支配下に入った。

ド・レペの生命力は、王権の衰退に歩調を合わせるように衰えていった。彼の衰微は、ソラール裁判の終わりごろから始まった。裁判は七十年の彼の人生から多くの力と時間を奪い去った。一七八九年十二月、彼は賞賛と感謝に満たされつつ、しかし現世のものには事欠きながら亡くなった。自己の才能と心と労力をろう者にあたえた人は、自らの蓄えを作ることはなかった。一年に約三〇〇〇ドル相当という多くはない収入を彼は父から相続した。このお金で彼はすべての生徒の寄宿代を払い、助手たちの給料を出し、彼の家と学校のさまざまな出費をまかなった。

一七八八年の厳しい冬、川が凍り、交通が遮断され、人々が飢えと寒さで死んでいった時（だからこそ、革命が急がれたのだ）――その厳しい冬、ド・レペは貧窮にあった。僧衣は破れ、ほとんど食べず、自分の暖炉のための薪を買うのをやめた。何人かの生徒が彼の家に集まり、彼らが火をおこした。衰えつつあったド・レペが養生し、生きるのに最低限必要なものを備えると約束するまで、生徒たちは帰らなかったという伝説がある。

「私の子どもたちよ」と、彼はその後言うようになった。「私はあなたたちから一〇〇エキュ[*10]を盗み取ってしまった」と。

その「子どもたち」がド・レペの臨終のベッドに集まった。国民議会からの代表も合流した。国民議会の議長はシャンピオン・ド・シセ氏、以前シカールをド・レペのもとに送った人物であった。代表はそこでド・レペに、彼が最も強く希望する学校の存続は保証される、国民議会に学校を保護下に置くよう求める提案が出されることになっていると告げた。かつてド・レペが、ろう生徒のためにミサを捧げたサン＝ロック教会から教区の司祭が来て、最後のお祈りをした。

その時ド・レペは、彼の生徒たちの祝福を祈る最後の手話をした。彼はサン＝ロックの地下の霊廟に葬られた。そこには哲学者ディドロ、劇作家コルネイユ、フランス庭園の創始者ル・ノートル……等の人類にとっての恩人が眠っている。

誘拐事件のその後

ソラール事件には後日談がある。カゾーにもカロリーヌ・ド・ソラールにも、裁判所の評決は納得できるものではなかった。もし、ジョゼフが事実ソラール伯爵であれば、彼は誘拐され替え玉と交換されたに違いなく、悪人はカゾーを置いて他にはいないということになる。カロリーヌにとってみれば、彼女は自分の相続財産の半分をろうあ者ジョゼフに渡すことになる。大人になったそのろうあ者を見た感じでは、自分の弟であるかどうか彼女には疑わしく思われたのだ。

一七九一年、カゾーとカロリーヌ・ド・ソラールは一緒になって裁判所に訴え出た。前の評決が出されてから十年、状況は変わっていた。ド・レペは亡くなった。ド・レペの聖職を認めなかった大司教は、今度はシカールがソラール伯爵側の証人として出廷することを認めなかった。パンティエーブル公爵は革命ですべての影響力を失った。高等裁判所はなくなり、その代わりパリには六つの地方裁判所ができた。一七九二年、第二地方裁判所は最終判決を下した。それはおおよそ、革命の高い波の上からは見えないものだった。ド・レペの生徒ジョゼフはソラール伯爵ではないとされ、ソラール家の名を使うことや、その権利や財産に対するどのような要求も拒絶された。

ジョゼフは運命に屈した。守ってくれる人もなく、財産もなく、貴族の称号が賞賛よりも汚名の対象になった時代に、彼は自分を捨てた社会を捨て、軍に入り消息を消した。聴者の伝説では、彼は退却のラッパが聞こえず、戦場で死んだという。カゾーとカロリーヌ・ド・ソラールは結婚した。第一審の起訴時の弁護士だった人が、深い後悔から彼ら二人に小さな財産と田舎の家を残し、そこで二人は幸せに暮らした。

しかし、である。雄弁な法廷弁護士でカゾーを成功裡に弁護したトロンソン・ド・クードレーは、ジャン・ニコラ・ブイイと友人になり、ソラール事件が終わった後も、二人はよくその事件の話をした。「ド・レペ神父」の未発表の原稿も、ブイイは誰よりも早く彼に渡した。「私がこの件を弁護していた時」と、クードレーはブイイに語った。「私は、ジョゼフが本当に貴族の家の御曹司だと実感するようになった。控訴審の結論は間違っていた。ソラール伯爵の真実はあなたの劇の中にある」

＊1 一番成功したのは「フィガロの結婚」。
＊2 以前の北フランスの州。
＊3 フランス南部ピレネにある温泉。
＊4 パリの北三〇キロメートルの、オワーズ県にある。
＊5 王はジャンセニスムに反対する法王の教書を国の法律とした。
＊6 フォッセは、十二世紀、古い市の壁に沿って作られた溝。
＊7 肩越しに胸でゆるく結ぶ三角のスカーフ。
＊8 college of Four Nations、高等学校である。
＊9 フランス語の文法のこと。
＊10 約一五ドル。

訳注1 ジャック＝ルイ・ダヴィッド（一七四八－一八二五）。画家。新古典主義運動の創始者、ナポレオン一世の宮廷画家。
2 上流婦人が客間で催す社交的な集まり。
3 sacrament：目に見えない恵みを仲介する目に見えるしるしの意味で、カトリックでは、洗礼、聖餐、婚姻などの七つを指す。

4 ディドロ、ダランベールなど、十八世紀フランスで「百科全書」の編纂に従事した啓蒙主義の思想家たち。

5 本名James Burnett（一七一四－一七九九）。イギリスの哲学者・古典学者。

6 John Quincy Adams（一七六七－一八四八）。アメリカ合衆国第六代大統領。

7 ジャンセニスムはアウグスティヌスの恩寵と予定の説を奉じたものでイエズス会との対立を招いた。パスカルが支持したことは有名。ヤンセニズムとも言われ、カトリック教会からは異端視された。

8 new casuistry、casuistry（新決疑論）とは、行為の間に衝突が起こる時、律法にてらして善悪を判定しようとする方法。また、その学問。イエズス会の中で流行したが、パスカルは、その一般的道徳規則を制限する傾向に反論を投げかけ、使われることがなくなった。

9 裁判官が下すのが判決、それに対し、陪審員が下すのが評決〈verdict〉。

10 本文は「late fifties」となっているが、他の部分とすり合わせると、四十代後半と考えられる。

第5章　話せるろう者

口話主義者の歴史

　我々の兄弟の真実の物語、ド・レペ神父が手話による教育を発見した新しい歴史と対立した、まったく別の歴史がある。それは聴者が、ろう者の言葉を彼らの言葉に変えようとした記録、手話を発語に置き換えようとした記録である。この人たちは、自身が取り組んできた歴史が、ろう者の歴史であると称している――しかし、それは我々の兄弟に関する話ではなく、健聴の恩人たちの話、ろう者を向上させる唯一の適切な道は口話教育であると信じこんだ人たちの話である。それは誤った歴史である。口話教育は三世紀にわたり多くの国に広がったが、生まれついてのろう者の誰ひとりとして、手話を完全に発語に変えた者はいなかったからである。

　そのように明言し、今から事実を示していこう。前世紀を代表する口話主義者ヤコブ・ペレイラが、偉大なド・レペに何度も挑んだように、今までの私の人生において、口話主義者は何度もド・レペの遺産を否定しようとしてきた。そしてこの健聴の恩人たちは、我々の真の教育を喜ばず、ろう者に発語で語りかけ、彼らの発した言葉が弱々しいこだまになって返ってくるのを今日でも楽しんでいる。それゆえに、ろう者が強制されてきたもう一つの道について考察しなければならない。それはどこからもたらされ、どこにたどり着いたのか――そしてもし、我々がそれを選べば、我々をどこに連れて行こうとしているのか。

『生まれながらのろう者の教育』全二巻、この本ほど、権威を持って誤った歴史のすべてを語っているものはない。著者はフランスの偉大な知識人、博愛主義者の一人、ジョゼフ・マリー・ド・ジェランド男爵である。彼はわがろうあ学院の理事長であり、理事会はシカール神父の死後まもなく、この執筆を彼に求めた。ろう者を一度も教えたことのない、この華々しい人の本には、何人もの健聴の著者の記述が引用されている。その次にはお返しに、多くの健聴の関係者たちが彼の本から引用し、そしてそれぞれの引用文を批判し、また対立する考え方を引用した。こうした引用の繰り返しが、聴者にとってのろう者の歴史になった。もっと悪いことに、ろうの子どもたちはこの歴史とされるものを学ばされ、その中の英雄を崇拝するよう健聴の教師から仕向けられた。その英雄とは当然、他の健聴の教師であった。

ド・ジェランド男爵のろう教育の物語は、この歴史が前進を続け、教育方法は着実に改善されてきたと述べている。高貴な健聴の学者の行列が、さまざまな地方や時代の衣装を着て通り過ぎてゆく――十六世紀のスペイン、十七世紀のイギリス、十八世紀のフランス――それぞれが先人の足取りをたどり、すべての人が無私無欲で自然の誤りを正そうと悪戦苦闘している。しかし、それらはすべて神話である。ここには歴史も前進も体系もない。それは、何も知らないろうの子どもたちに、文化ではなくつくり物の発話をあたえようと努力した、教養にあふれた聴者の話にすぎない。それに加えて、ある程度の読話〔訳注1〕と、たぶん書き言葉と指文字も教えられただろう。書き言葉は発話に深く関係するし、指文字は空間に書かれた話し言葉だからである。この物語が前に進んでいるように書かれているのは幻想にすぎず、その内実は、ある世代が前の世代の非歴史的な報告を引用し、偏見が繰り返されているだけなのである。さて、実際にろう者の教育に関わっていない者、昔のろう者のことに言及しただけの者、噂や夢物語を報告しただけの者は、この学者の列から外れていただこう。

この種の歴史書の多くはヴェネラブル・ベードに始まる。彼は『聖職者の歴史』の中で、ノーサンバーランドのハガルシュタットのジョン司教の話を伝えている。六八五年、司教は唖者〔訳注2〕の舌を引き出し、その上で十字を切った。それから舌をもどし話すように指示した。「そう、そう。すると舌の括約筋が緩み……それから司教が『ア〈A〉』と言うように言うと彼は『ア〈A〉』と言い、『べ〈B〉』と言うように言うと『べ〈B〉』と言い……そして、司教が言った長文も彼は繰り返せるようになった」。ハガルシュタットのジョン司教とヴェネラブル・ベードはともに列から外れてもらおう。

次に引用されるのはルドルフ・バウアー、別名アグリコラ。ハイデルベルク大学の教授である彼は、一五二八年に文の書けるろう者の噂を聞いたと述べただけだ。彼も列から外れてもらおう。医者で、占星術師で、賭博師のジロラモ・カルダーノも退いてもらおう。彼は、生まれついてのろう者も発話なしで教育できると言っただけで、自分がそれを試したわけではなかった。英王立協会の書記だったジョン・ウィルキンスも、英王室と親密だったケネルム・

ディグビーも共に横にどいてもらおう。彼らは、いろいろなことに興味を持ち、驚くべき出来事として、スペイン人のファン・パブロ・ボネートがろう者が話せるように教育したことを紹介している。しかし彼らは、その方法を語ってはいないし、この偉業について他の機会に言及することもなかった。

ファン・パブロ・ボネートも横にどいてもらおう。彼がろう者に発語を教える最初の本を書いたのは事実である。しかしそれは、多分盗用したものであり、彼自身が発語指導を試みたことはなかった。

この歴史の行進はどうなったか、なんとその列が細くなってしまったことか！　聴者が書くろう者の歴史には、ろう者をまったく教えたことがない権威者が他にも多く出てくる。スコットランドのジョージ・ダルガーノは、ろう関係の本は出しているが、自らはオックスフォードで聴者を教えていた。ベルギーのフランシス・ファン・ヘルモントはボヘミアのジプシーと一緒にヨーロッパをさまよい、ろう者にもすぐわかるような文字を持つ、人類の普遍語を探した。イギリス人のジョージ・シブスコタは一六七〇年『ろうあ者の話』を出版したが、それはオランダの医者からの剽窃を訳したものだった。そして、彼の同時代人のジョン・ブルワーはろう者について三冊の本を書いたが、ろう者を教えたことはなかった。剽窃家には、ここから立ち去るように命じよう――同じ人間が違う衣装を着て繰り返し現れることで、行進がさもにぎやかであるような幻想をあたえるだけだから。過去の研究を調べる労を取らなかったために図らずも重複してしまったものも、同じように省こう。

これで行列は終わる。すべてのページや引用から、ろう教育の歴史という点で、我々は、二人の名前だけを残せる。彼らは創造の才を持ち、それを実行した。その一人はド・レペ神父であり、もう一人は、後に説明するように十六世紀のスペイン、オーニャのサンサルバドル修道院のベネディクト派の僧ペドロ・ポンセ・デ・レオンである。

口話教育成功の嘘

歴史も進歩もない。もし方法というのが、一般的に成功への手順を言うならば、方法もない。まったく発話したことのない人たちに、どうやって発話を教えるのか？　これについて、聴者たちの教育では、次のようなことが歴史的に語られてきた。

「忍耐心を持ちなさい、そして、考えられるだけのすべての工夫をしなさい」

数世紀にわたり、なされてきたすべての方策とは、次の三点だ。

一つ目には、話す時、さまざまな音をどのように発声しているかに関する観察。

二つ目に、どの音から教え始めるかという長々としたお説教。

最後にその時、ろうの子どもは自分の手で何をしなければならないか（教師の喉・顎・舌に手を当てるか、鏡を持つ）についての根拠のない勝手なご意見。

方法ではなく忍耐。一日、一週間、一年は、母音を巡って舌をねじ曲げる苦闘にさいして、たいした問題ではない。本当のろう者を相手にして教える時、発語を少しでも上達させるためには相当の不断の努力が求められる。したがって多くの著者——例えばド・レペやダルガーノ——は、才気煥発ではない教師を選ぶことを勧めている。ポンセ・デ・レオンのような僧もよい教師になる。なぜなら彼らは、舌の位置というような俗事に関わる十分な時間と忍耐力を持っているからである。

仮に、ろう者に対する口話教育の歴史が、生徒の成功例を作る原則を明らかにできなかったとしても、教師の成功例を作るための多くの原則は明らかにされた。

原理一、貧乏人と同じように、金持ちも教師の助けを必要とし、そして、金持ちは対価を払うことができる。口話主義の歴史は宝石をちりばめた上流階級で光り輝いている。

原理二、少人数の、よく考えて選んだ生徒を教えること。教師は、親が出してくれる報酬に依存する以上、有望な生徒を選ばなければならない。知力が高いほど、聴力損失時の年齢が高いほど、また残っている聴力がある子どもほどいい生徒である。

しかし、生徒個々のこうした特性は、表立っては認めないことだ。教師の力量の違いだけであり、聞こえの程度とか失聴年齢などに言及する必要はない。前に生徒を教えた教師のことは無視し、自分の業績を誇張する。例えば、生徒のうちの一人は歌うことができる、他の生徒はマルコの福音書を暗唱できる、三番目の生徒は、聞いたことも見たこともない発音の舌の動きをまねることができる等。少人数を教えながら、しかし多数を教えているような印象をあたえる。生徒の手話を学ぶ。パントマイムは骨が折れる、盲の生徒を教える時に話すことが必要なのと同じように、ろうの生徒を教える時には手話を避けて通ることはできない。しかし、手話を使っていることは否定する。生徒たちは口話で話していると思われている。忍耐強いこと——数年間は今やっていることを続けることになるだろうから。生徒の家に住みこむのが理想であり、あるいは生徒側の負担で、生徒を教師の家に住まわせるべきである。生徒たちには秘密を守らせる。誰にも授業の中身を見せてはならない。秘密の度合いが高まるほど、人々はその効果を信じるようになる。親戚を雇う。必ず本を出版しなくてはいけない。それとなく教育方法を会得したと言う。この業界で有名な先人を認める。認めると教説に厚みが生まれる。しかし、自分の方法は完全に独自のものであり、彼らの研究書が自分の手元に来たのは、自分の本の出版後だと言う。生徒たちから保証書を取っておく――生徒たちはきっと従うだろう――そして、他の同業者からも。彼らは見返りを要求するだろうが。

口話主義者ペレイラと、生徒マリー・マロワ

私は口話主義者に公正だろうか？　すべての脱唖主義者〔訳注3〕の中で一番の大物、科学者や王から祝福され、ド・レペを刺激して本の出版に踏み切らせた人物は、ヤコブ・ロドリゲス・ペレイラである。彼の生徒や伝記作家によって語られる彼の物語を聞いて、私が公正であるかどうか判断してほしい。最初にマリー・マロワに話してもらおう。彼女は、彼女自身も含む多くの人から見て、ペレイラの生徒の中で最も成功した人であった。彼女は手紙に「以前ろうあだったマリー・マロワ」とサインした。私は老年の彼女を、フランス中部の都市オルレアンの自宅に訪ねたことがあった。彼女は――手話で――革命前の記憶を披露して、私をもてなしてくれた。

一七七七年、神聖ローマ帝国皇帝ヨーゼフ二世がパリに来て、ファルケンシュタイン伯爵になりすましてド・レペの学校を訪れた時、彼はまた、ペレイラとその最も出来のいい生徒にも会いに行き、彼女が紹介された。マリーはその時二十八歳、肌も髪も美しく潤い、髪にはいっぱいの羽飾りを付け、その時のための豪華な暗紅色のコートを着ていた。彼女は、皇帝に送ったかなり魅力的な賛辞を覚えており、声を出してそれを暗唱した。「伯爵閣下、今私は、喜びでいっぱいのあまり言葉が出ません。以前、私の舌は紐で縛られていましたが、教育技術がそれをほどいてくれました。しかし、その紐がまた結ばれてしまったかのようです。私の胸が幸福感でふくらめばふくらむほど、私の口はそれを表現する言葉を失います」。この挨拶だけでも、ヨーゼフ二世は十分な感銘を受け、ペレイラに壺とサイの角を与えた。

そのころのマリーは上手に読話ができたが、その技術は彼女自身が獲得したものだった（オルレアンの教会の司祭が言うことには、以前の彼女はそれほど上手ではなく、鏡を使って読話の練習をし、人の話が読み取れるようになった）。それでも彼女は、皇帝の話についていくことはできず、時々ペレイラが早い指文字でその話を繰り返した。皇帝はフランス王妃の兄だったが、彼の両親はオーストリア人で、彼のフランス語は強い訛りがあったのかもしれない。どんなに読話の上手な者でも、その国に生まれ育った人が、数

Institut National de Jeunes Sourds de Paris

ヤコブ・ロドリゲス・ペレイラとマリー・マロワ
(PAINTING BY LENEPVEU)
口話主義者のペレイラと、秘密の方法で発話ができるようになった、ろうのマリー。

メートルの範囲で、ちょうどよい光を受けて、かつ話し手が口を大きく開け、ゆっくりはっきりと話して初めて読み取りができる。話し手が首を横に向けたり、誰か他の人に話しかけたり、大声で読んだり、訛りを持っていたりすると、読み取ることは普通はできない。

　マリー・マロワは一七四九年に生まれた。生まれた時かららろうだった。ペレイラの他のできの良い生徒たちと同じく、聴力が残っていた。ラッパ型補聴器を使うと、ある種類の音と三〇語程度の言葉を聞き分けることができた。他の生徒たちと違って、彼女はたいへん貧しい孤児だった。サン＝フロランタン伯爵によってペレイラのもとに預けられた。オルレアンの近くの伯爵の領地で彼女は生まれている。

　彼女がペレイラのところに送られたのはまだ七歳の時だったが、彼女はその日のことを覚えていた――というより、何回も繰り返されたその説明が頭に入っていた。彼女は最初、伯爵の城に連れて行かれ、訪問用の愛らしいレースのドレスに着替えさせられた。それから馬車でヴェルサイユの王宮まで運ばれた。そこで同い年の女の子と一緒になる。マリーの生涯の友となったル・ラ・ド・マーニ嬢であった。この少女の叔父が二人を豪華な控えの間に連れていった。二人は細い椅子に座って足をぶらぶらさせながら、いつ来るともわからない伯爵と、彼女たちの新しい先生を待った。数分が過ぎいつしか一時間が過ぎたが、それでもマリーは、新しい友だちと今自分がいる壮麗な部屋への驚きで、退屈はしなかった。壁と天井はマホガニー製で、木工細工の隙間からは数えきれないほどの百合の紋章〔訳注4〕が描かれているのが見えた。金と水晶のシャンデリアがあった。テーブルの天板は大理石で、その下の鋳型の脚はふんだんに金メッキが施され、渦巻き模様と唐草模様で飾られていた。テーブルの上には、翼を持った龍の取手のついた優美な陶器の甕《かめ》が置いてあった。朝の陽ざしが窓から流れるように差しこみ、あちこちの金箔とガラスに反射しながらきらめいていた。

　マリーは誰かが部屋に入ってきて、二人の後ろで止まったのを感じた。しかし彼女は、手話で友だちとこっそり話し続けた。そのため、ペレイラは回りこまなければならなかったが、突然二人の前に現れると、「こんにちは。お嬢さん方」と手話で挨拶した。陽気な挨拶の言葉は歓迎の気持ちの証しだった。というのは、見たところ、彼の外見は暗く陰うつで近寄りがたいものだったからである。彼は黒の半ズボンと縞のゲートルをはき、前部分と後ろの裾を切り取った長いコートの下にベストを着て、高い襟で、鬘をつけていた。四十歳くらいに見えた。浅黒い痘痕《あばた》の肌に、鷲の嘴《くちばし》のような鼻と、広く高い額に合わせて大きな目があり、その目は情熱と表情に富み、頬と顎は突き出ていた。彼女たちが自分の好奇心や驚きや、わかったことを整理する間もなく、伯爵が到着し、一行はパリのペレイラの家に向けて出発した。そして、マリーはその後の二十二年間を、その家で過ごすことになった。

　彼女は多くの輝かしい思い出を持っていた。ペレイラは、毎年正月には、彼女を連れて王宮のサン゠フロランタン伯爵を訪れた。九歳半の時、彼女はこの新年の挨拶を暗唱した。

「あなたのおかげで話せるようになった私の舌は、あなたの幸運を願う思いを唱え続けることを決してやめないでしょう。天よ、もったいなくも私のこの願いを聞きいれ、あなたのやさしさがこのように私を豊かに満たしてくれたように、あなたの人生を慈悲の心で満たし給え」

　まだ子どもだった時に、彼女はポーランド王や、王太子〔訳注5〕だったルイ十六世に紹介された。二十代になった時、スウェーデン王が、ペレイラと彼の生徒に会いたいと言ってきた。彼女は、ル・ラ嬢ともう一人の女性と一緒に拝謁した。三人の生徒はそれぞれ声を出して、王への讃辞を述べた。その後、王からの質問に生徒が答える時間があり、その次に、無作為に開いた本のページをそれぞれの生徒が読んだ。最後に、生徒が自分で書いた王への讃辞を渡した。その時、聴衆を整理していたペレイラの友人ラ・コンダミーヌ[*1]によれば、パリとヴェルサイユとで王が最も感銘を受けたのは、このペレイラの生徒たちであったという。

　マリーがペレイラのところに来た時は、彼女は発語ができず手話で話していた。ペレイラと一緒にいる間に、彼女は上手に発話ができ、正確に文章が書け、すらすらと文が読めるようになった。博物学者のジョルジュ・ビュフォンと哲学者のジャン゠ジャック・ルソーは数年にわたって彼女の成長を観察した。オルレアンの司祭は、彼女の告白がどのようになされたかを語った。「彼女が話し、私は聞いた。彼女が私を見た。私は彼女にゆっくりと答えた。私の唇の動きから、彼女は私の言ったことの一文節も間違うことはなかった」

　彼女はどうやって発話を学んだのか？　ペレイラは疲れを知らない教師だった。ともかくよく動いた。彼は生徒たちの前を後ろを歩き、また、横に回りながら手で生徒たちの発語器官を調整した。彼は、頻繁に短時間の授業をおこない、独特の指文字を使い、上手に手話ができた。手話を使って教え、言葉の意味を説明し、自分がより好む口話や筆談で話ができるようになるまでは、手話で生徒たちと会話した。

　しかし実際のところ、彼はどのように教えたか、彼の指文字とはどんなものなのか？　彼の死期が近づいた時、ド・レペが重要な著作を刊行する前のことだが、ペレイラはマリー・マロワを彼の秘密の教育法の保管者とし、その時はまだ幼かった自分の息子イサークにだけ、それを伝えることを彼女に誓わせた。その教育法は息子の財産になるはずだった。彼女はそれをド・レペに教えることを断った。ド・レペはペレイラの着想のなにがしかを盗んだと彼女は思いこんでいた。そして、シカールにも言った。「私の先生が私を信頼して託してくれた遺産をあなたに言うなんてことは、何が起こってもあり得ません」と。

私が彼女に会った時、すべては過去のことだった。ペレイラの死後、マリー・マロワはオルレアンに帰った。革命までの間、彼女はパンティエーブル公爵夫人から手当をもらっていた。その後は姉と一緒に貧しく暮らした。彼女がやっと見つけた仕事はきれいなレースの修繕と洗濯だった。レースは、ナポレオン治世下で再び流行していた。彼女はほとんど発語しなかった。マリー・マロワは常に誰かに頼って生活していた。最初はペレイラに、次はパンティエーブル公爵夫人に、最後は自分の姉に。姉が亡くなった時、彼女はまったくの天涯孤独になった。一八二九年、幸いにも彼女を救いに、死が訪れた。マシューがハートフォードの私のもとにニュースを届けてくれた時、私は非常に驚いた。マリー・マロワのことはもう長らく、私の頭から脱け落ちていた。優しいグレーの髪の老婦人。聴者になれなかったし、ろう者にもなろうとしなかった人。

ペレイラと口話主義とキリスト教

ペレイラの四十四年の教師歴を通して消えることのなかったろう者への関心が最初に記録されているのは、彼が十九歳の時のことである。彼は、ボルドーの文学アカデミー(後にシカールはそれに属した)の会長に礼状を書いた。会長は有望な彼に、ろう教育について読むべき著作のリストを送ったということだった。彼の文通仲間は、一六二〇年に出版された彼と同郷のファン・パブロ・ボネートの本、その五十年後にウィリアム・ホルダーが書いた英文法の本、そのまた三十年後にアムステルダムで出版されたコンラッド・アンマンのろう教育の本について語っていた(ペレイラは後に、アンマンの著作を原文のラテン語からフランス語に翻訳した。彼はまた、ヘブライ語、ポルトガル語、スペイン語とイタリア語に通じていた。のちに、彼は「王の通訳者」との称号をあたえられた)。

そのような青年に、ろう教育という特殊で難しい仕事を選ばせたものは何なのか?

それは、迫害と愛である。ペレイラの両親はマラーノだった。マラーノとは名目上はキリスト教に改宗したが、ユダヤ教の教えと習慣を守り続けたスペインのユダヤ人たちのことである。この言葉は古いスペイン語で、「豚」を意味

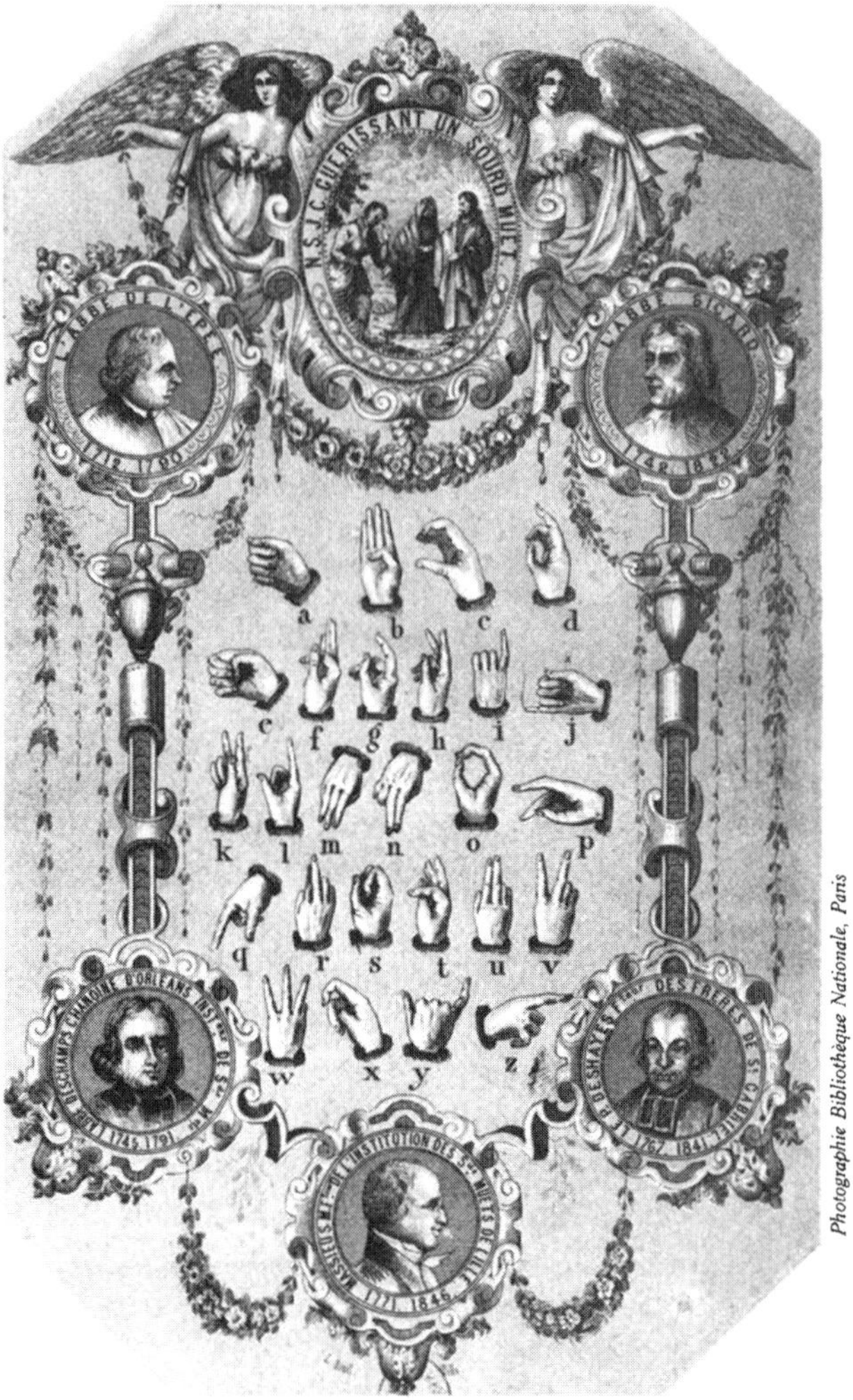

Photographie Bibliothèque Nationale, Paris

アルファベットに対応する手の形。

する。こうした偽りの改宗は七世紀、スペインのユダヤ人全員が国外追放の脅しの下に洗礼を命じられた時にさかのぼる。ペレイラの先祖はスペインからポルトガルに逃れた。しかしユダヤ人迫害は続き、秘密裏に自分たちの宗教を守ろうとした者は小さな排他的集団を形成した。こうして、アブラハム・ロドリゲス・ペレイラとアビゲイル・レベッカ・ペレイラは従兄妹同士で結婚し、その後スペインにもどってきた時、二人は新キリスト教徒（マラーノ）となり、ジャンとレノという名前を取得した。この二人の子どもヤコブ・ロドリゲス・ペレイラは一七一五年、スペインのエストラマドゥーラのベルランガ侯爵夫人領で生まれた。ちょうど、フランス王に上りつめるルイ十五世が洗礼を受け、フランセスコ゠アントニオと名づけられた時だった。しかしマラーノに対する、異端審問の冷酷な運動が再び始まった――フェリペ五世治下の半世紀に一五〇〇人以上がユダヤ教の罪で火あぶりの刑となった――そして新キリスト教徒として、ペレイラの家族は疑われた。命の危機を感じ、一家はポルトガルにもどった。しかし、ポルトガルにも隠れ家はなかった。ペレイラの父が亡くなり、未亡人となった母親は、残された子を抱えながら、異端の疑いで裁判所に呼び出された。それを何とか逃れた一家は、一七四一年、ついにフランスのボルドーの安全地帯にたどり着いた。そこにはマラーノの大きな居留地があり、マラーノたちは王に一一万リーブル〔訳注6〕を支払うことで堂々と生活し、最大限の権利を享受することができた（王権の相続ごとに同じ内容、同じ金額で契約が更新された）。

ろう者に発話させるための本のリストをもらってから七年後、ペレイラはボルドーで学校を開き、最初のろうの生徒に発話を教える教育に乗り出した――生徒とは彼の妹である。

こうして迫害からの二重の影響で、ペレイラはこの仕事を使命とするようになった。一つには、迫害の結果としての両親の近親婚があり、妹がろうとして生まれたこと。そのような近親婚からは、一〇人に一人の子どもが生まれながらのろう者である可能性がある。二つ目の、より重要な影響は、迫害である。迫害はペレイラに、彼の両親や祖父母に、生き残る術《すべ》を教えた。その教えとは、少数派でいることは困難で危険であり、多数派に近づくように努めることである。彼の父親は、ペレイラが、自分より良い生活ができるようにと、彼に巧妙に作られた、一般に受け入れられているものと似た名前をあたえた。ペレイラは、難聴の生徒に巧妙に作られた発話をあたえ、彼らの会話を一般に受け入れられているものに似せて、そのことに彼は人生の多くを費やした。最後の数年間だけ、ペレイラはユダヤ主義に回帰し、政府と交渉し、例えば、フランスで初めてのユダヤ式共同墓地を作った。その時の彼はすでに、手話を主な会話法とする人を、発話する人に変えようとはしなくなっていた。

ペレイラの秘密の教育法

ペレイラが商用でボルドーの北、西海岸のラ・ロシェルを訪れた時、二番目の生徒が現れた。名前をアーロン・ボーマランと言い、仕立屋の見習いの十三歳、生まれついてのまったくのろうだった。一〇〇回ものけいこを一年間続け、ペレイラは彼に、発音の基礎のすべてといくつかの言葉と日常の言い回しを教えた。例えば、「帽子」「ご婦人方」、そして「いかがいたしましょうか?」などである。一七四五年、イエズス会の学校でこうした内容を発表した時、集まった聴衆の中でもアズィ・デタヴィニー氏は、特に興味深くそれを聞いていた。彼はラ・ロシェルの成功した実業家で、息子は生まれついてのろう者だった。ヨーロッパの有名な内科医や外科医に診てもらったが、効果はなかった。この父デタヴィニー氏がペレイラと出会った時、同名の息子は十六歳で、ノルマンディーのベネディクト修道院の学校に二、三年在籍していた。その前は、アミアンのサン-ジャン修道院で八年間過ごし、そこで五、六人の他のろうの生徒と一緒に、ろうの老人から教育を受けた。

これを見ると、ろう者に教育をした、フランスで最初に記録された教師はろう者ということになる。またこのアズィ・デタヴィニーに関する教育実績が、この後すぐペレイラに大きな名声をもたらすことになるのだが、それについても、そのろうの教師は確実にある程度の功績があるということになる。その教師の名前はエティエンヌ・デファイ、生まれつきのろうで、一六七〇年に貴族の家に生まれた。五歳の時、彼はサン-ジャン修道院の生徒となり、やがて建築家として、また聖職者席の彫刻家として修道院に仕えた。その聖職者席は、百合の紋章の背景の上に聖者の列に加えられた聖人の顔がほどこされていた。同時代人の言うところでは、彼は算術、機械修理、図案、建築学、それに世俗と宗教両方の歴史についての知識を持っていた。彼は修道院の資料館と、護布を陳列した棚についての二巻の目録を作り、彼自身が書いた挿絵を入れた。しかし彼のもっとも大きな業績は、彼の保護下のろうの生徒たちに対しておこなったものであることは明らかで、その中にアズィ・デタヴィニーも含まれていた。

このろう青年の父親は、ペレイラの生徒の発話を聞いた時でも、息子をペレイラのもとにおくかどうか、ためらった。たぶん経費の問題もあったし、息子の教育をユダヤ人に預けるのが不安だったのだろう。そこでまず、ペレイラも話していたアンマンの論文の写しを手に入れることにした。彼は、息子が通っている学校のノルマンディーの修道院の院長にその写しを送り、それに書かれている方法で息子が発話できるようにしてほしいと頼んだ。

一年後院長は、特に成果はなかったと報告し、ペレイラと契約を結ぶようデタヴィニー氏を説得した。彼は仕方なく説得に応じたが、用心は忘れなかった。彼は教師ペレイラに、家族と離れ、息子と一緒に修道院にこもり、院長の傍らで（院長は教育法を暴こうとしてくるだろう）仕事をし、決まった報酬に対し、決まった時間で決まった数の言葉を定着させることを要求した。これまでろう者を教えてきた人で、このように厳しく不利な契約をさせられた者はいなかった。

しかしペレイラは修道院に行き、そこで聡明な十八歳の若者と会った。若者は読み書きと手話ができたが、ただ発話ができなかった。ペレイラが行ってから八日間で、若者は「ママ」と「パパ」が言えるようになり、一ヵ月で五〇語が言えるようになった。ペレイラの生徒は四ヵ月で相当に進歩したので、院長は証人を得るためにノルマンディー、カルヴァドスの県都カーンの王立文学アカデミーを招集した（院長はその会員だった）。ペレイラはそこで報告したが、結局自分の教育法の本質や由来などを明かすことはなく、彼はそれを秘密とした。しかしその報告の中で、こうした教育は科学に無知だからできたこと（そういう言い方は困難さをより大きく見せただろう）であると言い、また、「初めて私にこうした考えを呼び起こしてくれた、ろうの女性との会話と愛」のおかげであるとも言った。そうするとペレイラも、他の先駆者たちと同じように、ある女性への愛からこの道へと駆り立てられたということなのか、それとも単に、彼の妹への愛を指しているのか？

次に若いアズィ・デタヴィニーが登場し、アカデミーの後援者である司教に「*Mon-sei-gneur, ju vous sou-hai-te le bon-jour*」（「こんにちは、閣下」）と挨拶した。司教はこう書いた。「カゾー師は良い人です」（カゾーは院長の名前）。生徒は微笑みながら「はい」と答えた。次に司教は「カゾー師は悪い人です」と書いた。アズィはしかめ面をしながら答えた。「いいえ」。それから彼は身ぶりで、剣、シャツ、帽子を何と言うか聞かれた。「剣、シャツ、帽子」と、彼は正確に答えた。

ペレイラは学会からの賞賛と激励を受け、いくつかの全国紙が記事を載せた。生徒の発話力は伸び、十一ヵ月後に活字になった公式発表では、一三〇〇の言葉と多くの文章を話した。しかし彼の話し方には、彼の手話の文法の影響があった。動詞は常に原形で、言葉の順が置き換えられていた。ペレイラとの契約が終わる少し前に、アズィ・デタヴィニーの父親は、彼をノルマンディーの修道院から引き取り、ペレイラは、すでに彼の名声が広がっていたパリに行った。

ところが六ヵ月後、父親はペレイラに手紙で二度目の契約を申しこんだ。ペレイラの付き添いがない中で、彼の息子の発語は大きく後退した。これは生まれつきのろうの人に対する口話教育の一つの特徴である。発語力は、たえず、鍛え続けられなければならない。でなければ退化する。一七四八年の早い時期、アズィ・デタヴィニーの訓練を再開するために、ペレイラはノルマンディーの学校にもどるが、この時、ペレイラは自分の兄弟をともなった。「私は自分一人でこの方法を進めることができます」と、彼は依頼を打診してきた人への手紙で言っている。「そして、手伝ってもらうのは兄弟か姉妹だけであり、この秘密は完全に私の一家の中で守られなければなりません。どのような場合であれ、簡単には公開できないのです」

知の殿堂、科学アカデミーへの報告

一年後ペレイラは、生徒一人と一緒にパリに出てきて生活したが、それから一ヵ月の内に成果を発表する機会を作った。発表の場所はどこかの地方のアカデミーではなく、イギリスの王立協会の向こうを張る、この国の超一流の知性の集まりである科学アカデミー〔訳注7〕だった。そこにペレイラが提出した報告文では、アズィ・デタヴィニーは明瞭に、しかしゆっくりと発語するよう学んだこと、筆談か指文字で出されれば通常の話題についての質問に答え、彼も質問を作れること、「我らが父」その他の祈りと十戒を暗唱できること、教義問答集からのいくつかの質問には内容のある答えを返せることが述べられていた。彼はある程度の文法と、算術、地理、歴史を理解していた。ペレイラは彼の教育方法についてはほとんど語っていないが、それには、手話とスペインの指文字（ボネートの本にあるもの）が含まれていることに触れている。指文字は彼がさらに拡充し、完全なものにしたという。

アカデミーはこの生徒を評価し報告書を作るための委員を任命した。人間の発声に関する論文を書いた外科医の教授。アンマンの本を使って、あるろう青年の発語指導に何らかの成果を出した物理学者。そして、かの有名なジョルジュ・ビュフォン。ビュフォンは当時、彼の記念碑的な『人間の自然史』を執筆中で、その中に、ペレイラとその教育法についての賞賛の文が挿入された。一ヵ月後、アカデミーの会長ショーヌ公爵によって会合が招集され、委員は彼らの報告を提出した。ペレイラの業績への賛辞が並んだ。ビュフォンの最新刊に対しての賛辞が、新聞紙に載って印刷所から送られてくるように。啓蒙運動の真っ只中で起こった、ろう者に発話をさせたというこのニュースは衝撃的な出来事であると、全員が声をそろえた。

啓蒙運動の重要課題の一つに、「何が我々を人間たらしめるのか?」というものがあり、アリストテレスあるいはデカルト以来、それは「言語」であるという説明が広く認められていた。「これまで、人が考え、求め、おこなった、あるいはしようとすることのすべては」と、十八世紀のある哲学者は、詩的に語っている。「空気の呼吸運動に基づいている。なぜならもし、この神聖な呼吸がなかったら、そして我々の唇に魔法のように漂わなかったら、我々は今も野生のまま森の中をかけめぐっていただろう」と。

しかし、ろうの子どもと野生児は、こうした人に関する定義を混乱させた。なぜなら、ろう者は言語を持たないと考えられていたし、野生児は常に唖者であったから(人間観察家協会が、マシューとアヴェロンの野生児に対し強い関心を持った理由の一つはそこにある)。

ペレイラは、同時代人の目の前で、ろう者は「唖者でなくなる〈demutized〉」こと、そして人類の家族の輪に入っていけることを示した。科学アカデミーがペレイラの教育方法の普及にかり立てられていったのも、何の不思議もない。

アカデミーの報告は、「この興味深く有用な技術」はペレイラに始まったものではないと認めることから始まった。イギリスのウォリス〔訳注8〕、オランダのアンマンは一世紀早く、またそれ以前にも、スペインのラミレス・デ・カリオンとピエトロ・ディ・カストロも発語指導をおこない、成果があった。

委員たちは、ペレイラのアズィ・デタヴィニーに関する報告内容を認めた。また委員たちは、アズィが大きな声も小さな声も出し、疑問、答え、祈りなどの抑揚もできているとつけ加えた。ただ、彼の発音はゆっくりで、胸の奥から声が出ているようで耳障りだった。また、文節と文節をつなぐように発音することができなかった。ペレイラは「少年の発声器官は十六年間使われておらず、適応力を回復させる時間があまりなかったことを考慮してほしい」と言った。

ペレイラの発語指導法の普及を願う委員会の姿勢からも、当時のろう者の社会的状況が推し量れよう。ド・レペ神父によって、社会から見捨てられた人々への教育がうち立てられるちょうど十年前であった。生まれつきのろう者はどんな言葉も発語したり読んだりすることができず、その言葉が示す目に見えるものも理解できず、抽象的また一般的な概念も持てず、社会で他者と交わることができない。そして筋道を立てて行動することもできず、分別がつく年齢になってから失聴した人とはまったく違う状態であった。

いずれにしても委員会は、唖者に読み話すことを教えるペレイラの技術は独創的であり、公益にかない、積極的に奨励する価値があると判断した。多くの賞賛を得ながら、ペレイラが強く望んでいたことが実現し始めた。王から生涯にわたって奨励金を受ける、パリに学校を開き快適に暮らす、ペレイラの家族が再びヨーロッパのどこかをさまよわなくてもすむよう、十分な資産を残す。六ヵ月後には、ペレイラと彼の生徒アズィ・デタヴィニーは、王のお気に入りのショーヌ公爵のはからいで、王に拝謁した。

ろう者が王に拝謁する

ペレイラの兄弟が、ボルドーにいる母に手紙を送っているが、これは拝謁時の様子を間近で見た者の貴重な記録である。「ヤコブ（ヤコブ・ロドリゲス・ペレイラ）への待遇は驚くべきです！　私は、昨日王宮への旅の様子を手紙に書きましたが、そこに今朝十一時に着きました[*2]。私たちはショーヌ公爵に彼の部屋で会いました。公爵はいつものように私たちを真心こめて迎え入れ、王太子と王のところに行くので、待機するようにと言いおいて、私たちを部屋に残して出ていきました……」

手紙は続く……「私たちが（王の）控えの間に入った時、取り巻きの人たちはテーブルを離れていました。聖霊の騎士たち[*3]や、小姓、召使、王太子はヴェルサイユの淑女たちのところに行こうと、たいへん混乱していました。しかし王は、唖者と会おうと決めていました。とうとう四時半に公爵が来て、王がおいでになると言いました。そのため混乱は増しました。『王であるぞ！　王であるぞ！』と言いながら、聖霊の騎士たちが隊列を作り、そして王が『ショーヌ！　ショーヌ！　ショーヌ！』と呼びました。公爵が人々をかき分けて進み出て、王に話しかけ、王の先導をして私たちに近づき、言いました。『ペレイラ氏よ。陛下はデタヴィニー氏が陛下に話しかけてもよいと仰せになっています』と」

この時のデタヴィニーの気持ちはどうだったろう。彼の教育は、アミアン郊外の修道院でろうの老僧と手話で話すことから始まった。そして今は、世界で最も富と権力を持つ人に、声で話しかけていた。この瞬間、アズィは、フランスのすべての権利を奪われたろう者の代表、いやフランスだけではなく全世界の代表であった、と言っていい。啓蒙運動という知的革命が進行していた所にいる人間は、みなフランスを見ていたからである。デタヴィニーは、畏《おそ》れ入っていたに違いない。彼は「陛下、私は陛下の前にいることの光栄に深く感謝しています」と言った。

「王はたいへん喜び、ほほえんでおられました」と、その兄弟は書いている。「公爵が王に言いました。『彼は畏れ入っています』。そしてヤコブが言いました。『それは驚くにはあたりません。なぜなら全ヨーロッパの人々が、陛下の前では畏れ震えるからです』と。その時、王の帽子が手から落ちました。ヤコブとデタヴィニーはすぐ前にいたので、二人とも帽子に飛びつきましたが、ヤコブが王に帽子を返す栄誉を得て、彼は片膝を地面につきました。王はヤコブに話しかけることはなく、常にショーヌ公爵か他の貴族に話しかけました。人が多く、混雑による雑音もあり、王の言葉は聞きとれませんでした。しかしその立ち居振る舞いと表情が和んでいる様子から、あきらかに王は喜んでいるようでした。公爵は、唖者はヤコブが読んでいる部分を、彼のとヤコブに言い、デタヴィニーに本を読ませるように手から読み取りました」

デタヴィニーは、なぜ直接本を読まずに、ペレイラの指文字を読みとることにしたのか？

それは明らかに、ペレイラの指文字が、フランス語の母音と子音それぞれに対応した手の形を持っており、彼が発音通りの綴りで言葉を表すことができたからである。デタヴィニーは言葉を正確に発音するために、フランス語の気まぐれな綴りを知る必要はなかったのだろう。

「次に公爵からのいくつかの質問を、ヤコブがデタヴィニーに伝えました（ペレイラの生徒では、マリー・マロワだけが読話に長けており、読話指導はペレイラのプログラムにはなかった。なので質問は、手話・指文字・筆談でなされなければならなかった）。時が過ぎ、王は部屋を歩き回り、あの人この人と会話を交わし、そして話を聞きに唖者のところにもどってきました。公爵は大きな机にもたれて王と話をし、二人は談笑していました。王は公爵をテーブルに押しつけ、お腹を両手で押して彼を後ろに揺らしました。それから王は唖者のところに来ました。公爵は王に、デタヴィニーのしていることを説明し、祈りを暗唱できると言いました。『我らが父』を暗唱するようにと王が言ったので、デタヴィニーはたいへん上手に暗唱しました。三十分以上たって王は離れ、多くの騎士たちもついて出ましたが、その時、従者が、『ペレイラ殿、おめでとう。素晴らしかった。素晴らしかった。王はいたくお褒めでした』と言いました。公爵もとても喜んでいました。『さようなら。パリでもっと話しましょう』と。これで、私たちの王宮訪問の話は終わりです」

だが、そういう訳にもいかなかった。宮廷の女性たちが話のできる唖者の奇跡を見たいと言ったため、二人は翌日も呼びもどされた。前日、王太子が彼女たちをヴェルサイユから連れてきたが、時間が遅かったのだ。数日後、王はペレイラに八〇〇リーブルを褒美としてあたえ、満足の気持ちを表した。公爵は、ペレイラのために師範学校を作り、彼の教育技術が長らくフランス王国全体に普及していくこと、また弟子の育成ができるよう、王立大学に彼のために教授のポストを作ることを望んだが、計画はいずれも実現しなかった。

逆に、数年後ペレイラは、ライバルのド・レペ神父がろう者のための初めての公立校を作り、王から支援を得るのを見ることになった。しかし、公爵は別の形でペレイラに贈り物をすることができた。先の王宮での出来事から六ヵ月後、ペレイラが「私の人生の中で最も素晴らしい贈り物」と呼んだものを彼に贈った。公爵の名づけ子であるサブルー・ド・フォントネイの養育である。

発話するろう者、サブルー

ペレイラはその後の十年間で、さらに数名の生徒を受け入れた——ド・ジェランドは、ペレイラはその経歴の中で一〇人余りの生徒を教えたと見積もっている——しかし、サブルーほど優秀な生徒はいなかった。彼はペレイラの率直な支持者となり、のちにド・レペ神父との、ろう教育の考え方をめぐる論争にも加わった。

サブルーはド・レペと同じ町で生まれた——王の宮殿がヴェルサイユにあるという同じ事情からである。彼の父は、王室守備隊の連隊長だった。彼は生まれついてのろうで、七歳の時南フランスの学校に入った。また後に、王お抱えの建築家リュカ氏の教えも受けた。彼は指文字、読み、書き、算術を約三、四年学んだが、そのころ、彼の名づけ親がサブルーをヴェルサイユに呼び、ペレイラに委ねた。ペレイラの家でサブルーがアズィ・デタヴィニーに会った時、サブルーは十二歳だった。そこでどんなことがあったか、サブルー自身の言葉がある。

「ペレイラ氏は、私が十三歳くらいだと知ると、子どもがフランス語を習うのと同様の方法で私の教育を始めた。日常の単語や言い回し、例えば『窓を開けなさい、窓を閉めなさい、ドアを開けなさい、ドアを閉めなさい、火をつけなさい、火を消しなさい、薪を持ってきなさい、テーブルを整えなさい、パンをください』などから始まった。我々は、ペレイラ氏が改良し数を増やしたスペインの指文字で話していたが、日常会話に十分慣れているとわかると、彼は身ぶりを使うのをやめた。その目的は、私を話し言葉に慣れさせること、私がふだん使う手話を使わないようにすること、私が文を理解できるように鍛えること、私が言われたことを理解し、それに合わせてなんでもできるようにすること、また、簡単なあるいは難しい質問に答えられるようにすることだった。私が自分で考えられるようにするため、ペレイラ氏は、私に毎日の出来事を書かせた。言われたことを報告し、私の頭に浮かんださまざまなことを語り、話し合い、討論し、また、友に手紙を書き、人々に返事を書き、等々。この方法で私は、いちいち考えなくても、はっきりと代名詞、活用、副詞、前置詞、接続詞その他の言葉の用法を理解するようになり、ペレイラ氏が多くの適切な例文を作ってくれたので、他の文章も自分で作れるようになった」

わずか二ヵ月半で、サブルーは十分進歩し、科学アカデミーの前に登場した。アカデミーは、アズィ・デタヴィニーを評価したのと同じ委員会に評価を委ねた。サブルーは、フランス語のすべての音声を明瞭に発音し、多くの日常の言い回しと筆談での指示を理解し、教師の指文字を通してはっきりと読むことができ、「我らが父」を暗唱できることがわかった。要するに、数年前のアズィ・デタヴィニーの報告が裏づけられることになった。

数ヵ月後、王はペレイラに対し、一年につき八〇〇リーブルを褒美として渡すことを決めた。ペレイラは三十六歳だった。彼は安定した収入と二人の素晴らしい生徒を持った。ショーヌ、ビュフォン、ラ・コンダミーヌはペレイラの友人であり、ディドロとルソーもすぐ後に友人となった。計算機を発明し、科学アカデミーに認可された。また帆走についての論文を書き、それもすぐ認められた。ペレイラはサブルーへの教育を続けたが、それについては生徒の自伝が物語っている。

「ペレイラ氏と私の叔父は私を連れ出すのを楽しみにしていて、物理の実験や科学的に興味深い収集などを見たり、いろいろな家を訪れたり、地方を歩き回ったりした。その目的は、私を日常のフランス語に慣れ親しませ、人々の質問に適切に答えられるようにし、社会の仕組みを理解させることだった。私は暇があれば、よく一人で友人の家に出かけ、そこで歓談し、いろいろなことを教えてもらった。そうした交流の中で、私は比喩的表現や、洗練された言い回しや、修辞法などを理解していき……四年目には、文法や、キリスト教の教義と聖書について十分な基礎知識を持つようになった。私の名づけ親で保護者でもあるショーヌ公爵は、最初の三年間、私の力を試験したり、実際に教えたりしてくださったが、光栄にも、私に本を書くことを勧めてくださった。そこでペレイラ氏と叔父がテーマを決め、私はそのテーマに沿ってノートに文章を書いた。ノートの中のフランス語その他の間違いを二人から教えてもらい、正しい文章に書き直した。すべての人の知性を創り給う造物主のおかげで、この方法によって、何とかフランス語を素早く理解し、考えを容易に文に表すことができるようになった」

サブルーは五年間ペレイラの指導を受け、その後も自分で学び続けた。フランス語とラテン語に加えて、ヘブライ語とシリア語を自由に操り、アラビア語も学んだ。「荘厳で高尚な文体で書かれた本を努力して読むこと」を通して、彼の文はより優美になっていった。彼は言語の本質についての本を広く読み、気象についての論文と自伝を出版し、そして、フランス北西部の都市レンヌのろう女性の教育を引き受けた。「私は、ろうあだった時の自分をほとんど覚えていない」と、彼は友人への手紙で語った。ド・レペは、ペレイラを友と呼んだディドロと並んで、サブルーは自分の教師を有名にするのに非常な功績があったと考えていた。

空っぽの秘密

多くの俊秀が、ペレイラの成功した教育方法を明らかにしようと努めた。彼が家族のために残そうとした財産は、全人類のものになるのかもしれなかった。一七八〇年に彼が亡くなった後の有益な情報源は、彼の生徒たちの手紙、カーンとパリのアカデミーでの彼の講演記録とその後のアカデミーの報告、彼の家族の手紙、そして、エルノーという盗用者を非難する長い論文である。エルノーはペレイラの生徒を盗み、その生徒を別の名前でアカデミーに紹介した人物であった。ペレイラは自分の方法を公表しなかったので、その方法がエルノーのものと違うことを立証するのは難しい問題だった。

こうした文書からド・ジェランド男爵は、ペレイラの秘密は彼の指文字であると結論づけた。その指文字について、ペレイラは「それぞれの手の形が、音を出すのに適した発声器官の位置と働きを示すとともに、この音を通常の書き方で表した文字または文字群を示す」と言った。そうすると、例えば、s (soupe)、ç (façon)、ti (nation) などいろいろに書かれるフランス語の一つの発音に対して、一つの手の形があったのかもしれない。ペレイラはボネートの指文字を手に入れ、彼自身の一揃いの手の形を加え、それぞれが一つの音に対応するようにし（それで三〇）、それに数と句読点の形を加えた。それから、サブルーの説明によると、彼に話す時のペレイラは、音声に対応した指文字に発語をつけたが、その様子は、まるで、聴者同士が話している時、そのすべてに指文字がついているのと同じだったという。

秘密に関するあらゆる大騒ぎと名人芸が、けっきょくは一揃いの手の形になるとは、信じがたいことである。ドイツ口話主義の指導者サミュエル・ハイニッケは、ペレイラの秘密とは、まったくのろうとは言えない生徒を使いながら、その事実をあいまいにする（あるいは、重要性をできるだけ隠す）ことであったと考えた。生まれながらのろう者と、「物心のついた後」に偶然に聞こえなくなった者との違いは、当時も、ローマ時代からも、非常にはっきりとしていた。ローマではこの二つの社会的階層に対して、法律の中で異なった条項を作った。しかし、まったくのろうと部分的な失聴の違いは——程度の違いでもあり——あいまいなものである。ペレイラ自身も、マリー・マロワとサブルー・ド・フォントネイは難聴だっただけだと語っている。では、そのことは彼らの発語の習得にどの程度の手助けとなったのか、また、読み書きの教育にどのくらいの支えとなったのか？

ひねくれた親類の一人は、ペレイラの成功の秘密は、他の教師が教えていた生徒を使ったことだと、ほのめかしていた。デタヴィニーがろうのデファイの生徒として過ごした八年間は、彼の言語形成にどのくらい影響したのか？しかも、その八年は彼の第一言語による教育だったのだ。ノルマンディーで学んだそれ以後の年月はどうなのか？そして、サブルーの教育にリュカ氏が捧げた年月――それはどれほど重要だったのか？　これもまた、口話主義の特徴である。生徒は、最初は他の人に異なった方法で教えられており、一人の教師、一つの方法だけの功績となることはほとんどない。

エドゥアール・セガンは知的障害者が教育可能であることを示した最初の人であるが、一八四七年に出版した自著のペレイラの伝記の中で、彼の秘密は、あるろう女性に触れたい、触れられたいという願望からきたものと推測している――その女性とは「初めて私にこうした考えを呼び起こしてくれた」人である――そしてそれが、触覚もコミュニケーションの一つになりうるという発見に結びついた、と。実際ペレイラも、母の腕に抱かれて発話の最初の一歩を踏み出す時、我々は母の胸の鼓動を感じている、と言った。子どもが聞こえなければ聞こえないほど、子どもは音声による振動の効果を感じるだろう。手を口の前に置けば、音節の違いは、音で聞くのと同じように触覚でもとらえられるだろうと、ペレイラは書いている。

ペレイラの時代には、人間を理解する鍵として、「感覚」に大きな関心が寄せられていた。「すべての我々の知識は感覚からくる」とコンディヤックは言った。しかし、触覚の役割は特に過小評価されてきた。「触覚は鍛えられれば、すぐに他の感覚の教師となるだろう」と、コンディヤックはそれにあらがうように言った。「目は、それ自体、単に光と色の感覚を持つだけだろう。触覚が目に、大きさ、形、距離を見積もることを教える。そして、触覚は素早くそれを教えるので、目は何も学ばなくても最初からそう見ているように思われている」。また、ジョルジュ・ビュフォンは述べている。「我々は触覚を通じてのみ、現実の完璧な知識を持つことができる。触覚が他のすべての感覚を正してくれるのであり、触覚の判断がなかったら……他の感覚での印象はただの幻かもしれない」。ジャン‐ジャック・ルソーも同様だった。彼はプラトリエ通りでのペレイラの隣人であり、また友人でもあった。教育における画期的な作品『エミール』を書いた時の彼は、ペレイラの触覚についての実験に大きな影響を受けていた。ルソーの構想はペレイラのものよりもっと広大だった。彼はすべての感覚に、ペレイラが触覚に対してあたえたような訓練を適用した。またこの哲学者は、感覚の訓練をろう者のみでなくすべての子どもに広げようとした。そして、触覚がその中心だった。触覚は、最も良い情報を我々にあたえてくれるもの、我々が最もよく使うもの、我々が生き延びるのに必要な知識を瞬時にあたえてくれるもの、そうルソーは語っている。さらに、触覚は視覚、聴覚に取って代わることができる。サブルー・ド・フォントネイも、触覚はろう者同様盲人にも使えるものであることを示唆した——その示唆は、ド・レペによって繰り返され、ヴァランタン・アユイによって実行された。アユイは盲人のために闘った偉大な闘士であり、盲学校の創始者だった。盲学校は私がパリに行く前までろう学校と一緒になっていたが、盲人に読み書きを教え、自立の力を養っていた。アユイは一七八〇年代のド・レペの公開授業に参加したが、これが、浮き上がった文字を印刷するという彼の発想を生み出すきっかけとなったのだろう。その発想は数年後、彼の学校の教師ルイ・ブライユ〔訳注9〕が発明した、浮き上がった点による簡潔なアルファベットの体系に受け継がれた。

手をチェロの楽器の上に置いてみよう、とルソーは言った。その振動によって、音は高いのか低いのか、Aの弦からなのか、Cの弦からなのか言い当てることができるだろうか？　と。「この違いがわかるように感覚を鍛えよう。時がたてば人は十分に感覚が鋭くなり、指で全体のメロディを聞くことができると私は確信する」。こうして触覚を通して、ろう者に音楽や言葉を伝えることができたとする。しかし、まだ疑問は残る。ペレイラは、どうやって唖者が話すという奇跡を作りあげたのか？　私は問題をむしろこう立てる——彼は本当にそれをやったのか？　もちろん、ペレイラは生きた話し言葉をろうあ者に教えることはできなかった。生きた話し言葉は決して教えられない。それは幼い時に、周りから自然にあたえられ、生涯にわたって自分のものとなるものである。彼は生徒たちに、上手下手はおいて、作り物であれ、言葉を植えつけることができたのか？　そうではないように思われる。発語の技術をなくしてしまったマリー・マロワの例が、そのことを物語っている。彼女はペレイラの家を引き上げ、数名の親しい人と手話で話す、別の「繭《まゆ》」の中に移っていった。サブルー・ド・フォントネイはペレイラのもとを去った後、二度と言葉を発しなかった。彼の自伝の中でも、発語についてはまったく触れられていない。三十歳のサブルーと会った言語学者は、彼がもはや「発語訓練の痕跡もない」状態にあったという。そしてサブルーが、あるろう者の教育を引き受けたことは、発語が彼にとってさほど重要ではないことを明白に証し立てている。

さらに、目撃者の証言がある。つまり、ピエール・デロージュの本『あるろうあ者の観察』の出版社の人間が、ペレイラの生徒たちの中で最もきれいに話せる者も、その発語はたいへんわかりにくかったと報告している。無理に発語させられていて、のろくてリズム感がなく、聞くのも痛々しいほど、大変苦労しながら発語しているように思われた、と。サブルー・ド・フォントネイも、その意見に同意している。

「実際に」と彼は言った。「唖者はみな、発語に対して嫌悪感を持っている」と。

多分、ペレイラは特別な秘密など何も持っていなかったのだろう。他の多くの口話主義者のように、彼の指導法は経験主義的というと聞こえはいいが、手当たり次第にやっていくやり方だった。ペレイラはすでに教育を受けた見こみのありそうな生徒を引き受け、聴覚以外の感覚を使い、彼らが知っていた手話に、指文字と筆談を交えて効果的に伝え、そして、疲れも忘れて仕事に邁進した。ペレイラの友人はマリー・マロワに手紙を書き、彼の秘密を教えてくれるように頼んだ。その時彼女は、ペレイラの息子のイサークに手紙を書いた。彼女の教えてくれた秘訣はこうである。「あなたのご親戚は、会話や手紙のやり取りで伝えられると思っているようです。しかし、長い時間と、作業と、学習が必要なのです。生徒は、勉強に前向きでなくてはいけませんし、私がいろいろなことを教えていく時は、生徒と対面でおこないます。そして、私の知識を補ってくれる友人が一人必要となるでしょう」と。

数年後、イサークの没後、イサークの未亡人が、再び、大先生の孫のために秘密を教えて欲しいと言った。マリー・マロワは、自分は年老い、ほとんど何も覚えていないと答えた。「実際に、先生が生徒に合わせて教えて行く様を、彼の息子たちにじかに見せるしか伝える術《すべ》はないのです。それが、先生のしたことで、私が一番よく覚えていることです」と。ペレイラの家族はまだ満足できなかったので、孫の一人が歩けなくなりかけたマリー・マロワをパリに引っ張ってきた。しかし彼女は、家族のそれぞれと抱き合っただけでオルレアンに帰った。ペレイラは四十四年間働いた。十五年間彼の息子は、乗り気のしないまま彼の文化遺産を復活させようとし、そして亡くなった。また十五年間彼の孫が試みたが、成功しなかった。どうだろう? 秘密とはこういうことだと思えないだろうか? つまり、秘密はなかった、と。金庫は中が空だったからこそ、きっちりと鍵がかけられていたのだ。

ボネートの手引書

私はペレイラの人生には、まったく別の意味での秘密があったと思っている。一つは彼が愛した女性に関わることであり、もう一つは彼の方法の起源についてである。しかし起源については、ペレイラの先達、十七世紀のファン・パブロ・ボネート、さらに、もっと以前――十六世紀のペドロ・ポンセ・デ・レオンと、ろう者を教育しようとした彼の最初の取り組みへとさかのぼらねばならない。

　ファン・パブロ・ボネートはまずは文献学者だった。また兵士でもあった――王の秘密情報機関に属し、軍の総司令官のもとでも働いた。その総司令官はベルナルディノ・フェルナンデス・デ・ヴェラスコと言い、カスティリヤ国守だった。そこで、ボネートは偶然にあるろう少年の教育に関わることになった――ろう少年とは、デ・ヴェラスコの弟ルイスだった。ボネートの先駆的な著作の中で彼は、自らをろう者に発話を教える技術の発明者であると言い、一つの単純で新しい着想を示した。それは一世紀後にペレイラが示したものでもある。もし話し言葉のそれぞれの発音が一定の見える形で表されれば、もっと簡単に読むことを学べるだろう。その形というのは、手の形でもいいし、書かれた文字でもいい、ただし、その字の呼び名はすべて、すぐに一つの音に結びつくよう「簡略化」されなければならない。そこから彼は自分の本に『アルファベットの文字の簡略化とろうあ者に発話を教える方法』という題をつけた。例を挙げて説明しよう。アルファベットの最初の子音は、「ビー〈bee〉」と呼ばれるが、その音価は「べ〈b〉」に単純化される。ボネートの本は、二一の挿絵があり、それぞれカスティリヤ〔訳注10〕のアルファベットとその対応する手の形を描いたものであり、しばしば、字をイメージするような絵の描き方をしている。

　ボネートの手の形は、ヨーロッパ大陸からアメリカまでのすべてのろう者に、ペンと紙がなくても素早く文字を表せる方法として、今日まで使われてきている。これはペレイラの、真の意味でのろう者の歴史に対する一つの貢献である。なぜなら、ペレイラはこれを生徒に教え、その生徒の中にサブルー・ド・フォントネイがいたからである。ド・レペが、しっかりとスペイン語を学ぶことを約束し、サブルーは、ボネートの本の写しを彼にあたえた。ド・レペは指文字を生徒と弟子に教えたが、その中にシカールがいた。そこで指文字はヨーロッパ中に広がった。シカールはそれを生徒に教え、その中に私がいた。そして私が、それをアメリカに持ってきた。

　ボネートの本の第一部は、大部分が衒学《げんがく》的なばかげた話である――すべての章が「文字〈letter〉」という言葉についての語源学にあてられている。本の第二部が多分、ろう者に発話を教えることについて書かれている。しかし、最初の七章がその話題であって、その後はスペイン語の文法講座になっている――手話で教える文法講座の意味で載せていると思われる。発話の章で、ボネートは前提として、唖者は聞こえないから口がきけないが、指文字と手話を使えば、見ることが耳の代わりになると述べた後で、「簡略化」されたカスティリヤのアルファベットのそれぞれの発声器官の場所を説明している。発声器官の場所を教えるのはたいへんな忍耐と良い照明とが必要で、革製や紙製の舌も補助になりうると言っている。ろう者に発話を教える最後の章は、文字をつないで文節や言葉を作る内容になっている。読話についてボネートは、生徒の才能に任せている。後のペレイラと同じであった。

総合的に考えると、この本は、総司令官とその弟の役に立てばとの考えのもとに書かれた、単なる音声学の実践的論文でしかない。アルファベットの手の形ですら、ボネート発案のものではない。それはボネートの手引書が出る三十年前に、フランシスコ修道会の僧メルチェル・イェブラによって書かれた本の中に出てくる。そしてイェブラは、聖ボナベントゥラ〔訳注11〕がそれを作ったと言っている。アルファベットのそれぞれの文字には祈りがあり、重い病になって祈りが唱えられない、あるいは最初の一言、一音も発するのが難しい時、その手の形を作ることで、自分がどの祈りを選んだかを指し示すことができた。

しかし、運命の意外な展開というべきか、ボネートの本が、ヨーロッパを通して学者の注目を浴び、出版されて以来、ろう者への発語指導に関するあらゆる努力の土台になった。その基礎の上に口話教育の三本の柱が立てられた。ロマンス語〔訳注12〕系諸国ではペレイラ、ドイツ語系諸国ではアンマン、ブリテン諸島のウォリスである。

さて、事実はこうであった。ボネートの本が出版されてから三年後、イギリスのチャールズ一世、当時のプリンス・オブ・ウェールズが、スペイン王の娘に求婚するためにマドリードに行った。広大な外国領を持つ当時のスペインは、ヨーロッパで最も強大な国だった。しかも最も刺激的で、時代の最先端をいっていた。宮廷はきらびやかで、活気づいていた。劇、仮面劇、パントマイムが繰り広げられ、――そして、話せるろうあ者がいた。プリンス・オブ・ウェールズはそのろうあ者と話をした。ろうあ者は、スペインの貴族カスティリヤ国守の弟だった。

さてプリンスの一行には、この驚くべき出来事を世間に広めることになる男がいた。ケネルム・ディグビーと言い、イギリス大使の甥だった。若いディグビーは多彩な経歴を持つ運命にあった。この風変わりで才智あふれた男、「イングランドの装飾品」ともいわれた男は、イギリスが中世から抜け出ようとするこの時期のあらゆる分野に顔を出した――同時代の文学、宗教、医学、宮廷生活、私掠船《しりゃくせん》〔訳注13〕の船長、航海術、発生学、植物学、数学、料理法、外交術。同時代の歴史家は彼を「完璧な騎士。たいへん優雅な話しぶりと気品のある物腰の持ち主で、もし雲から落ちて世界のどんなところに行っても、敬意を払われるだろう」と言った。イエズス会士はそれにこう付け加えた。「その通り。しかし彼はそこに、六週間以上はとどまっていられないに決まっている」と。

スペイン訪問の数年後、ディグビーは国会の命令で投獄された。イギリスの市民革命で国王チャールズ一世が打ち首になった時、国王側について活動した罪状で、ディグビーはフランスに国外追放された。そのフランスで、彼は宗教関係の本や怪しげな科学の本を出した。その中にはこんな傷の治療の話もあった——思いやりに満ちた薬を、傷をつけた剣に塗るというのだ。傷にではなく！　彼はイギリスでもよく知られた科学者の一人で、フランス人も次第に彼に注目しだした。デカルトの友人であり、他のフランスの哲学者からも快く受け入れられた。一六六〇年にスチュアート王朝の復活でイギリスにもどった時、ディグビーは王立協会の創設者の一人になり、新しい科学の先導者だった王立協会の書記官ロバート・ボイル〔訳注14〕や、会員のオックスフォード大学の数学者ジョン・ウォリスなどと友人になった。ウォリスは、ろう者に対する口話教育をイギリスで初めておこなったと主張した人である。

フランスに追放されていた間にディグビーが出版した本で、もっとも成功したのは、魂の不滅を証明するために書いた『二つの説話』である。ディグビーがパリからロンドン、そしてフランクフルトに移る間にその本は八巻になり、経験的なものごとの成り行きや、大家の言葉の引用、ディグビーの広い経験の中の逸話、感動的な宗教説話などが含まれていた。そこにはまた、彼が二十年前にルイス・デ・ヴェラスコに出会った話も載っていた。当時十三歳のルイスはカスティリヤ国守の弟で、話をする唖者だった。

「私がスペインで知っている、偉大な才能を持つ高貴な男は、カスティリヤ国守の弟で……生まれながらのろう者だった。だからもし、耳の近くで鉄砲が撃たれたとしても、それを聞くことができない。そして結果的に、彼は口がきけなかった。言葉を聞くことができないため、彼は言葉をまねることも、その内容を理解することもできなかったからである。彼の顔の愛らしさ、特に目にはあふれるような活気と活力があり、容姿や身体全体の気品は、調和のとれた精神の主であることを十二分に物語っていた。そのため、彼を知るすべての人は、彼を陶冶し、十分に吸収できるはずの考えを身につけさせる方法がないことをいたく嘆いていた。

とうとう、彼の教育を引き受ける修道士が現れた。他の人が話すことを理解し、また彼も、他の人にわかる発話ができるようになると、僧は請け合った。そのための努力は、最初は笑われもした。しかし僧は、まるで奇跡を起こしたかのように尊敬の眼差しを向けられるようになった。一言で言えば、僧のこれまでに例のないような不断の忍耐と労苦のすえに、若い貴族は他の人と同じようにはっきりと発話し、一日の会話の中の一言ももらさないほど、他の人の言うことが完璧にわかるようになった。この僧が、どのような手順で彼を教えていったのかに興味がある人は、僧自身が書いた本を読めばよいだろう。僧は、ろうあ者への会話の教育法を他の人に教えるために、スペイン語で本を書いた」

王侯貴族とろう教育

ディグビーの話はさらに続き、「その本と技術がこの説話のきっかけになった」僧はまだ生きていて、別のろうの貴族を教えていると言った。その別の貴族とは、イタリアの北東部の都市カリニャーノの王子エマヌエーレ・フィリベルト・アムデで、ディグビーの本が出た時に十六歳だった。若者は王家の血筋だった。彼の母親は王の娘、父親はサヴォイアのトマソ王子と言い、サヴォイア、ピードモント、シシリー、サルディアナ、そしてイタリア〔訳注15〕などを各時代に治めていた王室の一員であった。彼はスペイン軍を五年間率いていたことがあり、おそらくその時、ろう者を教える有名な教師の噂を聞き、彼の息子を教えるように雇ったのだろう。しかしながら、いくつかの典拠から確かめられることだが、その教師はボネートではなく、ラミレス・デ・カリオンという名の人だった。そうした典拠の一つに、彼の教育法についてかなり好意的でない説明が載っている。

「できることは全部やってみた後で、（王子の家族は）王子をある人にまかせた。その人は王子を引き受け、発話し理解することができるようにすることを請け合った。しかしそれには、家族が王子を彼に預け、数年間は王子の消息を尋ねることもしないという条件があった。じつは、彼は王子に対し、犬の調教師まがいのやり方をした。あるいは、訓練した動物に芸をさせ、その芸と従順さでびっくりさせ、主人の言っていることが彼の身ぶりから全部わかるように見せる、そんな金もうけのための人たちのやり方である。彼は飢えと罰としての棒たたき（足の裏を棒で打つのである）を使った。また光をなくし、芸当に応じたほうびをあたえた。それは成功し、少年は唇の動きとほんの少しの身ぶりからすべてをつかみとり、すべてを理解し、読み書きと、かなりの困難は伴ったが、話すこともできるようになった。こうした厳しい訓練を受け、少年は判断力を高め、知力を上げ、内省を深めるよう励んだ。その後、何ヵ国かの言葉とある種の科学と歴史を完璧に習得した。彼はすぐれた政治家になって、国家に関わるような問題を相談されるまでになり、その生まれではなく能力によって、トリノの有名人になった。そこに彼は小邸宅を作り、威厳を持って一生を終えた。まさに驚くべきことである」

ボネートの本が出てから九年後、いろいろな所から集めた二〇〇〇もの不思議な話を寓話の形にした、ラミレス・デ・カリオンの本が出版された。そこで彼は、ろう者に会話を教える彼の技術を取り上げ、また、その技術を実行した生徒の名前を上げた。第一にプリーゴ侯爵。彼の教育は中途で終わったが、しかし読み書きができ、領民を治めることができた。次に彼は、ボネートの雇い主だったカスティリヤ国守の弟、ルイス・デ・ヴェラスコの名前をあげている。彼が教えた四年間で、ルイスは読み、書き、話し、会話することができるようになり、ヴェラスコは「私は口がきけないのではなく、聞こえないだけだ」と言うようになった。

さて、ここまで私の話につきあってもらったら、登場人物の配役は次のようになる。

ペレイラ：ろう者の教育における第一人者、ボネートの本に学び従った。

ボネート：国守とその弟ルイスにとって役に立つ本を書いた。

ディグビー：ルイスの成功例を遠くまで広めた。

ラミレス・デ・カリオン：ルイスとカリニャーノの王子、そして自分の雇い主のプリーゴ侯爵を教えた。

しかしラミレス・デ・カリオンの、唖者を話せるようにする秘密の方法とは何なのか？　そして、本当にルイスを教えたのは誰なのか、彼なのか、ボネートなのか？　ボネートは同時代の人の手柄を横取りしたのか？　読者諸君、この学者と唖者の寄せ集めにうんざりしないでほしい。なぜなら、この質問に答え、ろう者に発話を教えるという注目すべき取り組みの源泉をたどろうとすると、もっと多くの名前を出さねばならないからだ。

まず最初に、ピエトロ・ディ・カストロの証言が必要である。彼はフランス南東部の、橋で有名な都市アヴィニョンのユダヤの医者で、イタリアに住んだ。医学の論文を書き、その中で、ラミレス・デ・カリオンがプリーゴ侯爵と、フレスノ侯爵（ルイス・ド・ヴェラスコ）と、サヴォイアのトマソ王子の息子(カリニャーノの王子)を教えたとはっきり述べている（しかし、彼らの教師は僧ではなかった。ディグビーは細部の点では誤った）。ディ・カストロはその教師の貴重な秘密を、「一部は発明者自身と話すことで、一部は人並み外れた忍耐力での熟考によって」学び取り、

「その内容については別稿で話す（つもりである）」と言った。その稿はド・レペ神父の手に渡り、後日出版された。

その治療法の最初は、もしディ・カストロの言うことを信じるなら、おどろくべき浄化処置である。「次に後頭部を、掌の大きさに剃る。一日に二回できれば夕方に、そこに次のような軟膏を塗る。蒸留酒、硝酸カリウムまたは純粋な硝石、ビターアーモンドの油とナフサ〔訳注16〕を一定の分量混ぜたもの」。ひとたびこの処方の効果が生じ、その頭がきれいに剃られたままであれば、その剃られた部分に話しかけてみるとよい。「すると、驚くような結果が現れる。ろうあ者は、彼の耳ではまったく受けとれなかった声を、はっきりと聞きとる」

ディ・カストロはラミレス・デ・カリオンの方法を続けて説明する。

「もしろうあ者が読み方を知らなければ、はじめにアルファベットを教えなければならない。それぞれの語を発音できるまで何度も繰り返す。その次に、発音の仕組みについて学ぶ。さらに日々辛抱して勉強を積み、文字の発音から単語の発音にいたる。その時は、家で見るような日用品が示され、その名前を覚える。そして最後に、いくつかの連続した言葉が話され、彼らが語を適当に並べて会話できるようにする」

この秘密の治療法の最初の部分については、後にペレイラが、同じ原理でより現実的な方法を示した。ペレイラは、もし唖者の手の裏に話しかければ、ある文節はかなりはっきりと識別できると言っている。第二の部分は、ボネートが書いたより詳細な手引きを連想させる。これは驚くにはあたらない。なぜならディ・カストロは、この方法をラミレス・デ・カリオンから得ており、カリオンは確かにルイス・ド・ヴェラスコを三年間教えた人だが、それはボネートの監督下でおこなわれたからだと、確信できるからである。ラミレス・デ・カリオンの仕事に、ボネートのアルファベットの方法が見られるだけでなく、カリオンの本の出版社の人間が言うには、彼は文字をその名前ではなく、字が示す音で教えていたという――ボネートが言う文字の簡略化である――そして彼は、ボネートが書いた指文字、メルチェル・イェブラの指文字を採用していたのである！

発話教育の祖、ペドロ・ポンセ・デ・レオン

こうしてみると、ディグビーが目の当たりにし、後に書いて広めたルイスの驚くべき偉業は、ボネートではなく、ラミレス・デ・カリオンの努力のたまものであるように見える。ではボネートが出版し、ペレイラ、ウォリス、アンマンが採用した方法は、ラミレス・デ・カリオンのものなのか？　私はそうは思わない。ラミレス・デ・カリオンが

ヴェラスコ家に来た時、もしかしたら、ボネートに誘われての訪問だったかもしれないが、その時この家族は、すでにろうとの長い闘いの歴史を持っていた。おそらく近親婚の影響によるものと思われる。ルイスの二人の大叔母と三人の大叔父はろうで、記録に残るろう者を教育した最初の人から、発話を教えてもらった。

その人はペドロ・ポンセ・デ・レオン――十六世紀後半のその業績はスペインで、そしてもちろんヴェラスコ家では有名な僧だった。さまざまな証拠に導かれて考えていくと、ラミレス・デ・カリオンの真の秘密は、剃られた頭の脳天ではなく彼の方法の源であり、それはボネートであるが、カリオンはその名を一言ももらさなかった。そして、ボネートの秘密とは、ろう者を教育したことはないということだった。ボネートは先人の方法を剽窃しただけで、彼もその先人の名を決して口に出さなかった。先人の名は、ペドロ・ポンセ・デ・レオンである。

今日、口話主義は、ろう者を社会に復帰させるといわれている――社会とは聴者の社会である。しかしその技術の発案者たる人は、弁舌や社会にほとんど用のない人だった。彼は人生の大部分、時代では十六世紀のほとんどを、修道院の静寂と祈りの中で送った。ペドロ・ポンセ・デ・レオンは、彼と同姓同名のレオン〔訳注17〕がフロリダの若返りの泉の探索を始めたころ、またエルナン・コルテス〔訳注18〕が、アステカの征服を始めたころに生まれた。彼はスペイン北部レオン県のサハガンの街の古く高貴な家の出身で、スペイン最古の名門サラマンカ大学に行き、その後故郷のベネディクト会の修道院に入った。そこは政治的、宗教的生活の中心地としてスペインで最も有名な所の一つだった。数年後、オーニャ*4のサンサルバドルにある教団の修道院に移り、残りの人生をそこで過ごした。その人生の多くは、ろう者を教育することに捧げられた。ずっと後、フェイジョーという名のペレイラと同時代のスペインの歴史家がオーニャの古文書から発見した文書には、ペドロ・ポンセ・デ・レオン自身の筆になるものがあった。「私は、生まれついてのろうあの生徒を受け持っている」と彼は書いている。「彼らは身分の高い貴族や著名人の子息で、話し、読み、書き、計算することを教えている。また祈り、ミサを手助けし、キリスト教の教義を知り彼ら自身が発話して告白することを教えてきた。彼らのうちのある者はラテン語を学び、またラテン語とギリシャ語を学んだ者は、イタリア語を学んだ。後者のうちの一人は聖職者に任じられ、礼拝を執りおこない、報酬をもらい、そして、日課として定められた祈りの時間を取り仕切った。彼、あるいはその他の者も、自然哲学と占星術を学び理解した。……ある者はスペインあるいは外国の有能な歴史家になった。それ以上に彼らは、ろう者が持つことはないとアリストテレスが否定した能力を実際に持っていることを、自らの知的能力によって証明した」

ボネートの本の三十年ほど前に、オーニャの僧の一人が聖ベネディクトの生涯を書いたが、その中でその僧は、ポンセの業績をじかに見たと書いている。またそこでは、ポンセが自分の業績を本にしたことと、彼の生徒の一人が、カスティリヤの南の国アラゴンの統治者のろうの息子であることも付言されている。修道院に残る、一五八四年のポンセの死の記録がこの上ない確証である。そこには、ろう者に発話を教えることで、彼は「世界的な名声」を得たと書かれていた。当然のことと言える。その昔、音声言語は人を動物から分かつもので、人間への特別な贈り物であり、人間の本能であると信じられていた。さらにアリストテレスは、すべての感覚の中で聴覚が最も知性、知識に寄与していると言った――偶然にも音は、思考の乗り物になったからである。このことから、ろう者はその乗り物の反対側にいて、知的な教育を受けられないとされてきた（「ろう者が持つことはないとアリストテレスが否定した能力を、生徒たちは示した」というポンセの言葉は、これが背景にある）。

そのうちに医者たちは、口がきけないことは、アリストテレスが言うように、耳が聞こえないことからくるものではないと言い出した。そうではなく、脳の言語と聴覚を司《つかさど》る部分が、聴覚障害とともに傷を受けており、それが決定的原因となってろう者は発語を学ぶことができないのだ、と。ポンセは、こうした考えがすべて――宗教的にも、哲学的にも、医学的にも――誤っていることを示したのである。

ポンセの方法とはどのようなものだったのか？　その最初の手がかりは、ポンセの友人の、王お抱えの医者があたえてくれる。彼はこう記録している。つまり僧ポンセは、ろう者に話すことを教える時、まず目に見えるものについて文字で書かれたその名前を教えることから始めた。次に、「文字に対応する舌の動きを教えた」。別の同時代の人は、ポンセは一〇人を超えるろうの生徒を教えていて、生徒たちの家族に対し、生徒とは指文字で意思を伝え合うよう教えていると述べている。

ポンセの指文字は、没後公表されたメルチェル・イェブラの指文字とたぶん同じものだろうと思われる。というのも二人は、スペイン宮廷で親しい関係にあったからである。別の王お抱えの歴史家はポンセの指導法の目撃者だった。彼僧は手話と筆談で教え、生徒は声を出して答えていたと彼は記録した。ある日歴史家が、どうやって話すことを教えたのか、とポンセに聞いた時、ポンセの生徒の一人がその質問に答えた。「閣下。まず私が子どもで、石のように何も知らなかった時、私は先生があたえてくれた字を書き写しました。そして、スペインのすべての言葉をノートに書きました。その次に神の助けによって、多大な努力のもと、その言葉を分解し、発音することに専念しました。しかし、この時は随分涎《よだれ》をこぼしました。それから私は歴史を読み始め、十年かけて全世界の歴史を読みました。それからラテン語を学びました」

——この生徒の名前はペドロ・デ・ヴェラスコ。カスティリヤ国守のろうの弟であった。つまり、ラミレス・デ・カリオンが国守のろうの弟を教えた二世代前に、ポンセは別の国守の弟を教えた——この別の国守とはカリオンの時の国守の祖父になる。そうして今、ポンセやカリオンが発話を教えた理由がわかってくる。まず信仰には関係ない。教会法では、聖餐の言葉を発せられないので、ろう者はミサをあげるには不適格であるとしていた。しかし、ポンセの生徒のペドロ・デ・ヴェラスコは、聖職者を目指す人間ではなく、宗教教育なら手話によってもっと容易に教えることができた。またポンセは、精神を陶冶するためには発話が必要と考えて教えたのでもない。ポンセ——まったくのスペイン人だが——は、王お抱えのろうの画家ファン・フェルナンデス・ナバレットを知っていた。ナバレットは自分の師ティツィアーノ亡き後、スペインのティツィアーノと呼ばれた人であった。ナバレットは手話が上手で、読み、書き、歴史や神学に通じていた。そして言葉を発しなかった。彼は「エル・ムド」、つまり唖者として知られていた。そうした理由ではなく、ポンセがデ・ヴェラスコの世代に発語を教え、ラミレス・デ・カリオンが後の世代に同じように発語を教えたのは、唖者が法律上、人として扱われなかったからである。デ・ヴェラスコ家の財産と称号は、最初に生まれた男子に引き継がれるが、その男子がろうあだったら、家族はすべてを失うことになった。

ろうあ者はこのように常に、口をきけない他の社会的階層である知的障害者と混同された。ローマ法では彼らに保護者がつけられた。十二世紀まで彼らは結婚を許されなかった。教皇インノケンティウス三世は彼らが祭式の意味を理解していることを身ぶりで示せば結婚できると定めた。しかし、聞こえないだけで話せる——聴者の社会で信用を確立し、音声言語を知っている——者は、法律上通常の人と考えられてきた。聞こえない人をこのように発語を基準に二つの階層に分けることは、より重要な区別を作るための法律上の方策だった。発話できるろう者は、たいていは聴者の家庭で育てられ、その国の音声言語を獲得し、ある程度の教育を受けた後で失聴した人である。つまり彼らは、障害は持っているが一般社会に属している。しかし話すことのできない人たちは、おおかた社会ののけ者であり、教育を受けておらず、また教育できないと考えられ、法律の特典と債務の外にいた。したがって、ペドロ・デ・ヴェラスコと兄の孫であるルイスは、スペインの法律では、もし聞こえないだけであれば、封土を持ち、家族の頭となり、その財産を支配することができたが、しかし、もし彼らがろうあ者であれば、そのどれもができないことになっていた。

ヴェラスコ家とろう教育

ポンセが、彼の見出した技術を弟子に伝えたという証拠はない。しかし、ボネートの雇い主である国守ベルナルディノは間違いなく、高齢の親戚に聞いたり、家族の記録を調べたりして、ポンセの成功した方法を発見しようとしただろうし、彼の弟ルイスの教育の手助けとしてその方法をボネートに伝えただろう。

また、ボネートは、ベルナルディノの父である五代目国守ファンにも仕えていた。ファンは、ルイスというろうの子どもが生まれて四年後に亡くなったが、それまでボネートは、ファンに仕えていたのだ。ろうの叔父と叔母がまだ生存していた時に、彼らが受けた教育について、ファンが聞いていたと考えるのは、ごく自然なことである。

実際ボネート自身が、本を書いたのはファンの妻の多大な努力に心を動かされてのことだとはっきり言っている。多大な努力とは「息子の障害を補い助けるためにあらゆる可能な治療法を探しだそうとし、またこの高貴な紳士が、援助者がない中で放置されてしまわれないよう、さまざまな人を訪ね回り、支出を惜しまない」ものだった。その時ルイスの母親は、ポンセの本の手稿（ポンセの同僚の僧が言及したもの）をオーニャの修道院から入手し、彼女の子どもの教育のためにボネートに渡したのかもしれない。それならボネートは、自分の名前で本を出版することができただろうし、そのことが、そこにポンセについての言及が一切ないことの説明にもなる。そしてラミレス・デ・カリオンを雇って、その方法に従ってルイスの教育をおこなわせたのだ。もちろん、二世紀後のド・ジェランドが見つけられなかったように、ポンセの本は見つからず、ポンセの方法はヴェラスコの家族を通してボネートに渡った可能性もある。どちらの場合でも、ボネートの本で述べられているろう者の教育方法は、イェブラの指文字も含めて、ポンセの方法として知られるものと一致している。

ボネートの本、そして二十年後のディグビーの本が、ポンセの方法をヨーロッパ中に普及させた。ピエトロ・ディ・カストロは、ラミレス・デ・カリオンを通してそれを入手し、イタリアに広めた。フィリップ・ザックスはドイツで同様の働きをした。フランスでは、過去最大の口話主義者ペレイラが、ろう女性との「会話と愛」から霊感を受け、まだ十九歳の若さで、ボネートの本を勉強した。さらに、ある友人の証言がある。ペレイラの仕事と人生についての短編を書いた友人がいたが、彼によれば、ペレイラがこの仕事に入る時「ポンセの業績から直接大きな影響を受けた、ポンセのことを知ったのはフェイジョーの本からだった」と、ペレイラ自身がしばしば言っていたそうだ。

しかし私は、ポンセとペレイラには、ボネートやフェイジョーを経由しないもっと直接のつながりがあったと考える。先にも述べたことだが、ペレイラの生まれはベルランガの侯爵領である。さて、ポンセの生徒の父親であるファン・デ・ヴェラスコは、結婚によってベルランガ侯爵になった。ペレイラはきっと、彼のこと、ポンセの教えを受けた彼のろうの子どものこと、ラミレス・デ・カリオンから教えを受けた彼のろうの曾孫のことを聞いていただろう。スペインからイギリスへの大使になった侯爵の曾々孫のペドロを、ペレイラは直接に知っていたかもしれない。もしヴェラスコ家で、その時にろうの子どもが生まれていたとすると、ペレイラに「会話と愛」からの霊感をあたえた女性とは彼の妹ではなく、ポンセの生徒の兄弟の子孫である可能性が十分にある。もしその女性が妹なら、なぜそう言わないのか？　ところがもし、謎の女性がヴェラスコ家の人間なら、彼女はペレイラに愛以上のものをあたえられただろう。彼女は彼に、ヴェラスコ家で語り継がれた、ろう者の口話教育法をあたえられただろう。そして、彼女は、ペレイラにポンセ・デ・レオンの秘密の手稿を渡しはしなかっただろうか？

手話への非難

ペレイラの亡くなった一七八〇年の、ピエール・デロージュとの対話の中での言葉が、彼が自己の方法に触れた最後の言葉となった（以前、デロージュの本から、パリでの洗練された手話の話を引用させてもらったのを覚えているだろうか）。その本の序文で出版者が、これがろうの著者による最初の本であると書き、それが、ペレイラの有名な生徒であるサブルー・ド・フォントネイを怒らせた。なぜならサブルーは、自分のいくつかの論文をまとめたものこそが最初の本だと思っていたからである。彼はまた、デロージュに別の不満も持っていた。ペレイラの弟子のデシャン神父（神父は数年後のド・レペの死に際し、校長を決めるための競争試験に委任状を送った人である）は折にふれては手話を攻撃したが、デロージュの本はそれに対し、手話を擁護する目的のものだったからである。デロージュの本は自分も標的にしていると考えたサブルーは、デロージュに手紙を書いた。なぜなら「私は、身ぶり的な手話で会話をすることに闘いを表明した最初の人間」だからである。

こうして、聴者のようなろう者（聞こえないこと以外は聴者）が、手話をする唖者を招き、口話主義の大家を交えて話をすることになった。その対話は筆談でおこなわれた。最初にピエール・デロージュが、彼の本の批評を載せた大新聞の編集者の前でおこなったのと同じように、自身の自己紹介をした。

「私の状況に比べられる作家はいない。七歳からろうあとなり、周囲から見捨てられ、その時からはどのような教育も受けられず、ほんの少し読み書きができるだけだった。二十一歳の時パリに出てきて徒弟となったが、両親は、この子は何も学べないと考え反対したものだった。何の助けも、保護も、貯えもなく、生きるために仕事を探したが、仕事がないため二回救貧院に入らねばならなかった。貧困に対し、また、両親、友人、隣人、そして同僚たちの偏見、硬直した考え、侮辱、あざけりに対し、休む間もなく闘うことを強いられた。彼らは、私を動物、痴愚と呼び、理性的で知性的と勘違いしているようだが、いずれはしかるべきところに監禁されるのが運命、と私をさげすんだ」

ペレイラがデロージュに会った時、彼は、ろう者が発語なしに、手話と読書を通して、このように教養ある人になるのを見て驚いた。しかし彼は、最も確信的な口話主義者でも、ろう者を教えるには広範囲に手話に頼っていることを知っていた。

「あなたの率直で全面的な手話への支持はたいへん自然なものです」と、ペレイラは筆談でデロージュに言った。「なぜなら、あなたの置かれた状況では、あなた自身を表現し他者を理解する別の方法を見つけることは不可能だったでしょう。明らかに手話は、ろう者を教育するだけでなく、すべての人を教育するのに不可欠なもので、それなしでは何も教えられない、あるいは、学べないでしょう。さらに有徳なるド・レペ神父は、手話に規則を入れたことなどで多大な貢献をしました。しかし……ド・レペ神父とデシャン神父の討論には大きな誤解があります。人は幼い時、手話の助けなくして学べるものでしょうか？　我々の大きな感情の動きを、音声言語だけで表現することが可能なのでしょうか？　一つの身ぶりは、最も力強い言葉の千倍も多くのものを、千倍の明瞭さで物語るものです。こうしたことを考え合わせると、私の見たところでは、二人の神父は互いに互いを理解せずに討論しています。デシャンは私と同じように、手話は適切で、便利で、不可欠とさえ考えています。しかしそこから、手話がろうあ者を教育する時の唯一の方法と結論してしまってはいけません。それは、世界にろう者しかいなかったら、という場合の話です」

デシャンと手話に関してなら、ペレイラは正しかった。デシャンはシカールと同じくらいに手話を使った。文法や語彙の説明で、またさまざまな知識を、神、星々、地球、水、植物、動物、そして、人間といった順番で、生徒に教えていく時に。実際ド・レペ神父がオルレアンを訪れ、彼の方法をしっかりとデシャンに説明し、デシャンは小さな私立のろう学校を開いた。しかし、デシャンの手話を用いる考え方はそこで終わった。彼は、ある哲学者たちとともに、音声言語が思考を運ぶ媒体として特別の地位にあると信じていた。そして、ドイツ口話主義の流れを創りだしたコンラッド・アンマンと同じく、「音声は、神が人に生きる魂を創った時、神が人に吹きこんだ聖霊の生きる流出〔訳注19〕である」と信じていた。なんとデシャンは、デロージュの反論が出たのと同じ年に出版したろう教育についての彼の本に、アンマンの論文の翻訳も加えていた。その本で、彼は手話を攻撃し、ペレイラを大袈裟に称揚している――「不朽の名声は彼のものだ」――ペレイラの足跡をたどれと主張し、本の最後に指文字を付け加えている。彼はまず、手と足の奇妙な動きを発明し、その後にペレイラから指文字を教えてもらった。

デシャンの手話へのまどろっこしい非難を煮詰めていくと、いくつかの基本的な主張になり、デロージュはその誤りを指摘した。

「身ぶりはあいまいなもので、両義にとれる」とデシャンは言った。デシャンは主張する。「例えば、我々は音声言語で『神』と言えば、それは最高の存在ですべての完全性を結合するものとすぐに理解できる。しかし手話では、全能者の存在する天を指さす。ろうあ者が、空を神そのものと思っていないか、空に祈っていないか、神の持っている完全性が空にあると思っていないかを、誰が保証してくれるのか?」

「そのことは私が保証する」とデロージュは答えた。「至高なる存在を指し示したい時、私は崇拝と尊敬の気持ちを持って天を指さし、そこで私の意図ははっきりと表に出るので、デシャン神父も間違うことはない。空を指し示したい時は、そのような装飾を付けずに同じ身ぶりをする。したがってこうした言葉において、手話に曖昧さはない」

「手話は具体的なものしか示せない」とデシャンは言った。だから「手話だと、表現上の制約がかなりきびしい」と。「手話で、すべての考えを描くことができるのか、自らの精神を高め、他の人を教え、社会的な習慣を高め、偏見を打破することができるのか?」

「できる」とデロージュは答えた。「手話ですべてのことが表現できる。パリで働く、生まれながらのろうあ者がいる。彼らは読み書きを知らず、ド・レペ神父の授業に行ったこともない。しかし彼らは、手話だけで十分に宗教教育を受けており、教会の秘跡や、聖餐、結婚までも認められている。我々の会話では、パリのことから、フランス、さらに世界の四方の果てのことまで、すべてが話題になっている。我々は、まるで音声言語で話し聞いているかのように、整然と、正確に、速く、すべての話題を話し合っている」「手話は恣意的である」とデシャンは言った。「個人的な規則であって学びにくい。嫌悪感をこらえて手話を学ぶような、そんな奇特な人道主義者がいるのか」と、デシャンは尋ねた。

デロージュは、神父は手話の難しさばかり誇張していると言った――六週間あれば、基本は覚えられる。彼はさらに、手話は恣意的であることを否定する。我々の言語は、物事から浮かぶ適切な着想を描き出し、音声言語のように恣意的に名づけられてはいないと言った。

ここで、私は私の兄弟に異議を唱える。デロージュは表現ゆたかな身ぶりと手話を混同している。それはまた、ペレイラやシカールすら犯した間違いだった。音声での話し手が、話の途中に身ぶりを入れるのと同じように、ろう者が説明に身ぶりを交えるのは事実である。デロージュの「神」の表現の説明にあったように、明らかにそれは、ろう者にとっては聴者以上に重要なものと言える。しかし、手話は身ぶりではない。ほとんどの手話は、見てその意味がすぐにわかるように忠実に写し描かれてはいない。簡便なコミュニケーションの道具として役立つために、手話は素早く簡単に表出できるものでなくてはならず、こうした要請は身ぶりでは応えにくい。わかりやすい例を示そう。もし、何かの身ぶりで「靴」を表すとすれば、きっと足の下の部分に手を差しのべるだろう。しかし、手話は、そんな長くぎこちないものではありえない。ただ、二つの握りこぶしの側面を軽くたたきあうだけである。ド・ジェランドはこのことをよく知っており、言語としての手話を「簡略化されたもの」と呼び、ド・レペやシカールの辞書に書かれた身ぶりでの寸劇とははっきり区別した。

手話が絵画的であるというのがどのくらいのものか、実際に判断してみるといい。ここにある文がある――さあ、私は何と言っているか?

《右手の掌を下向きにして半ば閉じ、その端を体の左側下に向けて走らせる。それから右手を閉じ、親指を上に向け、私の頬を上から下に、後から前に触れるように動かす。次に、掌を下向きにして両手を前に出し素早く下げる。最後に、掌を上にして右手を握り、それを前に出して手を開く》

この描写から、あるいはこの文のような私の手話を見て、その内容を理解するのは困難だろう。この手話が英語の単語で言えば「パン、毎日、今日、あたえる」と表せるものであり、それに適切な抑揚をつけて表現すれば、英語に訳して「我らの日々の糧を今日もあたえたまえ」〔訳注20〕という意味になる。

「ろう者は手話からほんの少しの考えしか引き出せない」とデシャンは言った。「ほとんどまったくの動物的存在に貶められ、彼らを導くのはその時々の強い感情だけである」。「そのように、彼らの言葉が制限されたものなら、どうしてキリスト教徒、あるいは市民としての数に入れることができるだろうか」とデシャンは尋ねた。

「いや、手話は制限されていない」とデロージュは答えた。あなた、デシャン自身の本がそう語っている。なぜなら、あなたは生徒を教えるのに繰り返し手話を使っている。例えば、あなたはこう言っている。「動詞の活用のような問題では説明すべきことが一〇〇〇とある。人称、数、時制……この時私は、手話に立ち返り私の説明を理解させる」。じつにそうでなければならなかった。ある人に言葉を教えるということは、その人の言葉を習うことである。自分は、見知らぬ国の旅人と同じであることをド・レペは悟った。その土地に生まれ育った人たちに彼の言葉を教えるには、まず、彼がその土地の言葉を覚えなければならない、と。

「発語指導にあたって、最大の壁は、生徒の学びへの信念のなさとやる気のなさである。生徒たちは私が指を彼らの口の中に入れようとするのを嫌がるし、同様に彼らの指を私の口の中に入れるのを嫌がる。ただご褒美の約束をし、仲良しになり、手話を機敏に使うことによって、何とか彼らにその場にいてもらうことができる」とデシャンは書いた。「そこで要求される忍耐というものを彼らに理解させるのは不可能である」。これだけは二人の敵対者の意見が一致した。

「そうなのだ。だから」とデロージュは最も言いたかったことを言う。「なぜもっと簡単で早い方法を採用しないのか？　ド・レペ神父はずっと手話法を使って成功しているではないか？」

ド・レペ神父の目指したもの

実際のところド・レペ神父は、生まれついてのろう者が、彼らの第二言語のフランス語の読み書きを学ぶのと同じように、発話学習にまったく反対したわけではなかった。彼の公開授業では、我々も見てきたように生徒たちは発話していた。公開授業を始めて少したったころのド・レペは、友人への手紙でこう書いている。

「ろう者に発音器官をどう調整するかを教えるのはそんなに困難で痛々しいことではない。ボネートの方法に即した三、四の練習で十分である。あとは実践であり、そのためには生徒と一緒に住む者が必要となる」と。十数年後でもド・レペの意見は変わらなかった。「ろうあ者に発話を教える試みは、偉大な才能を必要とはしないが、大きな忍耐を必要とする」

しかしながら、そこに誤解があってはならない。ド・レペは、彼の生徒の発話を大いに喜んではいても、フランス語──口話、指文字、筆記──を生徒の教育上の基本的な伝達手段とすることは決して認めようとはしなかった。フランス語を伝達手段とすることは、ろう者にとって、まさに欠けている能力にすべてを頼らせ、教育の目的を手段にしてしまうことであった。もしその方法に従えば、フランス語をうまく話せるようになるためにあまりに長い時間がかかり、本来の教育は永遠に後回しにされてしまう。もしペレイラが言うように、彼の家に住みこんだ子どもに基本的な発語を教えるのに十二ヵ月から十五ヵ月かかるとする。するとどういうことになるのか、とド・レペは考えた。私の場合、週に二回しか来ない生徒に対して同様のことをするには、何倍長い時間が必要となるだろうか？　比例して考えれば七年必要になる。そしてそこで、彼らは何を知るのか？　意味を完全につかめていないいくつかの言葉と、ほんのいくつかの日常的な言い回しだけだろう。「私には六〇人の生徒がいる」と、ド・レペは書いている。「もし私が、それぞれの生徒にわずか十分の発語訓練をしたとして──というのは、こうした訓練は一対一でしかできないから──全部で十時間かかってしまうだろう。こんなことから、どんな人間が生まれるというのか？　そしてこんな中で、私はどうやって自分の生徒たちを教育できるというのか？　これが私の第一の関心事だった」。そしてシカール神父も、発話において手話において、ド・レペのやり方に従った。「マシューはあなたの最も優秀な生徒であるのに、なぜ発語をしないのか？」と聞かれ、シカールはこう答えた。「私がその時間を作れば、彼はきれいな発語ができるようになるかもしれない。しかしそれには、苛酷でつらい努力が必要である。またろう者は、発語にあまり意義を感じないし、実際に使うこともほとんどない。それよりも、私は、方法的手話によって彼らの知性を完全なものにしていく方が有効だと信じている」

このような関心は、指文字であれ口話であれ、フランス語を手段にした教育では見ることができない。学びはじめの生徒は、指文字の形を文字として解釈することに集中するので、指文字は意味を伴わない。また、生徒に第二言語を教えるための手段がその第二言語でおこなわれるので、この方法には無理がある。ちょうど、ドイツ語の初心者にドイツ語の本をあたえて教えるのと同じである。結局、指文字は、たいてい手話よりも伝達に時間がかかり、また何の意味も表現していないので、たいがいの生徒はうんざりしてしまう。ド・レペはサブルー・ド・フォントネイと何かの場面で一緒になったことが数回あり、彼がペレイラの教育のもとでたいへん博学になったこと、そしてペレイラが、指文字を教育の中心に置いていたことを知っていた。しかし人は、欠陥のある方法で勉強を始めたとしても、相当な進歩を遂げることができるものであり――そして、サブルーの知識の多くは読むことを通してのものであった、とド・レペは考えた。さらに彼は、ペレイラが方法を秘密にしているため、実際どのように教えたのかがわからない、と不満を漏らしていた。

ペレイラとド・レペの競合は、一七六〇年代の初めにド・レペがムーラン通りに学校を開いた時に始まる。まず、ペレイラの生徒サブルーが一七六五年に大手新聞に載せた自伝の中で、手話によるろう教育を攻撃した。ヴァナン師〔訳注21〕は身ぶりと手話で彼を教えたが、宗教的なことについては、ただ具体的、身体的、機械的な考えがあたえられただけだった、とサブルーは言った。父なる神は空の上にいる立派な老人、聖霊は光に包まれた鳩、悪魔は地面の下に棲む恐ろしい怪物というように。さらにサブルーは、この方法で教えられた生徒は単純に、すべての単語と語尾の活用変化に対応する手話を覚えるのであって、訓練した動物のように文を手話で表すだけ、あるいは字に書くだけで、その内容理解はできていないと言った。明らかにサブルーは、ろう者の手話とド・レペの手指フランス語の方式との区別ができていない。サブルーは指文字を擁護し、以下のように続ける。指文字は「話し言葉のように早く便利で、優れた文章と同じように表現に富む」。

この競り合いの少し後、ド・レペはこれを個人攻撃と受けとり〔訳注22〕、その攻撃の不当さをわかってもらうためにペレイラを学校に呼んだ。ペレイラは手紙を用意し、ド・レペがそれを手指フランス語に置き換え、あるろうの生徒がそれを正確に書き写した。

「もう十分です、先生」と、ペレイラが途中でさえぎった。「実際にこの授業を見なかったら、この状態は信じられなかったでしょう。それではあなたは、中国語の漢字のように、たくさんの手話単語を持っているのですか?」。ド・レペは手話より中国の漢字の方が恣意性は高いと思っていたが、これで目的は達せられたと思った。しかし、ペレイラの類推の仕方は真実を大きく見落としたものであることに、この二人の健聴の教師は気づかなかった。つまり、方法的手話が音声言語の単語一つ一つを表している時、それは漢字に似ている。しかし、ろう者のフランス手話が表すのは手話以外の何ものでもない――手話は言語であり、したがって、中国語の漢字に対応するのではなく、中国語(あるいはフランス語、英語)そのものに対応するのである、ということに。

すでに見たように、一七七〇年代の初めにド・レペは、公表した書簡の中で口話主義を軽視する趣旨の発言をしたが、その発言で闘いの火蓋が切られた。その返礼としてサブルーは、口話主義を擁護する本の執筆に取りかかった。その中で彼は、手話は具体的で感覚的なことしか伝えられないと書き、手話をもちいる人たちをあざけった。彼はそのうちの一章をド・レペにあて、その中には、この優しい老神父と生徒たちのこんな描写も含まれていた。「彼らは大げさな身ぶりをする人たちで、目、頭、腕その他を振り回す。その様は、まるでセラグリオ[*5]でスルタンの慰みごとに、唖者たちが滑稽な無言劇をやっているかのようだ」

ペレイラの敗北

一七七六年のド・レペ神父の最初の本は、部分的にはサブルーの主張を論破するために出版された。本の第二部で、彼は四つの公開授業を再度掲載し、口話主義者や神学者や手話の効果について不信を持つ人たちを酷評する書簡を一緒に載せている。しかしその第一部は、彼自身の方法に対する確信を持った報告であるとともに、一方でこれまで私が説明してきた、ペレイラの発話教育や指文字に対する批判からなっていた。

ペレイラは立腹した。「人間の仕業とは思えないほど、不正かつ不適切に私の指導法が中傷されています」と、彼はパリの新聞記者に手紙で訴えた。ド・レペの本について、彼は続けて言う。「私の献身と善意の仕事を足げにするのは、本当に恥ずべきことです。私の仕事は少なくとも、極貧のろう者に役立ちうるものでした。彼らはろう者の中でも最多数で、それゆえに最大の同情に値する人たちです。確かに著者は世間から有徳と認められた人ではありますが、この本は卑しい嫉妬と私の破滅を望む気持ちから書かれたとしか思えません」。ペレイラは反論を確約し、サブルーはそれに取りかかっていた。

しかしこの脱唖主義の達人は、孤立し、年老い、衰弱していった。四十四年間の仕事——勉強の十年と実行の三十四年——成功の後につまずき、剽窃、批判が続き、その後、ペレイラは、ルイ十六世から、彼の競争相手のパリろう学校に王の保護——そして援助金——をあたえるとの言葉を受けとった。キリスト教徒は常にユダヤ教徒に勝つ、と彼は考えた。私は聖職者を味方につけた（デタヴィニーを最初に教えた僧、ヴァナン師、そして、ル・ラ嬢の叔父も僧だった）。しかし、哲学者が背教者の味方をした。啓蒙運動期にド・レペが、形而上学と呼ばれた世俗の宗教のリーダーであるコンディヤックから選ばれた人となったことは、彼が司教から選ばれなかったことよりずっと重要だった。ペレイラは王の布告を手書きで写した。そして彼は、その写しをしまいこみ、ろう者について二度と語ることはなかった。

こうしてろう者の言葉は、ド・レペ神父によってもたらされた新時代の最初の大きな戦いに勝ち名乗りを上げて登場した。ペレイラは口話を教えることをやめ、彼の生徒たちもそれを使うのをやめた。彼らが亡くなった後には何も残らなかった――何もかも、つまり大部分の人たちが無視し続けている道徳的教訓を除いて、何もかも。

ドイツの口話主義――アンマンの主張

しかし、口話主義の軍は、ヨーロッパの他の二つの前線で、手話に対する戦《いくさ》をしかけてきた。ドイツ語圏と英語圏の諸国である。オランダのコンラッド・アンマンとイギリスのジョン・ウォリスは、十七世紀のボネートの時代に属し、それぞれがボネートの本に導かれ、それぞれが次の世紀に著名な後継者を残した。前者がプロイセンのサミュエル・ハイニッケであり、後者はスコットランドのトーマス・ブレイドウッドである。ドイツとイギリスにド・レペはおらず、ろう者が本来の教育を受けるためにたどるべき道筋を示す人はいなかった。だから、こうした国々の口話主義者は、ペレイラがフランスではできなかった、ろう教育での独占権を持つことができた。彼らのしたことは、ヨーロッパにおいて、ろう者の社会と教育に大きな悪影響を及ぼしただけでなく、近年アメリカで始まった口話主義者の攻撃の出発点にもなった。近年のアメリカとは、偉大な「慈善家」サミュエル・グリドリー・ハウと彼の友人ホレース・マンによるものである。

今こうした口話主義者が声高に言う「ドイツ方式」は、十八世紀初めにアンマンから始まった。アンマンは、私が「神の息吹というたわごと」と呼ぶ、特に悪質で身勝手なお題目を作り上げた犯人である。「生命の息吹は音声に宿り、音声を通して啓蒙が送り届けられる」と、アンマンは書いた。「音声は我々の心の通訳者であり、その感情や欲望を表現する。……音声は、神が人に生きる魂を創った時、人の中に吹き込んだ聖霊の生きる流出〈emanation〉である」

何という横柄さ！　何というたわいのなさ！　では私は、生きる魂ではないのか？　では神は、私に霊魂を吹きこんでくれなかったのか？　アンマンの主張に従えばそうなるのだ。「この不幸なろう者の大部分のなんと愚かなこと！　なんと彼らの動物とほとんど変わらぬことよ！」

人類から無視され、錯乱した狂信者の叫びを読んでいるのではない。私は、スイスの医学博士のラテン語の論文から引用しているのだ。その論文は二度ドイツ語に、一度フランス語に、一度英語に翻訳され、ドイツの口話主義運動の源泉と考えられている。そしてデシャンは、ド・レペを攻撃した著述と並べて、それを出版した。

「私は疑問の余地のない真実として、いくつかの前提となる原理を述べようと思う」と、アンマンは論を進める。「それによれば、神を模して作られた創造物は必然的に発話できなければならず、この点で彼の造物主に類似しているものであるということが、神の本質から示されるだろう」

私の手は神に似せて作られたものではないのか？　この手は、私の心の通訳者ではないのか？　この手は、私の感情や願望を表現するものではないのか？　私がこの手を上げて静かに祈る時、神はそれを理解しないのか？

アンマンは言う。「ろうあ者の使う身ぶり手ぶりの言葉の何と不適切で不完全なことか！　身体の健康について、精神の向上について、あるいは道徳的な義務について、なんと彼らは、表面的にもほとんど理解できていないことか！」

いったい誰が道徳的であり、誰がそうでないのか、皆さんに判断してもらいたい。音声言語の神格化。神よ、なぜ私たちろう者は、この偽りの神、この自己愛の恐ろしい怪物を何度も倒さなくてはならないのか？　偽りの神はそれぞれの国で、それぞれの時代に、それぞれの衣装をまとって現れる。「信仰は聞こえからもたらされる」と、神学者たちが言い（我らの救世主は言っていない）、ド・レペが彼らに違うということを示した。「音声言語は思考の唯一の道具である」と、哲学者たちが言い（アリストテレスは言っていない）、マシューが彼らに違うということを示した。「言葉で規定されない行為は、合法的とならない」と、法律家たちが言い（法律には書いていない）、私の生徒ベルティエが違うということを示した。

どういう経過で、アンマンはこのようなたわごとを言うようになったのか？

十八歳でバーゼル大学の学位を取った後、街の魅力と文学クラブに惹かれて、彼はアムステルダムに移った。ここで彼は、同じくオランダのハールレムから来た裕福な商人に会い、その商人の誘いに従って彼の家に住みこみ、娘を教えることになった。「私はエステル・コラルド（生まれつきのろうで将来が約束された若い女性）に読むことだけでなく、滑らかな発話を教えた」。これには十二ヵ月かかったと、十七世紀の終わりごろに出版された本の中で彼は語った。四年後、彼は六人の生徒を持った——すべて裕福な家庭の子どもだった。もし、口話主義者の像を作るとしたら、その腕は前に差し伸ばされ、次のような銘が浅浮彫《あさうきぼり》で施されるだろう。「金、そして忍耐」

アンマンも証言している。「私はしばしば戸惑ったものだ。……私があまりに多額な報酬を要求することに不平を言う人たちに対してだ。……だが一方で彼らは、一人のろうあ者を教育する一年前後の期間に、私が莫大な信じられないほどの労力を注ぐことを知らない。私の指導法のために求められる忍耐は、ほとんど奇跡に近いと言っていい」

アンマンは口話主義者の伝統を固く守り、彼の着想の源についてはは沈黙を通しているが、彼の方法はボネートが言っているものとかなり似かよっている。ただ、彼はひたすら発語の回復を強調した。その指導のためにどのような経費がかかっても、である。音声言語は神から人への贈り物であり、それがないのは人間の地位からの堕落の証拠である、したがってその回復は救いである。そのための指導の報酬が高いというのか?

本を改訂した時、アンマンはイギリスの有名な科学者ジョン・ウォリスからの手紙を公表した。ウォリスは、自分とアンマンの方法が非常に似ていて、まるでアンマンは、五十年前に出された自分の本を見ながら書いたようだと暗に言っていた。アンマンに公平を期すために言っておくが、彼とウォリスそれぞれが独自にボネート（つまりポンセ）から剽窃した可能性もあるということである。アンマンは、ウォリスもボネートもポンセもその他誰も元々知らなかったと急いで言い返した。しかし、ウォリスが出版した本か、ボネートの本か、あるいはルイス・デ・ヴェラスコについてのディグビーの解説か、ともかくポンセの驚くべき発見を引用した少なくとも五－六冊の本のいずれかのことを聞かなかったら、アンマンはアムステルダムの、彼にとっては魅力的だった文学サークルに、そう頻繁に通ってはいなかっただろう。

アンマンからハイニッケへ

アンマンは学校も弟子も生徒も残さずに亡くなったが、サミュエル・ハイニッケによって、彼の本はドイツのろう教育の基礎になった。ハイニッケはドイツのろう教育の制度化に乗り出した人である。

「私が今おこなっている指導法は」と、ハイニッケはド・レペに手紙を書いた。「私と私の息子以外は誰も知りません。その発明と整備には信じられないほどの努力と苦労が必要でした。私はこの方法の恩恵を誰にも無料では渡したくありません」。しかし彼は、ド・レペがライプツィヒに来て半年間自分と一緒に住むならば、その方法のなにがしかを明かしてもいいとド・レペに申し入れた。ド・レペは答えた。「私が二週間で教えられることを、六ヵ月かけて学ぼうとは思わない」と。

ハイニッケの方法とはどんなものなのか? ハイニッケ自身は、方法の売買に関わる言葉以外にははっきりしたことは言っていない。ヨーゼフ二世がド・レペのもとで研鑽するようにと送り出したシュトルク神父を覚えているだろうか？　そのシュトルク神父がハイニッケの授業に出席できるかと頼んだ時、このドイツの口話主義者は了解した――もしこのウィーン人が、彼に三六〇〇フラン用意できるなら、だ。ハイニッケのド・レペへの何通かの手紙を読むと、彼の力点は音声言語にあり、アンマンと同じように、音声言語には特別の力があると考えていた。彼は手話には強く反対していた。手話の使用は、後の口話での思考のじゃまになると信じていた。それでも彼は、生徒とのやりとりには身ぶりを取りいれ、読み書きと指文字を教えた。彼は、自分には秘密の方法があり、それは「ペレイラやデシャンやその他有名な人たちの方法と通じるものではない」と言い張ったが、その言葉がなかったら、彼はアンマンとペレイラの直系の信奉者そのものである。アンマンがボネートに関して言ったのと同じことを、ハイニッケはアンマンに関して言った。先人の本が手に入ったのは、彼自身の方法が形を成した後である、だからこの類似は、知識の借用ではなく、偉大な知性の一致を表わしている、と。

しかし、ハイニッケには彼の競争相手のド・レペと一つの共通点がある。ハイニッケは成功していた五十代に、貧しいろう者のための学校を作った――しかしド・レペと違って、彼は王の後援を待って始めた。ドイツ中北部の王国ザクセンの王子フリードリヒ・アウグストはそのために彼をライプツィヒに招き、そして、ドイツで最初の公立のろう学校が、一七七八年に校長ハイニッケのもと九人の生徒で開設された――同じ年にルイ十四世がド・レペの学校の後援を始めた。これは大きな注目に値する偉業だった。とりわけ少年時代は農園で働き、二十一歳で王子護衛の私兵となった男にとっては、である。その後イェーナ大学で一年を過ごし、ハンブルクに行き、教師と書記の仕事についた。それからザクセンの都市エッペンドルフに行き聖歌隊指揮者をした。兵士だった時、彼はろうあの少年に個人教授をした。その後、彼は粉屋のろうの息子を教え、そして新聞に広告を載せた。六週間その少年に勉強を教え、少年は聞かれたすべての質問に書いて答えられるようになったと宣伝をした。間もなく彼のもとに新たに三人の生徒が来て勉強するようになった。結局彼の経歴の最後になる五つ目の仕事で、彼はライプツィヒに呼ばれた。ド・ジェランドによれば、ハイニッケは多作で、ろう者のための教科書を初めて作った。短気で怒りっぽく無愛想だったらしいが、彼と生徒との関係、競争相手との関係を見るとその通りである。

ド・レペが亡くなったすぐ後にサミュエル・ハイニッケも亡くなり、その時に門外不出の彼の秘密の方法が厳重に保管された遺産の中から出てきた。これがシュトルクが三六〇〇フランを要求された中身である。

「母音を学ぶのに視覚と触覚だけでは十分ではない。第三の感覚が活用されなければならない」。すなわち味覚である。ハイニッケは、冷たい水はie、砂糖水はo、オリーブ油をou、アブサンをe、酢をaと決めた。その材料からどんな料理ができるのかをハイニッケは説明している。生徒に視覚より身近で、したがってより我慢が続く標《しるべ》をあたえて、母音を「定着」させることである、と。彼のこの滑稽な方法も、最初に試みた指導法ではないようだ。サブルーは、ハイニッケが最初に生徒を教えるより前に、この口話主義者の秘密の方法を書いていた。「簡単に区別できる味は」と、サブルーは自伝的な書簡の中で書いた。「文字の発音の代わりになる。我々は考えを頭の中に入れるのと同じように、音のイメージを口の中に持つことができる」

さまざまなドイツの施政者が、ハイニッケのもとで勉強させるために教師をライプツィヒに送った。ドイツの南バーデンの公爵カール・フレデリックは、ヘメリンクという名の若い司祭を彼のところに送った（同様に、シカールやシュトルクのところにも送ったが）。そして、もどったヘメリンクは、バーデン大公国の都のカールスルーエにろう学校を作った。その五年後、ハイニッケの義理の長男エシュケがベルリンにろう学校を作った。大先生が亡くなった時、未亡人とエシュケがライプツィヒ校の後を継いだ。その学校は次に義理の二男ペトシュケに受け継がれ、彼からまた、義理の三男ライチに代わった——ライチの義理の息子が今の校長である。このように、ドイツ[*6]のほとんどすべてのろう学校では直接、間接にこの家族の支配が続いている（ウィーンのシュトルクの学校とバイエルンの数校は、例外である）ので、ドイツ人はフランスと競って、ドイツ方式を発展させたと思っている。しかし実際はこのように、十六世紀のスペインの僧の方法の一部を広めただけであった。

イギリスの口話主義——ウォリスの悪評

一般的にイギリスで、最初にろう教育の本を書いたとされているジョン・ウォリス、彼について我々が知っていることは、読者にとっても歴史から見ても、ハイニッケ以上に魅力ある人物ではないことである。いちおう、彼の知性は疑いようもないと言っておかねばならない。ウォリスは王立協会の創設の委員だった。オックスフォードで幾何学の教授をし、文書館の館長だった。また、ボネートの本の三十年後に、音声学の序文と一緒に文法の本を出版した。しかし、ウォリスと同時代のオックスフォード大学の歴史家であるアンソニー・ウッドは、ウォリスを「不平不満の人」「破約の人」そして「約束をしては破る、いつでも黒を白にし、白を黒にする人」と語った。他の同時代人は、彼のことを「たいへん意地の悪い人、ひどい嘘つき、陰口を言う人、お世辞を使ってへつらう人……この人の真価と言えるものはすべて名誉のための他人からの借り物であり（あるいは、借りてもどうにもならず）、それでも栄光に対して貪欲で、自分の帽子をほめてもらうためには、他人の羽飾りを盗み……他人の意見を自分のノートに書きとめ、それを著者の名を省いて印刷する」と言った。

ウォリスにとって、彼の文法の音声学の部分をろう教育に当てはめるのは自然なことだった。彼はディグビーの本を読んでいた。ディグビーの本は彼の本の少し前に出版され、ルイス・デ・ヴェラスコの話も載っていた。彼の本が出版された八年後、新しく作られた王立協会の書記官であるロバート・ボイルに手紙を書き、彼が一人のろうあ者に、発話し、言葉を理解するよう教えていることを知らせた。次の手紙で彼は、生徒の教育の様子を伝えた。生徒の名前はダニエル・ウェイリーといい、イングランド中部のノーサンプトンの市長の息子で五歳の時に失聴していた。ウェイリーは王立協会に呼ばれ、経験主義哲学の指導的立場に立つことに執心していた正会員たちが対応したが、その正会員たちが示したいろいろな言葉を明瞭に発音した。その結果、協会はウォリスを賞賛し、チャールズ二世王との謁見の機会を作った。ウォリスによれば、ウェイリーには少しの聴力があった。そして発語は回復したのであって、ゼロから学んだわけではなかったが、それが皆の熱狂に水を差すことはなかった。

ウェイリーはウォリスのところに一年間とどまり、ウォリスによればその間に、英語の聖書のほとんどを読み、日常のことを伝えるのに十分な発語力を持ち、字を書くことを学んだ。

「そして、たくさんの外国人（好奇心から彼に会いに来た人たちだが）の前で、しばしば英語、ラテン語を読むだけでなく、そうした外国の言葉で最も難しいものでも（ポーランド語でさえも）発音して見せた」。ウォリスの偉業の噂が広まり、それを聞きつけてポファム提督とウォートン夫人が彼を訪ねてきた。二人の息子アレクサンダーは生まれながらのろう者で、有名な神学者で王立協会会員のウィリアム・ホルダーから三年間教えを受けていた。今回ホルダーが、仕事で遠方に移り、教えを受けられなくなった。二人はそのため、息子の力が落ちてしまわないかとても心配していた。その時少年は、まだ少し言葉が書けたが、発語については彼の名前と数語以外は言うことができなかった。父ポファムはオックスフォード公爵と義理の兄弟でもあり、ウォリスは快く少年の教育を引き受けた。少年はすぐに失っていた言葉をいくつか言えるようになった。ウォリスはウェイリーについては、その後も王立協会に手紙を出していたが、それにポファムのこともそれとなくつけ加えた――ここであらためて言う必要もないだろうが、その手紙でホルダーについては名前も出てこない。

ホルダーは長い間その手紙を読む機会がなく、読んだのは出されてから八年後だったが、すぐに協会に不服を申し立てた。イギリスで最初にろう者を教えた教師という肩書は、ウォリスもよくわかっているように、ホルダーのものである、と。先駆者は自分であるというホルダーの主張に対し、ウォリスは、彼の誠実さを疑うと怒りに満ちた反論を書いた。それにもかかわらず、彼と同時代の人たちはウォリスを剽窃家と判断し、王立協会は次の年、評議員にホルダーを再選した。ボネートはポンセの方法を本に書き、ポンセのことは黙っていた。それと同じように、ウォリスはポンセの方法に導かれながら、そのことは黙っていたと考えられる理由がある――ウォリスがろう者を教えていた時期に、ディグビーが書いたスペインで話す唖者の話の第四版がロンドンで出版されていることは、特に見逃せない事実である。しかもディグビーは、王立協会の同僚でウォリスとも顔見知りであり、ウォリスは数学についての書簡集の本を彼に捧げていた。

ともあれ、ウォリスの教育は長続きせず結果を残せなかった。ポファム家の少年は再び話すのをやめた――なぜなら彼は、先生の気難しく学者気取りの雰囲気に耐えられなかったからだ、とオックスフォード大学の同僚は言った。

有名な哲学者トマス・ホッブスはウォリスと面識があり、ウォリスについてこんな言葉を残した。「ろう者を聞くことができるようにした者は、名誉と富を得るに値するが、ろう者を数語だけ話せるようにできた者は、何にも値しない。しかし、そういうことができると自慢しながら、実際はできない者は、鞭打ちに値する」と。実際、幼児期に聞こえ発話した経験を持つろう生徒にとって、いくつかの発語を学び直し、そしてまた失うということはごく自然のことであり、ポファムやウェイリーもそうだったのである。ウォリスはなぜそうなるかを説明している。ろうの話者は自分で修正することができないので、常に他の誰かに直してもらわなければならないからだ、と。こうして、ウォリスは発話を教えるのをやめ、この後に教えた生徒二人には書き言葉だけを教えた。ろう者に発話を教えるのはたやすい、と彼は書いている。私が本の中でしているように、発声器官の場所を示すだけで良い、と。しかしこの方法では、永続的な進歩は得られないと警告している。発話は低下していくだろう、と。そこで大事なのは書き言葉になるが、それはあくまでも、ろうの子どもの知的な発達という目的のための方法でしかない。それぞれの文法区分に合わせて、言葉は論理的に組織立てて教えられなければならない（ネイティブの言葉を習得する時との違いである）。

そして、ウォリスは発声器官の位置を教える過程もいくつか書きとめている。ウォリスの説明は初歩的なところで終わっているが、彼がオックスフォード大学で顔を合わせたこともあるスコットランドのジョージ・ダルガーノはもっと早い時代に、より幅広い内容のろう教育の本を出していた。このダルガーノとウォリスの本を並べてみると、この二つが、ウォリスが決して明かさなかった先人のものを元にしているのがわかる（偶然にも、『ロビンソン・クルーソー』の作者ダニエル・デフォーはウォリスの義理の兄弟で、私が言及してきた手紙を題材に『ダンカン・キャンベル氏の人生と冒険』という本を書いたが、それは彼の親戚の名前をたいそう広めた。この本の中でのキャンベルは生まれながらのろう者で、ウォリスを知る牧師に育てられた。ウォリスが使用し、ダルガーノの本からも取ってきた指文字が、真の出自は語られないまま出てくる。ところで現実の話では、キャンベルはロンドンを食い物にしたペテン師で、ろうあを装い、未来のお告げをするなどと騙《かた》りを働いた）。

ろう者は手話で非常にうまく考えを表現することができる。ろう者に自分たちの言葉を教えるためには、聴者は手話を学び、どの言葉がどの手話と対応するかを示す必要がある。ウォリスは、彼の教育方法の説明の最後にこう断言している。教師は最初にいくつかの簡潔な文章を書き、それを手話で説明して、その内容を生徒に理解させるようにする。

「ウォリスの体系における手話の役割は、歴史が示すように、ろう者を教える教師にとっての役割と同じものだった。手話はいつもそうした役割を持っていたし、必然的に持たねばならなかった――基礎的な考えを説明する時の有能な助手である」と、ド・ジェランドは書いている。

イギリスろう教育の首領《ドン》、ブレイドウッド

ウォリスは剽窃家であるという証拠、口話教育を捨てて手話を使ったという証拠などから考えて、彼がイギリスの口話主義という不安定な建物の要石《かなめいし》のような存在になっているというのは、不思議なことである。その口話主義者の中で最も成功した人、ペレイラのイギリス版は、今日までその一族がイギリスのろう教育を牛耳っている。その人はウォリスが王立協会に手紙を出してから一世紀後、協会の会報に載ったその手紙を読み、将来ろう教育の教師になることを考えるようになった。

彼の名はトーマス・ブレイドウッド。彼はエジンバラの小さな学校で数学を教えていた。リースの有名な商人が、息子のチャールズ・シレフをそこに連れてきて教育を頼んだ。その少年は三歳の時に聞こえなくなった。一七六〇年のことで、ド・レペが最初の生徒を教えるようになったの

と同じころだった。ド・レペ、ブレイドウッド二人とも四十代後半でこの教育の世界に入り、生徒と話をするには手話が必要であることに、両者ともに気づいた。しかし、両者が同じなのはそこまでである。ブレイドウッドはアンマンやハイニッケと同じように、口話の力と思考力とを混同し、主として豊かな家庭の難聴の生徒たちを教えた。

　ブレイドウッドが教え始めて数年後シレフは十五歳になり、再び発話し読み書きができるようになった。その時モンボッド卿がそこを訪れた。ブレイドウッドの教育により、少年が英語を正しく話し書くことができるようになったと彼は語った。「しかし、それは驚くべきことだ。彼が生徒を学ばせるのにどれほど労力がかかっていることか」

　第一に、生徒たちに何かを発音させることが難しかった――彼らはただ強く息をするか、ガーガーとしわがれた声を出すだけで、モンボッド卿はフランスで観察したソニ[*7]の野生少女を思い出した。第二に、生徒たちに文字を教えるに当たって、ブレイドウッドは顔をゆがめたりしかめ面をしたりしなければならず、そうして彼らの発声器官の場所や動かし方を矯正したが、「一方で生徒たち自身もたいへん努力し、苦労しながら勉強に集中しており、このような骨の折れる作業にも耐えられるほどに学びたいという強い願望を持っているのは、本当に驚くべきことだった」。シレフの発音はそれほど回復しなかったので、彼は話すことが多くは要求されない仕事を選び、細密画の画家として成功した。彼をよく知るある作家は、彼の発語が大きく改善されたという意見に反対した。「ケンブリッジに住む一〇〇人以上の人が知っていることだが」と、彼は書いている。「彼らはシレフ氏の言っている単純な文章さえもわからない」

　シレフによってできたことが現実か想像か、ともかくブレイドウッドを勇気づけ、彼は二人目の生徒を受け入れた。ジョン・ダグラスといい、生まれながらのろう者で、ロンドンの医者の子どもだった。そのすぐ後、ブレイドウッドは「スコッツ・マガジン」に記事を載せた。当時十三歳のダグラスがたった四ヵ月のうちに発語で目覚ましい進歩を遂げたが、それは「何よりも、ブレイドウッド氏が経験から会得した素晴らしい技術による」ものと宣伝した。一年半後の二度目の宣伝では、ブレイドウッドは数名のろうの生徒を受け持っており、より多くの生徒を歓迎するとあった。彼はまた、健聴の生徒の吃音その他の言語障害の矯正も引き受けた。さらに二年後、同じ紙面で次のように言っている。彼は生徒が三〇人を超える時は仕方なく断ってきた、なぜなら、彼は「同時に数名の生徒しか教えることはできない。またそうした必要性は、この教育の経費を高額にし、その支払いのできない両親もいる」と。彼は貴族や紳士といわれる人たちに、自分が発明した教育法を支えるための基金作りへの協力を求めた。そのような援助なしには、数少ない者だけが恩恵を受け、「この貴重な技術は私の死と共に亡くなってしまうだろう」と。

ブレイドウッドはイギリスで有名になった。さらに、サミュエル・ジョンソンとジェームズ・ボスウェルの二人がスコットランドの西の諸島を探検し、その旅行記に彼の学校を載せた時、彼の評判はヨーロッパに広がった。「ブレイドウッドの生徒の進歩は素晴らしい」と、ジョンソンは書いた。彼らは読み、書き、話し、直接はっきりと話しかけられれば、唇を正しく読み取り、「言葉の綾《あや》などではなく、文字通り、彼らは目で聞いているという印象を受ける」。

ペレイラの亡くなった一七八〇年までに、トーマス・ブレイドウッドの学校の生徒は二〇人に増え、ヨーロッパで最大の発音矯正の場所となった。何人かの生徒は健聴で言語障害があった。ある見学者の報告では、生徒たちは簡単な書き言葉の意味と発語をともに習い、その次に読話を習っていた。彼らの発語はゆっくりで聞きとりづらいものだったが、その中で彼は、十三歳くらいの天使のような女性と会った。彼女は鋭い目で彼の方を何度も見てきて、彼と上手に会話を交わした。彼女は上手に読み、書き、書いたことを言い換えることで理解していることを示した。例えばその生徒はこんなことわざを読んだ。「怠惰な手は貧困をもたらし、勤勉な手は富をもたらす」。この意味は、と彼女は書いた。「しっかり働かない手をあたえられた人は生活が苦しくなり、熱心に動く手は裕福を作りだす」。ジョンソン医師も、こうした勉強方法にたいへん感動した。別の機会に訪問したエジンバラの歴史家は、生徒たちがはっきりと、しかしゆっくり話すと感じた。指文字が使われていた。生徒の勉強期間は三～六年だった。女生徒は針仕事を学び、低い階層出身の生徒は召使になった。男子生徒は普通教育を受け、卒業後に一年間の職業教育が追加された——仕立てと製靴の職業訓練があった。アメリカからの生徒が数人いた。学校は申し込みが一〇〇人を超えた場合は授業料を払えない家からの申し込みを断らなければならなかったが、数人の貧困家庭の生徒は授業料が免除されていた。

エジンバラのトーマス・ブレイドウッドの学校はイギリス中に広がり、アメリカにも一校できたが、すべてが固い独占権を形成していた。再びペレイラやハイニッケの時と同じように、秘密の原則が敷かれ、事業拡大につれて親戚を雇うことが必要になってきた。ド・レペが最後の本を出版したころ、ブレイドウッドの学校はロンドン近くのハックニーに移ったが、それが最初の時だった。息子のジョンと母親とが、ジョンの亡くなるまで学校を運営し、その死後はジョンの妻が経営した。ジョンの長男で同名のジョンは、エジンバラ校を再開する誘いを受けた。元生徒だったある者によれば、「彼の求めるままの条件で」引き受けたが、「教育にほとんど興味が持てず」、一年で突然学校をやめてアメリカに行ってしまった。彼は学校の基金を不正に使ったと憶測する人もいたが、学校の秘書官はそれを否定した。彼の後を継いだのはロバート・キンニバーグだった。福音主義の牧師で、ハックニーのブレイドウッドの学校に訓練のため送られ、その後、教育方法を他の人に教えないという固い契約のもとでエジンバラに来た。三年後には彼自身が個人の生徒を持つことを許可されたが、受け取った報酬のうち半分をブレイドウッド家に払うのが条件だった。

トーマス・ギャローデットがアメリカから、ろう者の教育法を学ぶためにやって来たが、キンニバーグはブレイドウッドの秘密の手法を明かすのを断った。それがこのころのことだった。キンニバーグに断られたため、トーマスがパリのシカール神父のもとに来たのは、幸運な歴史の皮肉である。その拒絶が間接的な原因になって、私ローラン・クレールがアメリカに来ることになり、そして私と一緒にド・レペ神父の教育方法がアメリカに渡ってくることができた。

二人目のジョン・ブレイドウッドがアメリカで、数人のろうの子どもを教えていた時、一家はジョンの弟のトーマス（祖父にならって名づけられた）のために準備を進め、バーミンガムに学校を開いた。彼は十年間校長だった。彼が亡くなった後の後継者は、スイスから勧誘された人だったが、ド・レペの方法の支持者であり、彼は口話主義を廃した。

ハックニー、バーミンガム、エジンバラ、そしてアメリカに広がったブレイドウッド家の学校に、さらにもう一校が加わることになった。ブレイドウッドの学校で学んでいたあるろう少年の両親が授業料の高さに閉口して、ロンドンの南の郊外テームズ川沿いのバーモンジーに、その地区の牧師ジョン・タウンゼンドを中心にして、貧困家庭のろう者のための学校を作った。ブレイドウッドという名がろう教育と同義語になっていたこともあり、トーマス・ブレイドウッドの甥の息子のジョゼフ・ワトソンが教師役を買って出た時、学校は彼を雇った。そして約二十年後、学校はロンドン市中に移り、ジョゼフの息子のトーマス・ワトソンが責任者になった。その間タウンゼンドは、イギリス中を回って学校のための資金を探し求めたが、イギリスではろうの市民の教育に対して、法的あるいは行政的な対策は何ら講じられなかった――今日もなお、気まぐれな自主的慈善活動や、利潤追求者の営利目的の事業に任されている。結局ブレイドウッドのイギリスろう教育の独占は、ド・レペが学校を開いた時期からシカールの死まで続いた。

アメリカからの最初の生徒

　彼らの前の時代のウォリスがそうだったように、ブレイドウッド家はすぐに、発話を教えこむことの不毛さを知るようになったと考えられる証拠がいくつかある。実際シカールが亡くなった年のエジンバラ校の報告には、「手話はろう者が理解できる唯一の言葉であり、ろう者は手話によって教えられなければならない」と書かれていた。ブレイドウッドの有名な生徒たちの逸話を聞くと、発話というものは結局のところ生徒たちにとって、その後の生涯にわたって恩恵となるようなものではなかったと実感する。イギリスの新聞によれば、メルヴィル夫人がシーフォース卿を招いた時のことである。シーフォース卿は、当時イギリスの植民地だったカリブ海のバルバドス総督で、以前はブレイドウッドの学校の生徒だった。彼女は配慮を怠らず「指での会話」ができる友だちを呼び、この貴人が話し相手を持てるようにした。また、ある作家は、有名な英国議会議員チャールズ・フォックスと彼のろうの息子――「ブレイドウッドの学園からこの場にやってきた、まさに父親に生き写しの姿」――と一緒に、ハックニーでの晩餐会に出席した。父フォックスは「彼の注意をほとんどこの少年に向け、彼の息子と指で会話した。お互いを見る時、彼らの目は輝いていた。隣席の友人が私に言った。『イギリス第一の雄弁家と共に食事をし、彼が指で会話するのを見るとは何とも不思議なものだね！』」と、作家はその時の様子を詳しく語っている。

　同様に、ブレイドウッドの甥の息子のジョゼフ・ワトソンは、法廷弁護士になった有名な生徒を教えた。見知らぬ人は、この弁護士であるジョン・ウィリアム・ローという紳士と少し話をしたぐらいでは、彼がまったく聞こえないことがわからなかったということだ。それでもローは、家族とは手話で話し、見知らぬ人には筆談を使う、と私の友人ハーヴェイ・ピートに打ち明けた。この話は、サブルー・ド・フォントネイを思い出させる。

　アメリカで最初に普通教育を受けたろうの子どもはチャールズ・グリーンだった。彼の父フランシス・グリーンは英国擁護派でアメリカ独立戦争時、イギリスに国外追放になり、一七八〇年代の初め、八歳の息子をブレイドウッドの学校に送った。学校に入った時の少年は話せず、読めず、書けなかった。しかし、約一年後、父親が学校を訪ねた時、彼ははっきりと発話した。その一年半後、彼は発話だけでなく、書くこと、算数、デッサンで進歩を示した。彼はかなり聡明な生徒だったのだろうと私は思う。彼の父が彼に、たまたま近くにいた同僚の生徒となぜ手話で話すのか聞いた時、少年は「彼がろうだから」と答えた。

フランシス・グリーンは息子の進歩にたいへん感動し、彼はアメリカで最初の、そして生涯を通してのろう教育の擁護者になった。ブレイドウッドの学校への訪問の後、彼はニューヨークの第一衛生官に手紙を出した。その手紙で彼は息子の成長ぶりを書き、ろうの子どもの教育のために、あのような学校が必要であると、ニューヨークの市民に訴えた。数年後、ニューヨークにろう学校を作るための最初の公開の会合があった時、この手紙は印刷され読み上げられた。

ブレイドウッドの学校にはチャールズ・グリーンの他に、三人のアメリカからの生徒がいた。ジョン、トーマス、メリーの三人のボーリング家の子ども〔訳注23〕で、彼らは、バージニア州コップブスの市長トーマス・ボーリングと従妹のエリザベス・グレーの子どもで、生まれながらのろうだった。ボーリング市長にはウィリアムという四人目の健聴の子どもがいた。ウィリアムは一七八三年、兄姉たちがエジンバラから帰ってきたころのことをこう語った。「ジョンは帰ってきてから三ヵ月後に亡くなった。トーマスの教養は驚くべきものだった。彼は素晴らしい判断力と道徳的誠実さを持った能書家だった。時宜にかなった対応、会話での知性や話の持っていき方は、彼と一緒にいる人すべてを惹きつけ、楽しませ、くつろがせるもので、まさに洗練された紳士のものだった。彼の発音は完璧で、家族、友人、召使は、彼の会話や朗読を理解することができた。私の姉の教養はこの兄と並ぶものだったが、彼女の発音はさほど聞きとりやすくはなかった。しかし、彼女は明るく知的で快活で勤勉だった」。数十年後、アメリカでジョン・ブレイドウッドを後援し、二人のろうの子どもウィリアムとメリーの教育のために彼を雇ったのは、このウィリアム・ボーリングである。

アメリカにろう教育の種をまいた、フランシス・グリーン

ボーリングの子どもたちがアメリカにもどった同じ年、チャールズの父親フランシス・グリーンは、ブレイドウッドの学校のラテン語の標語、『Voxocuis Subjecta（目によって制御された声）』を題にした本をロンドンで出版した。ニューヨーク市に出した手紙の時と同じように、彼はその本の中で、イギリスでの公的な基金によって支えられた公的な教育の必要性を力説した。王は一年に一〇〇ポンドを寄付する用意があると彼は言った（ブレイドウッドの法外な料金では、それは一人分の授業料くらいだろう！）。また、ブレイドウッドの秘密の方法についてのヒントとして、生徒の舌の位置を正すためのある道具――「小さな丸い銀製のもの、数インチの長さで煙草大、片方の端は平たく、別

の端はビー玉のような球になっている」――を描写している。しかしブレイドウッド家は、彼らの方法を貧しい人たちにも広めて行こうというグリーンの提案を受け入れず、グリーンは愛想を尽かしてしまった。「世界全体に彼らの進んだ知識や、彼らの改良による恩恵を広げるどころか、ペレイラやハイニッケのように、それをはっきりしない謎のままにしておくことを望み、ユダヤのタルムード学者のように秘密の文書を持ち、魔術をおこなうのを自分たち最高法院以外には認めなかった」

フランシス・グリーンはやがて北アメリカにもどり、カナダの東南部の市ハリファックスに住み、州長官になり再婚した。彼の息子はブレイドウッドの学校を卒業して、また一緒に住むようになった。ブレイドウッドの秘密主義のせいなのか、学校を去ってから息子の発語が後退したからなのか、私には何とも言えないが、グリーンは間もなく口話主義を捨てて、手話でのろう教育に賛成する立場になった。彼はシカール神父を二度訪ね、また、タウンゼンド師と一緒にバーモンジーに貧困家庭のろう者のための学校を作り、ブレイドウッドの独占を打ち破ろうとした。彼はド・レペ神父の数通の手紙と、彼の最後の本『生まれついてのろう者の真の教育方法』を英語に翻訳し、公然とブレイドウッドの秘密主義を批判した。彼の自伝の中で、以前に書いたブレイドウッドの学校についての二四〇ページの本を早まった論説と呼び、それ以外はその学校について何一つ言うことはなかった。彼の息子チャールズが狩りの事故で悲劇的に亡くなった後でさえ、父親の働きは途切れず、ボストンの新聞で、「アメリカろう学校の設立を保証する十分なろう者の数を示す」ために、ろう者の公的な調査をおこなうようにニューイングランドの聖職者に訴えた。

彼は、トーマス・ギャローデットと私が彼の夢を実現する九年前の一八〇八年に亡くなった。

口話主義の歴史の欺瞞

今日、ホレース・マンのような権威は次のようなことを言っている。

つまりアメリカのろう者が手話をしている一方で、ヨーロッパではろう者が口話を習い、唖者はほとんどおらず、「実質的にすべての場合において」ろうの子どもは社会に復帰できている、と。裕福な慈善家は以下のように述べている。口話教育はろう者を教える時の、最も古く最も確立された方法であり、ペレイラの生徒たちは、教師のフランス語のアクセントを自分たちのものにすることができた。また、ハイニッケの学校も成功を認められた。口話教育で絶対的に求められるのは、教師と生徒が手話を使ってはならないということである。口話教育によってろう者は聴者と交わるのが容易になり、ろう者だけの集まりやろう者同士の結婚を防ぎ、ろう者が英語を読むことで彼の心を陶冶し、そして我々は「可能な限り正確に他の人たちのように振る舞う」ことができる。

しかしながら歴史、真実の歴史は、それとは異なった見解をあたえてくれる。実際、口話主義の伝統は、貪欲と剽窃と秘密主義とペテンの物語である――しかし、教育の物語ではない。その目的は発話である。そのはかない目的を目指す過程で、ほんの一握りの裕福な貴族のろうの御曹司が、ほとんど偶然に教育されたにすぎない。この伝統から我々のところには、何の恩恵もおりてこない。その代わり、我々への慈善を気取りながら、自分の利益だけを追求している者たちへの不信の理由が一つ増えるだけである。一人の人、十六世紀中ごろのもの静かな僧は考えた。ろう者に見せかけの発語を教えることが可能で、そのことで、気まぐれにも彼らの生まれながらの権利を奪っている法律の抜け道を作ることができる、と。一人の人の一つの考えであったが、それが、我々が知る限りでは、ボネートによって剽窃され、ラミレス・デ・カリオンによって活用され、ディグビーによって解説をつけられ、ペレイラとアンマンとウォリスに真似られ、ペレイラはデシャンを生み、アンマンはハイニッケを生み、ウォリスはブレイドウッドを生んだ。一つの考えが、剽窃され、出版され、翻訳され、正当化され、提起され、引用され、脚注をつけられ、参照され、利用された――しかし、いまだにすべて同じ考えである。これが口話主義の歴史の最後の汚れた秘密である。それは歴史とはまったく言えない。我々は今、この事実を認めず、その代わりにホレース・マンの忠告に従うべきなのか? その時我々は、過去の失敗を繰り返すことになる。ろう者の友人たちには不毛な努力を強い、ろう者には無知と貧困と孤独の人生を強いることになるだろう。

*1 Charles Marie de la Condamine（一七〇一－一七七四）。フランスの博物学者。
*2 一七五〇年一月七日、場所は、ショワジー城という、ルイ十五世の最もお気に入りの邸宅の一つ。
*3 聖霊騎士団は、アンリ三世によって作られ、革命で解体された。
*4 北部ブルゴス県のブルゴス市の近くにあり、カスティリヤの古い州都の一つ。
*5 オスマントルコのスルタンの、コンスタンチノープルにある大邸宅。そこでは唖者が護衛として仕えた。
*6 つまり、ドイツ語を話す諸国。
*7 十代の女性。彼女は仲間一人と数年間野生で暮らし、一七三一年シャンパーニュ州で捕らえられた。

訳注1 唇の動きから言葉を読みとる技術。読唇術とも言うが、ろう教育では「読話」と言う。
2 mute：ものが言えない（人）。「唖（者）」と訳した。本

書では「ろうあ（者）」とほぼ同義で使われる場合が多い。失語症などの場合を除き、話せない原因として「聞こえない」ということが一般的に認知されている現代では、「唖者」という意味で使われることはない。

3 demutizer：著者の造語、mute（話せない＝唖）の状態から脱することを目指す人の意味。

4 fleurs-de-lis：一一四七年以来、フランス王室の紋章。

5 Dauphin：当時のフランス王位の第一継承者の称号。

6 リーブルは銀一ポンド（約四五〇グラム）相当のフランスの旧貨幣。ちなみに銀四五〇グラムは今の日本では二万七〇〇〇円程度。

7 一六六六年、コルベールにより創立され、九九年ルイ十四世が再編し、王立となった。また王立協会は一六六〇年にイギリスで作られた現存する最古の科学学会。

8 John Wallis（一六一六－一七〇三）。イングランドの数学者として有名。イギリスのろう教育の始まりにも深く関わったことが以下に述べられている。

9 Louis Braille（一八〇九－一八五二）。点字の考案者。

10 カスティリヤ〈Castile〉は、スペインの中心の地域であるとともに、統一スペインを作った中心の強国名、またその国の言葉。ここではスペイン語と同義。

11 Saint Bonaventure（一二二一－一二七四）。イタリアの神学者、スコラ哲学者。

12 俗ラテン語を共通祖語とし、中世以降に派生した諸言語の総称。イタリア語・フランス語・オック語・ポルトガル語・スペイン語・ルーマニア語その他。十六世紀以後スペイン・ポルトガルの中南米進出により、ラテン-アメリカ諸国にも広まった。

13 戦争中、敵国の船を拿捕できる権限を自国からあたえられた民間の船。

14 Robert Boyle（一六二七－一六九一）。イギリスの物理学者・化学者。実験的事実を重視し、錬金術から実証的科学への橋渡しをした。また、化学元素の概念を導入、ボイルの法則を発見した。

15 「サヴォイア……イタリア」は、イタリアも含めて当時の中小の国名。イタリア半島は統一されていなかった。

16 ビターアーモンドは、バラ科の果樹アーモンドの一品種、苦みのある種から薬用油をとる。ナフサは、一定の製法で原油を蒸留したもの。

17 Juan Ponce de Leon（一四六〇－一五二一）。コルテスと同時代のスペインの探検家、コンキスタドール（征服者）。

18 Hernándo Cortés（一四八五－一五四七）。スペインの軍人、もっとも有名なコンキスタドール。一五二一年メキシコのアステカ帝国を征服した。

19 emanation：哲学用語、万物の創造は、絶対者あるいは神からの、完璧なるものの流出によるとする考え。

20 マタイの福音書、第六章の中の言葉。

21 ド・レペが教えることになったろうの姉妹を教えたヴァナン神父は、サブルーも一時期教えた。

22 ペレイラは、ド・レペが自分の方法を盗用したという見解を新聞で発表した。

23 第7章でも出てくるが、ボーリング家は、アメリカ・ネイティヴの女性ポカホンタスと、イギリスからの移民第一世代の男性の子孫として知られるアメリカでの名家。

第6章　口話主義者との闘いは続く

手話社会発展のキーマンたち

口話主義の運動は十六世紀にポンセ・デ・レオンから始まり、十八世紀、その主たる擁護者であったペレイラ、ハイニッケ、ブレイドウッドの死によって終焉《しゅうえん》した——あるいは、終わったかのように見えた。私がサン＝ジャックに来たころ、手話コミュニティは発展し、パリとその周辺のフランスの地方だけでなく、ナポレオンの帝国の拡大に伴ってヨーロッパ全土に広がっていた。スペインのカルロス四世はフランス校を手本にしてマドリードに学校を作った。スイスの最初の学校もフランスを手本にして作られた。シカールの弟子の一人がジュネーヴに学校を作り、もう一校がイタリアの中部シエナに作られた。ド・レペがオーストリアに弟子を送り出したのは以前の話になるが、ザクセンとプロイセンでも同様の学校が作られた。私が知っている限り、ろう者を手話で、特に方法的手話で教えるのが原則となっていた。しかし手話は、フランス手話に限られてはいなかった。例えば、プロイセンにはプロイセンの手話があり、それは教育にも使われ、ドイツ手話のもとにもなった。

それぞれの新しいろう学校は、太陽——サン＝ジャック——を回る惑星のようなものであったが、それぞれが衛星を持ち、それぞれがろうの生徒、教師、職員を惹きつけただけでなく、成人のろう者をも惹きつけコミュニティを形成した。こうした惑星それぞれが自らを育む空気を持ち、その中で十分に発展したろう者の社会が生まれた。そこでは手話を通して、学問教養が身につけられていった。そのように実った果実の中で、私が一番よく知っている例をお話ししよう。

フランスの手話社会の成熟期を描くには、その中で最も光り輝く人、フェルディナン・ベルティエに登場してもらわなければならない。私より二十歳若く、彼は一八一一年、フランス中東部のマコンからこの学校にやってきた。健聴

Photographie Bibliothèque Nationale, Paris

フェルディナン・ベルティエ
ろう者の社会組織を作り、ろう者で初めてレジオン・ドヌール勲章を授与された。

の親から生まれた生まれつきのろう者で、父親は医者だった。彼は、私が教えた生徒の中でもっとも才能があり、卒業後も学校にとどまり、一気に教職の階段を上がった。十六歳で級長、二十一歳で助手、二十六歳で教授になった。現在彼は筆頭教授である。教育の仕事を続けながら、一方で彼は、ろう者の福祉のための戦いと進歩を記録する多くの記事や本を出版した。

ベルティエは最初から、名をなしたいという願望が強かった。「私は、クレールのように賢い人になりたいのです」と、彼は教師に言った。「そのためには何をしなければなりませんか？」まだ若い時から彼は、まれにみる知性と社会参加への積極性を示した。お世辞にも男前とは言えない――小柄な体の上に大きな頭と額――ながらも、分別があり、機知に富み、上品で、謙虚で、いつも笑みを絶やさない。ベルティエは言葉を愛している――彼はフランス語、ラテン語、ギリシャ語を習得しているが、ごく自然に一番好きなのは自身の手話である。

彼は書いている。「なんとほとんどの人が、この万人に通じる表現の中に無限の可能性があることを深く学ばずにいることか！　しかも、その表現は非常に澄んでいて、明瞭にして確実である」。ベルティエは理想のために、倦むことなく議論し続ける人である。彼の広い知識、洗練された言葉の使い方、そして、誠実で生き生きした表現は、多くの読者を獲得し、また多くのろうの友人を得ることにつながった。彼は多作な著述家である。その中にはド・レペとシカールの長大な伝記があり、ナポレオン法典をろう者に説明した本、数多くの百科事典の項目や新聞の記事などがある。

学校での授業とその運営のための職務、そして学者としての研究や著作、それだけでも普通の人の一生を満たしあふれさせるほどのものであった。それでも彼は、これらの仕事だけでなく、ろう者のために社会的、政治的にも活躍した。サン-ジャック通りの手話の砦から、より大きく広がったパリの手話社会への橋渡しをしたのはベルティエであった。パリには成功したろうの著述家、出版者、画家――ある画家はルーブルに展示される作品を作った――、職人、実業家などがいた。法令の改革や教育を通して、あるいは基金を立ち上げることなどで、こうしたろう者の生活を向上させるために、ベルティエは、我々が知る限りでは最初の、ろう者の社会組織を作った。彼は、ろう者の最初の福祉団体の副会長だったし、また文学協会、歴史協会の会員である。数十年にわたって彼は、ろう者に対して公正でない法律に抗議して、国会に書簡を送り続けてきた。一八四六年に私がパリを訪ねた時、彼は自分にとって記念碑的なド・レペの伝記に取りかかっており、その一方でパリ校の学部長をしていた。社会は普通選挙権の獲得と第二共和政に向かって動き始めていた。デロージュが「我々の会話では、パリのこと、フランスのこと、そして世界の果てのことまで、話題にならないものはない」と書いた六十九年後に、フランスのろう者はとうとう選挙権を獲得した。フランスのろう者は、私の友であり生徒であるフェルディナン・ベルティエに期待し、彼を国民議会の議員に推薦して精力的に選挙運動をおこなった。また彼らは臨時政府〔訳注1〕に対し、国立ろう学校の教師と管理者を、政治的な忠誠で選ぶのではなく、関係者の選挙によって選ぶことを請願した。いずれも実は結ばなかったが、ろうコミュニティにおける彼の地位の高さを反映していた。ナポレオン三世の訪問時には、ベルティエが学校としての歓迎の辞を述べた。後に彼は、レジオン・ドヌール勲章を授与されたが、それはろう者では初めてのことだった（勲章には年金も加わった）。

もう一人、指導的なろうの教授として、芸術的な才能を持ったピエール・ペリシエがいる。彼は一八四四年に詩の選集を出したが、それは格調高く調和のとれたもので好評を博した。ここで私は、フランス手話の詩の話をするつもりはない。手話の詩は、手話を知る者には本当に美しい芸術形式ではあるが、手から伝わるものであって、書けるものではない。彼の詩集は韻を踏んだ、リズミカルで、調和のとれたフランス語の詩集である。ペリシエは幼い時から聞こえなかったが、フランス手話と同様にフランス語も流暢で、どちらの言葉でも卓越した詩人だった。彼はトゥールーズ校から我々の学校に来た。トゥールーズでは彼に発語を教えることに多大な努力が払われたが、上手くいかなかった。彼は、サン＝ジャック通りで人生の大半を過ごし、六年前に亡くなった。幼い時に発話訓練を受け、フランス語の詩人であったにもかかわらず、彼は口話主義を憎み手話を愛した。彼は発話にほとんど、あるいはまったく価値を見いだせず、そのことを公言してはばからなかった。約十年前ペリシエは、最初の手話の表現辞典〔訳注2〕を出版した。ド・レペやシカールの辞書と違い、ろう者が実際に使う「簡略化された手話」を載せており、手話をしている場面がイメージできるように絵がついていた。ペリシエの名前は、これ一つだけでも後世の歴史に残るだろう。

サン＝ジャック通りのろうの秀才の輪の中から最後に、クローデュ・フォレスティエを選び出そう。ベルティエよりも七歳若く、フォレスティエは生まれながらまったくのろうだった。数人のろうの兄弟姉妹がいて、そのうちの一人は彼が育て上げた。彼は学校にとって天使のような存在だった。彼の行動は優しさと健全な判断に導かれていた。彼は長い間、努力を積み重ねて教員になり、大志の人と呼ばれた。校長の欠員が出た時、彼こそが疑いなく最適任だったが、健聴の教師が選ばれ、彼ははずされてしまうことが何度もあった。しかし希望を捨てず、偏見の壁に何度もぶつかっていき、ついに壁を打ち破った。一八三三年彼は、自分の知の揺りかごであった学校を離れ、リヨンのろう学校の校長になった。二十年前に私が家族に会うためラ・バルムの近くに行った時、彼の学校を訪れた。フォレスティエは私に職員を紹介したが、全員がろう者だった。そして最後には、私を庭にまで連れて行った。というのは、彼は花と野菜を育てるのが得意だったからだ。フォレスティエは、ろう教育の広範な課程についての本を書き、他に宗教史を含む三冊の本を出した。また、ろう者のためのフランス福祉協会の副会長で、今日まで我々の熱心で率直な擁護者であり続けている。

ろう者の友、ベビアン

しかしながら近年進んでいる、パリあるいはその他の手話社会の発展の主要な力の一つとなったのは、一人の聴者であった。彼はろう者の理想のために身を捧げた人であり、誇りを持って言わせていただくが、私の生徒であり友である。シカール神父の晩年、ロシャンブロワーズ・ベビアンは暗雲の一部を払う太陽のように現れた。ろう者にとって、彼はド・レペ神父の次に位置する人と言っていい。

ベビアンはド・レペが亡くなった年に、カリブ海東部のフランスの海外県グアドループ島のポワンタピートルに生まれた。十一歳の時、彼の名づけ親であるシカール神父のもとで教育を受けるためパリに送られた。彼は教師の家に下宿し、シャルルマーニュ高等中学校に通い、いくつもの賞を取った。それから彼は我々の学校に来て、いつも私の授業にいるようになった。私たちは友達になった。何年にも渡って私は、ベビアンの手話の表現が力強く美しいものになるように手伝ったが、彼の前の時代も後の時代も含めて、どの健聴の教師も手話で彼に太刀打ちできる者はいなかった。私は手話をしている人を見て、それがろう者か聴者か見分けるのには自信がある。しかし、ベビアンの手話だと難しかった。

ベビアンは学院の中の階段を上って行った。最初は級長、その次は学生助手。この時我々は、彼を失いかけた時があった。というのは彼の父が、そのようなみすぼらしい職務では彼の威厳が損なわれると考え、家に呼びもどそうと考えた。そこで、シカールは彼のための仕事を作った——自習室の監督員たちを監督する仕事である。ベビアンは「傑出しており、私のやっていることの精神を最もよく理解している」と、シカールは理事会で訴えた。「彼は、どんな犠

Photographie Bibliothèque Nationale, Paris

ロシャンブロワーズ・ベビアン
シカール神父の愛弟子。手話教育に力を入れたが周りと折りあうことができず、第一線から姿を消す。

牲を払ってでもここにとどめておかねばならない」と。内務省が了解し、ベビアンは勉学に関する監督官になり、風紀と秩序について責任を持つことになった。この仕事は天からの贈り物というほどに彼にぴったりだった。というのは、管理部で生徒と十分に話せる人間は彼だけだったからだ。

このころベビアンは、ろう者とその言葉についてのエッセイを書き、ド・レペ神父への賛辞を出版して賞を取った。ド・レペ神父への賛辞には、神父の方法的手話に対する批判も含まれていた。こうしたろう者のための強い情熱により、不正や過失があった時にそれを見過ごすことができず、そのために彼は、理事会と何度も衝突した。シカールが生きていた間は、自分の弟子をかばったが、神父の最晩年、彼は軽率な行動から職を失った。校長の老年の衰えに合わせて、学校が教育面や経済面で混乱したということを、私は以前に述べた。授業計画の混乱や理事会の不正など、毎日のように表れる悪弊に対し、ベビアンは繰り返し不満を訴えた。率直な性格の彼は、そうしたことに最初はいらつき、最後はいらだちを抑えられなくなってしまった。理事会がベリー侯爵夫人の来訪を予定していた日があった。ベビアンはわざわざ別の場所の仕事に行かされていたはずなのに、侯爵夫人の前に現れて、生徒の作品のいくつかを見せた。彼女は、訪問している間に生徒と一人も会えていないと不平を言った。「もしろう者が、あなたの前に現れないとしたら」と、彼は言った。「それは彼らが裸だからです。靴と服がないため、彼らは四ヵ月間散歩に出られませんでした」。二日後、ベビアンは解雇された。

ヨーロッパのろう学校の旗艦校である国立ろうあ学院は、霧の中で停泊のための綱を切られてしまったように漂流しだしていた。ド・レペの、続いてシカールの小さな学校であった時は、ある種の秩序と統一性があった。今や学院は、総数二〇〇人近くの人間がいる一方で、校長の健康は衰えていた。理事会は学習課程も定まっていないことを嘆いた。生徒の担任は年ごとに一人の教師から別の教師へと変わったが、進歩はなかった。それぞれの教師が自分の計画と方法を持ち、前の人のものを受け継いで自分の計画を立てるとか、次の人のために準備をするなどということはなかった。共通の教科書が必要だが、それはどこにあるのか？ ド・レペの本にもシカールの本にも、教育の方法については載っていないと理事会は判断した。ド・レペの本は方法的手話の説明であり、シカールの本は「哲学小説」だった。彼らの指導のもとに確かに方法は存在したのだろうが、書きとめられたものがなかった。それは伝統のものであり、師匠が弟子に教える類のものだった。そこで理事会は、フランスにいる一人の聴者に頼ることになった。教えるための手引書が書ける人、まさに解雇されたばかりの人ベビアンである。

ベビアンは素晴らしい手引書を書いた。シカールの仰々しい形而上学的な手順を、彼は自然で、簡潔で、直接的な流れに置き換えた。彼は、フランス語を学ぶことと教科教育とを秩序だった進行に整備し、それぞれの問題の克服は次に進むための足がかりとなるようにした。彼はすべてのフランス語の文章に、正しいフランス手話の表現で生命を吹きこんだ。「ろう者にフランス語の書き言葉を教えるのに、手話以上に確かで、直接で、効果的なものはない」と、ベビアンは書いている。理事会はベビアンの仕事を賞賛した。しかし、どれほど真剣だったかと私は思う。なぜなら、それは、出版までに五年かかり、ド・ジェランドの大作のろう教育史と同じ年に出されたからである。ド・ジェランドの本は手話の使用に反対する内容のものである。

ベビアンの手引書作成が終わった時、理事会は彼に、手引書と一緒にフランス手話の規則について書いたものと、手引きのそれぞれの例を説明するのに必要な手話を描写したものを載せた本を作ることを提案した。手話を描写することについては、ベビアンは我々の言葉を書き表す方式の必要性を感じていた――それはどんなものであれ、ろう者にとって最も美しい贈り物となったことだろう。私が不思議でたまらないのは、文字を持たないアフリカの言葉のために、進んでアルファベットを調合しようとしている言語学者たちである。彼らは同じ国にいる人間の言葉に、なぜこうも無関心でいられるのかと思ってしまうのだ。ベビアンは、手話のそれぞれの手の動き、形、位置に割り当てた表意文字を作り、それに顔の表情を示す文字を加えて、その時の気持ちがはっきりわかるようにした。彼はその方法を「ミモグラフィー」と名づけ、数枚の絵をつけて出版した。しかしそれは彼の手引書に合わせて作ったわけではなく、さほど注目されなかった。

ベビアンの苦闘と忍び寄る不吉な影

サン＝ジャックの組織の混乱と教育方法の不統一をなんとかしようと、ベビアンはもう一つの大きな試みに取り組んだ。一八二六年に悪弊を批判する新聞を作ったが、そこには彼の率直な性格が表れていた。フランスろうあ学院は沈みかけていた。そのため彼は、ろう教育に別の選択肢を作ろうとした。彼は、ろうの子どもを持つ親が使いやすいように手引書を作り直し、また、「モンパルナスの砦」と名づけた彼自身の小さな学校を作った。

シカールの死から八年後、ベルティエを含むろう教師の集団が、新王ルイ・フィリップ〔訳注3〕にベビアンの復職を訴え出る大胆な計画を作った。新王はパンティエーブル公爵の後裔であり、シカールやド・レペさえも知っていた。その計画は失敗したが、それは、ド・ジェランド（いまや、内務省でも有力な人間になっていた）の策略によるものではないかと、私はかねがね思っていた。ド・ジェランドは、代わりに地方の要職をベビアンに用意して、王の注意をそらしたのではないか。そのころ、フランス北部セーヌ川河口に近いルーアンのろう学校の校長が亡くなり、ベビアンはその後を継いだ。国立ろうあ学院が彼を絶対に必要としていた時、パリの家とパリの仕事からこのように遠く離れることは、ベビアンを満足させるものではなかった。我々の船を救おうという思いだけから、彼は理事会と新校長たちによる学校運営の誤りを広範囲にわたって批判し、いくつかの積極的な提案もしたが、石のような沈黙に遭っただけだった。挫折感に苛《さいな》まれ、人生を賭けた仕事はうまくいかず、健康面も衰え、ベビアンは妻と息子と一緒にポワンタピートルにもどり、そこに小さなろう学校を開いた。まもなく息子が亡くなり、続いて彼も四十五歳で亡くなった。三十年前のその日、私は同志を失った。すべてのろう者は、一人の革新者、代弁者、そして我々が心から友と呼べる数少ない聴者の一人を失った。

　例えば冗長であるなど、手話に指摘された多くの欠点は、じつのところ、ド・レペとシカールが作った手話の欠点であると、ベビアンは考えていた。彼は、フランス手話そのもので授業をした最初の教師だった。そして彼の、ろう者にフランス語を教える方法と手引書は、フランス手話の基礎の上に作られた。実際、彼の本や新聞のすべては、手指フランス語がどれほど我々の言葉である手話をゆがめ、手の施しようのないものにしてしまっているかを示し、それを非難していたと言っていい。おそらく手話の上に、ド・レペとシカールが作り上げた手のこんだ足場は、それ自身の重みのために崩れ始めていたのだろう。しかしベビアンによって、足場は取り壊された。

　彼が反手指フランス語を主張しだした時は、フランスでも周りの諸国でも、授業では手指フランス語が使われていた。それは十年でパリ校から追放され、二十年の彼の運動で、ボルドー、リオン、トゥールーズ、南部ロデーズ、北東部ドイツに近いナンシーの各校からなくなり、最終的には私が言ったように、アメリカを含めてすべてのろう学校から消えていった。それはろうの職員と生徒にとって、非常に喜ばしいことだった。ベビアンの亡くなった年のニューヨーク学院の年報には、方法的手話は「全面的に放棄された」と報告されていた。

　しかし、フランスのろう者にとっては逆風が吹き始めていた。フォレスティエが国立ろうあ学院から去ったこと、そしてベビアンが解雇され追放されたことは、切り離された出来事ではなかった。実際、シカール神父の死によって、口話主義は、まさにこのサン‐ジャック通りで新たな作戦を開始したのである。それは、これまで私が述べてきた成熟したろう者社会を蝕《むしば》んでいった。

ろう者の魂に関わるこの新たな闘いは、まず、国立ろうあ学院の校長として誰がシカールを継ぐのかという問題として表れた。しかしより深い問題として、善意はそれをおこなう人に権威をあたえるのかという問いかけが潜んでいた。シカールの後継者については、自然な選択ならばジャン・マシューのはずだった。働き盛りの五十歳、ヨーロッパからアメリカにかけての教育を受けたろう者の象徴であり、数々の本や記事でその実績や行動を礼賛されていた。ジャン・マシューはシカールの教師であり、私の教師、ギャローデットの教師でもあった。またシカールのかたわらで働いた三十年の間に、数えきれないろうの生徒を教えてきた。ジャン・マシューは語彙と文法書の著者であり、ろう者の理想をめざす運動家であり、リーダーだった。マシューの教え子がリヨン、フランス中部のリモージュ、同じく東部のブザンソン、ジュネーヴ、オランダに接するカンブレー、ハートフォード、メキシコシティのろう学校の校長になっていった。この校長たちの育ての親が、いま各校の親となる学校の校長になるかもしれなかった。彼は理事会がくだすべき道理上の選択であり、心情的な選択でもあった。マシューは校長の地位にあこがれ、その地位にふさわしかった。

何年も前のこと、ろう者は感謝というような抽象的な内容を理解できるかと聞かれた時、マシューはできますと答え、この何度か繰り返された定義を話した。「感謝は心の記憶です」と。皮肉にもこの内容は、ろう者にではなく聴者にとって、あまりにも抽象的過ぎたようだ。理事会はマシューを選ばなかった。それどころか、理事会は、彼に辞職を求め、彼の家ともいえる場所、学校、友人、同僚、生徒たちから離れ去ることを強要した。彼はボルドー近くの田舎の土地にもどり、そこで家畜の番をしていたという。

この出来事の十年後の一八三五年にフランスを訪れ、私はマシューと再会した。

辞職を強制されてから一年後、彼は、南部アヴェロンの県都ロデーズにある小さなろう学校でペリエ神父を補佐するよう呼びもどされた。彼はその時五十一歳だった。直後に彼は、美しく魅力的な女性に恋をした。彼女は十八歳の聴者で、その施設に雇われていた。そして二人はすぐに結婚した。ペリエ神父がフランスろうあ学院の校長となってパリに行った時、マシューはロデーズ校の校長になった。彼と妻とは一人の息子をもうけ、ロデーズからリールへと移った。リールはベルギー南部と国境を接する大きな都市で、そこに彼らは、北フランスで最初のろう学校を作った。

それが私の訪問のちょうど二年前だった。約三〇人の生徒がいた。マシューが校長、奥さんが寮母だった。彼らは最初の息子を失っていたが、マシュー夫人は赤子の娘をあやしていた。マシューは、以前の彼とはかなり変わった印象を受けた。白髪交じりで、しかし礼儀正しく、社交的で、分別があり、とても評判がよく幸せそうだった。言うまでもなくこうした変化の多くは、彼の優しい伴侶のおかげである。

私たちが会ったのはそれが最後となった。その数年後、シカールの晩年がそうだったように、彼の健康と明晰な頭脳が衰え始め、結局彼は、学校を聖ガブリエルの兄弟たち〔訳注4〕に譲った。その団体は彼の作った学校をそれ以来維持している。一八四六年の夏、彼は愛した土地と人々に最後の別れを告げた。私がもう一度フランスに行こうとした時だった。

新たな口話主義者、ジャン＝マルク・イタール

マシューの追い出しを図った、新しい口話主義者の運動の指導者は、一人はアヴェロンの野生児の個人教師ジャン＝マルク・イタールであり、もう一人は、彼の共犯者であり友人であり、より独断的な人間ジョゼフ・マリー・ド・ジェランド男爵である。ド・ジェランドは一八一四年にフランス校理事会の理事長になり、数十年後には有名な『歴史』を書くことになる。なぜこの、ろう者の援助者になることを望んだ二人が、ろう者に口話主義を押しつける運動に乗り出したのか、まさにろう者にとっての手話という聖域で、過去に証明された過ちをこの世紀でもう一度、我々すべてのろう者に対し繰り返そうとしたのか？　なぜこのような、歴史の教訓に学ぼうとする教養ある聴者が、ろう者から嫌われ失敗が目に見えている計画に、巨大な努力と資金をつぎこんだのか？

今、これを問うことは重要である。なぜならここアメリカでも、同じような善意と博識の人々が、同じ試みを繰り返そうとしているからである。その答えは、この二人の善行の具体的な動機や方法に見出すことができるし、それはこの二人のフランス人の人生と密接に結びついている。まず、イタール博士を見てみよう。

サン＝ジャックのいつもと変わりのないある日のこと。私の同級生にガザン将軍の息子がいた。夕食の時間になり、彼は、曲線を描いたオラトリオ会の大理石の階段を急いで駆けおりた。しかしその時、彼は足を滑らせ飛ぶように転げ落ちた。最後から数段という所で止まったが、横たわって動かないままになった。マシューが呼ばれ、次にシカールが呼ばれた。生徒たちが手話で激しく話し合っていた。円陣になっている生徒たちの手話から、私はだいたいの場

ジャン－マルク・イタール
アヴェロンの野生児の教育に関わり、その後、口話教育に力を入れる。

面が推定できた。マシューの手が、一語一語はっきりと、しかし素早く動き指さした。「走れ、クレール。陸軍病院だ。医者を連れてくるんだ！」

マシューは私に、まさに歴史的な使命を負わせて送り出した。それはこれから私が会おうとしている若い医学生の人生を変え、彼を新たな経歴へと乗り出させることになった。その経歴によって、彼は次のような称号を手にすることになる。発話と聞こえに関する最初の専門家、耳科学の創設者、近代ろう者の口話教育の父、教育機器の発明家、知的障害者教育の父。

陸軍病院は以前のベネディクト修道院があった場所にあり、サン－ジャック通りから走って五分のところにあった。私は若者特有の限界を知らない激しさで、修道院の丸石の中庭を横切り、広いホールに突進するように入った。そこは両側にベッドが並んでいた――一〇〇はあったに違いない。そのうちの一つで、若い医学生が包帯を変えていた。彼は私の目から危険を読み取り、私の激しい息遣いから緊急性を知り、そして私の身ぶりからその理由を知ると、私と一緒に学校に向けて全速力で走った。

ジャン－マルク・イタール、二十五歳の二級免許の外科医は、彼の新しい患者の足を診た。彼は骨が折れていると言って、そこに包帯を巻いた。ガザンは意識を取りもどし、上階の彼のベッドに運ばれた。シカールはこの若い医師を彼の部屋に連れて行き、そして彼らの人生を通しての交友が始まった。それはイタールにとってはまさに好機となり、ろう者にとってはまさに不運のはじまりとなった。

アヴェロンの野生児

歴史が我々をあざ笑っているのかと思うような、不思議な偶然の一致がある。ガザンの事故の当日、彼と同年輩の若者が別の出会いに巻きこまれ、それはイタールや、ろう者や、たくさんの子どもたちに関係する出来事となった。ガザンがサン－ジャックの階段を滑り落ちた時、アヴェロンの野生児は、南フランスのサン－セルナン村の染物師ヴィダルの小屋のドアからこちらの世界に滑りこんできた。

野生児は、これに先立つ三年の間に何度か目撃されていた。彼は鍋森と呼ばれる森の中を裸で人目を逃れて歩き回っていた。その山間地の農夫たちは時々待ち伏せして、彼がドングリや根菜を探しているのを見つけていた。畑と森の接するところで、ジャガイモやカブを掘り返しているのも目撃された。二度、彼は捕まった。最初、彼は柱に縛りつけられ、ラコーヌの村の見世物になった。誰かが親切心を起こしたのか、あるいは彼が激しく暴れて縄を緩めたのか、夜中に森へと逃げていった。十五ヵ月後の一七九九

アヴェロンの野生児
(ENGRAVING BY JAMES CUNDEE)

南フランスの村で発見される。イタールが手を尽くして教えるが、最後まで話せるようにはならなかった。

年の夏、二度目に捕まった時、彼は同じ村の老未亡人に世話してもらうことになった。彼女の近くにいた人によれば、この献身的な保護者は、裸を隠すため彼にガウンを着せ、いろいろな料理を提供した。肉は生であるいは調理して出したが、彼はそれをいつも拒絶したそうだ。木の実とジャガイモは受け入れ、食べる前にくんくんと臭いをかいだ。起きていて食べてはいない時、彼は戸から戸へ、窓から窓へうろつき回り、逃げ道を探した。八日後、彼は脱出に成功した。

その時、野生児は森に帰らなかった。彼は近くの山に登り、アヴェロン地方の広い台地を自分の縄張りにした。秋から特に寒い冬にかけて、彼はこのまばらにしか人の住まない高地を歩き回り、時々農場内の小屋に入り、食べ物をもらった。ジャガイモをもらうと、彼はそれを暖炉に投げ入れ数分で取り出して食べた。日中は泳ぎ、川の水を飲み、木に登り、四肢で猛スピードで走り、野原で根菜や球根を探して穴を掘っていた。南風が吹いた時、彼は振り返って空を見上げ、腹の底から叫び声をあげ、何かが爆発したように笑いだした。結局その地を流れるラヴェルニュとヴェルノーブルの川に沿って山を下り、彼はサン゠セルナン村のはずれにたどり着いた。高台の農夫から受けた優しい扱いを思い出したのかもしれないし、たぶん空腹に迫られていた。そこで彼は、染物屋ヴィダルの作業場に近づいた。一八〇〇年一月八日朝七時だった。少年は敷居を越え、新しい生活と新しい教育の世界に入った。

野生児は、歴史におけるある時、ある時代という枠でとらえきれる問題ではなかった。私の同級生のガザンも、野生児と共通するところはあった。野生児は唖者だった。ヴィダルの家に呼びだされた役人にはろう者にも見えた。少年は無表情で暖炉のそばに座り、職員から問いかけられても何もわからないようだった。しかし、野生児と私の友人とが似ているのはここまでである。

八月の蒸し暑いある日、野生児が学校に送られてきた時、私は、動物が自分の小便で庭に池を作り、その上に体を前後に揺らし続けながら、座りこんでいるのを見た。彼の目は気が立ったかのようにあたりを見回し、時に意味もなく何かをにらんだ。生徒が近づき過ぎると、唸り噛みついた。また、彼に着せてあったガウンの着物を切り裂いた。顔は丸く、唾でマットのように平たくなったしわくちゃの髪の塊を載せた大きな頭の下に、黒く深く窪んだ目があった。鼻は長くとがっていた。前ぶれも節度もなく発作のように笑った時、薄い唇の下に黄色い歯が見えた。頭のてっぺんから足先まで、ありとあらゆる大きさ、形状の傷があった。一番大きなものは、喉笛を横切って二インチほどの深いものがあり、幼児の時殺されかけた痕かと思われた。片方の眉毛の上、両頬、顎、そして、腕と足に数ヵ所の傷があった――また、天然痘の痕の小水疱が体中にあった。

シカールが中庭に来て、有名な新入生に挨拶しようとした。その時のシカールの顔も見ものだった。シカールは未就学のろう者を野蛮人と言ってきた人であった。だから、この野蛮人をシカールのもとに送る、これ以上に適した方法があるのだろうか？　ところが、この生き物を前にして、神父はうつむくばかりであった。神父が何を期待していたのかは、知らない。指示が出され、若者は速やかにそこから連れ出され、鍵のかかる軒下の屋根裏部屋に入れられた。

それから数日間、彼を見ようと訪問者の波が、オラトリオ会の階段を上って行った。日々の事件を知らせる新聞が、アヴェロンの野生児という見出しで彼を紹介した。最初に来たのは、新しく設立された人間観察家協会の高名な科学者たちだった。前年の十二月、「汝自身を知れ！」のスローガンの下、人間の「あらゆる異なった生活場面」での比較研究を目的に、この荘厳な集まりが結成された。その数週間後に、まさにおあつらえ向きの実験材料が彼らの前に転がりこんできた。

――一人の少年がいる。我々は通常、社会に所属しているが、彼は幼い時に社会から切り離され、その影響をまったく受けてこなかった。したがって彼を観察することによって、我々のさまざまな考え、能力、欲望の、どれが社会の影響によるもので、どれが我々の生物的本質であるかが明らかになるだろう。アヴェロンの野生児には、我々の限りない識別力、概念、嗜好、技能、不安、願望のうち、どの程度のものが欠けているのか？　マシューが彼自身の生活について質問された時、彼は音声言語なしで、観察し、比べ、判断し、思い出し等々したと話した。しかしその時、マシューは手話を持っていた。言語をまったく持たない野生児はそれでも、動物的存在以上の生き方をしたという証拠を出せるだろうか？

野生児――リンネはそのような子どもを homo ferus〔訳注5〕と名付けて分類した――は、彼が今どうであるのかと同じように、どうなっていくのかも興味深い存在だった。ルソーは言う。「もし我々の、人としての一番の特色が外見ではなく（野生児やホッテントット〔訳注6〕の人たちはパリ市民のようには見えない）、言語でもなく（野生児は持っていない）、直立歩行でもなかったら（野生児は四肢で走る）、それは変化できる能力である」と。

人は自然の状態から離れ、教育された集団の生活に入ることができる。野生児はルソーの描く高貴な野蛮人にふさわしくはなかった。しかし少年は、マシューがそうであったように、完全になりうることを証明できるかもしれない。そして、フランス革命におけるさまざまな改革を動機づけた人間の潜在力への深く楽観的な信頼を正当化することができるかもしれない。

野生児への教育

イタールは少年を訪問した最初の一人だった。それは、シカールから、医者として一度見学してみてはと言われたからだけではなかった。彼は地方出身の野望に満ちた若者として、この機会をつかみ、名を世界に残したいと考えたのだ。イタールは二十六年前に南フランスで、大工の親方の息子として生まれた。普通教育を受け、次に科学を学び、十九歳でマルセイユの銀行で働き始めた。もし国民公会が、彼の仕事の最盛時に、三〇万人の徴兵を決定しなかったら、私が、陸軍病院で兵士の手当てをしていた彼と出会うことはなかったのかもしれない。フランス王の監禁、シカールの拘束、九月の虐殺が続いた時、王党派は合流して勢力を増し、ヴェルダンの攻撃を皮切りにフランスへの侵入をもくろみ、国民公会はそれを恐れたのだ。徴兵を逃れるため、イタールは陸軍病院を管理する家族を持つ友人に頼り、それまで彼は、医療の世界に足を踏み入れたことも、医学書を一ページでも開いたこともなかったが、保健衛生官の職を得ることができた。三級外科医としてイタリア方面軍の本部員に次ぐ立場になり、イタールはある野営地の公衆衛生について責任を持つようになった（もう一人の精力的な若者が、この戦争の舞台で流星のように名声を勝ち取った。砲兵隊長、次いでイタリア方面軍准将——ナポレオン・ボナパルトである）。

その十八ヵ月後、ナポレオンの軍医総監になったドミニク・ラレーが、コルシカ遠征の医療部隊を率いるためパリからやってきた。出発の前にラレーは、解剖学と病理学の講習をおこない、イタールは熱心に受講した。遠征がなくなったラレーはパリの陸軍病院にもどり、イタールもすぐにそれを追いかけた。私と出会うまでの三年間、イタールは、ラ・サルペトリエの精神病者の施設長であるフィリップ・ピネルの講義を中心に医学の講義を受け、医学部に論文を提出し、二級外科医への昇進を果たした。

彼は勉強の合間に哲学者コンディヤックの本を読んだ。コンディヤックはピネルだけでなく、当時のほとんどのフランスの思想家に影響をあたえていた。だからイタールが野生児を見に来た時も、彼は、コンディヤックの言う立像がそこにあるものと予想してきた——あるいは少なくとも、立像に相当する何かがあり、それは長引いた孤絶のため、社会性、言語、判断力等々といったものを剥ぎ取られ、「tabula rasa」〔訳注7〕の状態に置かれているものであり、そこから人間性の根本思想が新たに書き換えられるだろう、と。しかし彼が見たのは、檻に入れられた動物、汚れた裸の浮浪児であり、それは縮こまって、窓の外かイタールをぼんやりと眺めていた。
イタールは額にしわを寄せて屋根裏部屋からおりてきた。少年はただ、そうあらねばならない状態にいるのだと、イタールは考えた。赤ん坊の時以来、人間という同種族の者から分け隔てられてきた若者に何が望めるだろうか、と彼は反語的に自問した。「彼の知性は、彼のほんの少しの必要性に関わってしか育たなかっただろう」と、イタールは後に書いている。「孤独の状態にあり、単純なものであれ複雑なものであれ、思考というものが彼には欠けていただろう。我々は、そうした思考を教育を通して受け取り、またその受け取った思考は、言葉の助けを借りて、互いに結びついたものになっていく」

自然主義者のピエール‐ジョゼフ・ボナテールは、アヴェロンの野生児を調べ、その報告を、シカールの教育であれば必ず成果が期待できるという言葉で結んだ。「こうした分野での教育で奇跡を成し遂げた哲学、教育者の力により……彼はいつかマシューのライバルになるだろう」と。ところが、「自然の中で他者から切り離され、他者と関わることが不可能で呆然《ぼうぜん》とした状態に置かれている」という、まさにシカールの想像の中で描写される、教育を受ける前のろう者そのものの子どもを前にして、実際にシカールはなす術《すべ》がなかった。野生児は、手なずけやすい都会の子ども、ろうであっても手話に長けて、理解力を持ち、至高の存在を、あるいは深遠なシカールの形而上学の神秘を授けられるような子どもではなかった。だからシカールは、ピネルの診察結果をイタールの見解よりも妥当であると考えた。当代一の精神科医は少年を診察し、彼は自然の中に取り残されたため知的に遅滞したのではなく、知的に遅滞していたので自然の中に取り残されたのだと結論した。それでも、とシカールは考えた。それでも、もしイタールが、自ら責任をもって野生児をマシューのようにしたいと望んで試みるのならば、と。……一八〇〇年が終わろうとする日、イタールはシカールの提案を受け入れた。シカールは学院内で最も高い給料で、下宿代食事代も取らず、彼を住み込みの医師として雇い入れた。

新世紀が始まると、イタールは仕事に取りかかった。「あえて告白すると、私は二つの大きな仕事を引き受け、それに取りかかった」と彼は書いている。第一は、「人間が自然に持っている知識や考えのうち、教育によるものがどのくらいを占めているか。野生児に欠けているものを調べることによってそれを推定すること」。実際イタールとボナテールの報告は、少年が社会性を獲得する過程がなかったがゆえに、感覚的、および知的な技術が欠けているという豊富な例を提出している。少年は、すべての知識は経験からくるというコンディヤックの中心的な考えの生きる証拠であり、ルソーの「高貴な野蛮人」としての自然人という概念の反証のように見えた。初めのうちヴィクトール――とイタールは名づけた――は、とても寒い日でも服を着るのを拒んだ。火に手を入れるのに躊躇しなかった。描かれたものにも三次元のものにも鏡に映るものにも手を伸ばした。くしゃみをせず泣かなかった。大きな音に反応しなかった。食べられるかどうかを目でなく鼻で判別した。感情のやりとりや性的徴候がなかった。物事を伝達しなかった等々。イタールは、感受性は文明化に比例すると結論を出した。

イタールの二つ目の大きな仕事は、「少年を身体的、道徳的に伸ばしていくために、現在の彼の知識……の供給源を目の前に持ってくること」であった。これは、コンディヤックの理論の実験的証明になる。

イタールは、彼の訓練の計画に五つの目標を置き、それに沿ってヴィクトールについての最初の報告を作った。

一、彼に、以前よりも快適な社会生活を提供することにより、社会生活に興味を持たせる。
二、彼の神経の感受性を目覚めさせる。
三、新たな必要性を作り、また社会的なふれあいを増やすことで、彼の思考の幅を広げる。
四、物まねをすることで、彼の発話を促す(イタールは、この生徒はろうではないと確信していた。彼が木の実を割る音には反応しても職員の問いかけに反応しないのは、前者は彼にとって重要だが、後者はそうではないということである)。
五、彼に簡単な知的訓練をおこなわせる。

この五つである。ヴィクトールに発話させ、話を理解させるためにイタールが考えだした方法を、彼は後に半ろう〔訳注8〕の生徒に対してもおこなうようになった。そして彼の弟子のエドゥアール・セガンは、すぐにそれを知的障害者に対して応用した。その試みはより適切なものであり、全ヨーロッパを驚かすものとなった。

ヴィクトールの社会生活は、サン-セルナン村でつかまって以来ずっと緊張を強いられるものだったが、緊張感をやわらげるために、イタールは彼を、サン-ジャックの自分の部屋に連れてきて、彼の世話のためにゲラン夫人を家政婦として雇った。ろう生徒が住む寄宿舎とはまったく違う、広々として美しく飾られた一画を、ヴィクトールは自由に歩き回った。

イタールにあたえられた一揃いの部屋のうち、一等室はゲラン夫人が使用し、絵の描かれたベッド、堂々とした肘掛け椅子、クルミ材の机が置かれ、マントルピースには銀のろうそく立て、壁には額付きの複製画が飾られていた。ドアの向こうは小さな台所、もう一つのドアの向こうがヴィクトールの部屋で、まばらに家具が置かれ、彼はその部屋を几帳面にきれいにしていた。家庭用の食堂があり、ブナ材の机と籐とサクラ材でできた四脚の椅子があった。少年はそこでゲラン夫人たちと、時々はイタールと一緒に食事をした。ゲラン夫人は彼を親切に扱い、「まったく母親の辛抱と賢明な教師の知性」をもって、彼の好みや傾向に合わせた。彼は夕暮れとともに寝かしつけられ、好みの食べ物をもらい、怠惰を許され、しばしば散歩をした。

少年の「神経の感受性を、とても強い刺激によって」呼び起こすために、イタールは、毎日かなり熱いお風呂に二−三時間少年を入れ、服も着せて、ベッドを用意し、家を温かくした。イタールはまた、粉の塗り薬を少年の背中と腰に塗った（腰の部分は、彼を身体的精神的に興奮させることがわかってすぐにやめた）。喜びあり、怒りありの三ヵ月のこの治療で、結果として「すべての感覚で、一般的な興奮」が見られるようになった。少年は指で湯温を確かめ、冷たい時は入ることを拒んだ。ジャガイモを火の上からスプーンで動かし、指で火の通りを確かめた。燃えている紙は、火が手に届く前に落とした。ビロードをさするのを好んだ。

イタールの三つ目の目標はうまくいかなかった。彼は、野生児が新しく必要と感じるものを作ろうとした。しかし野生児は、おもちゃ、お菓子、我々が好む食物や飲料水のほとんどにまったく関心を示さなかった。彼が関心を示したのは自由だった。田舎に連れて行かれれば逃亡しようとした。そこで教師は、彼が外へ出るのは学校の庭に限定した。

ヴィクトールが聞こえるのに話せないということは、我々生徒には不思議なことだった。というのは、我々はこの二つの能力は並行してあると理解しているからで、マシューは、ヴィクトールが話せないのは、森でずっと一人でいた間に、どう話すかを忘れてしまったからだと考えた。私が思うに、同じ考えを、イタールは「身体の器官は、まったく使わなければ、本来の機能を果たせなくなる」と書いている。ヴィクトールが通常の方法で発語を獲得することはたいへん困難に思えたが、イタールは通常とは違うやり方、特に真似をさせることで、発語の力を育てることができると考えた。彼は最初の目標として、水に対して eau[*1] という言葉を選んだ。なぜなら少年は聞こえるし、この単純な音を発することができた。また彼は、水を好んで飲んだからである。しかし、「喉が非常に渇いた時でさえ、何度も eau、eau と叫びながら水の入ったコップを彼の前に示してもうまくいかなかった。eau と言った隣の人にコップを渡し、次に私が同じことをしてコップを返してもらっても、かわいそうなこの子は、ただ苦しむだけでシッシッと不満の音を出したが、何の言葉も発しなかった」。水を牛乳に変え、言葉を lait[*2] にしたが、結果は同じだった。

ところが、イタールの努力は四日後にむくわれた。ヴィクトールはlaitと発音した。「はっきりと、しかしかなり乱暴に発音したのだ。そして彼は、すぐに繰り返した」。イタールの報告によれば少年は、ゲラン夫人の口癖である「おや、まあ」〈O Dieu!〉も口真似をし、彼女の十二歳の娘ジュリーが近くにいると、「リ、リ」と言うようになった。こうした良い兆候もあったが、もし仮に、ヴィクトールが口真似でフランス語を覚えていくとしたら、この進度だとかなりの年月がかかることになるのは明らかだった。

名をあげるイタール

イタールはここで、彼の初期教育の最後の目標に取りかかった。少なくともある種の、本質的な高度の知的な訓練であり、それはヴィクトールが、いろいろな部門の知識をより規則的に学ぶための準備の意味もあった。コンディヤックがパルマの王子とおこなったように、彼は概念を口頭で、対話の形式によって教えていきたかったのかもしれない。しかしこの時まで、ヴィクトールはろうあ者のようであり、我々と区別がつかなかった。そこでイタールは、シカールの指導法を採用し、最初に身の周りの物に名前を書いて教えることから始めた。出だしの所で何度も失敗し、暗礁に乗り上げ、絶望し、脅しや呪いの文句も飛び出し、策謀と言ってもいいやり方もあって、ヴィクトールは、イタールが作った金属の文字を選り分け、いくつかの簡単な言葉を作れるようになった。そして牛乳がほしい時に、laitと字を並べることさえできた。

数年間の教師と生徒の疲れを知らぬ努力の後、ド・ジェランドは以下のような報告を出せるに至った。「非常に短い時間で、市民イタールは驚くべき成果を上げた。……毎日少年は、何かの新しい表現を覚えた。確かに彼にとって、手近に必要なものばかりではあった。しかし一人の哲学者が、彼に教えることが許されるのはこうした言葉だけだった。とうとうここで、彼は我々と伝え合えるだけでなく、我々の便利な記号である文字も獲得した。……イタールは、彼と我々の社会とを隔てていた障壁を打ち破った。我々は今共通の地平にいる」

ヴィクトールに対するイタールのこの初期の仕事は、彼を有名にした。イタールは市の中心街に診療所を開いた。ロシア大使が皇帝の名前入りの指輪を彼に送り、彼の仕事をセント・ペテルブルグでおこなうよう勧誘したが、うまくいかなかった。ちょうど三十年前、ヨーゼフ二世がド・レペをウィーンに招きいれようとしたのと同じだった。

ヴィクトールの訓練の次の段階、それにはまた四年半かかったが、そこでイタールは、少年の感覚、知性、そして感情をさらに伸ばすことを目指した。これまでは、ヴィクトールの全体的なリハビリテーションの一部として、まず彼が聴覚を通して、感受性と識別力を獲得し、それを伸ばしていく過程を観察することで満足していた。ここでイタールは、アルファベットの文字の視覚的区別を教えたように、次第に認知のレベルを高めていくような、聴覚訓練を試みた。イタールとヴィクトールが、同じ太鼓、鐘、シャベルと棒を持った。教師が太鼓をたたいた。ヴィクトールもたたいた。次に少年は目隠しをされた。教師が輪、太鼓の縁、あるいは太鼓本体をたたくと、生徒もその通りにした。教師が時計の鐘や火掻きシャベルをたたくと、生徒も同じようにした。

少しずつ母音の識別に近づかせるため、イタールは次に管楽器、その次にさまざまな抑揚の声を試した。ヴィクトールは、音を真似ることはもう要求されず、音を聞いた時に手を上げるだけでよかった。生徒はすぐに理解し、教師も生徒もともに喜んだ。イタールは次に「五母音」に取りかかった。

Aは親指、Eは人差し指等々と決め、ヴィクトールは教師が発音した母音に対応する指を上げることになった。イタールは、ヴィクトールが最初にはっきり聞き分けた母音はOだと報告している。次にはAが、他と区別しやすく、つかめていったようである。残りの三音はずっと手に負えなかった。目隠しを外し、また目隠しをつけ、間違った時は少年の指を打ち、執拗に練習を続け、あるいは逆に時間を空け——しかし、どのような方法も役に立たなかった。生徒は粗暴になっていき、教師は失望した。「私はこの子と知り合ったことをどんなに後悔したか、また何も知らず幸せだった生活から、最初に彼を引き剥がした人々の、不毛で非人間的な好奇心を、私はどんなにか非難したことか！」

「しかし、こうして続けた聴覚に関する実験は、まったく無駄だったわけではない。ヴィクトールはそのおかげで、いくつかの一音節の言葉をはっきり聞きとるようになったし、何よりも非難、怒り、悲しみ、侮蔑、友情等の言葉を抑揚をつけて表現した時、気持ちを表情や自然な身ぶりで一緒に表さなくても、聞き分けられるようになった」

他の感覚に関して言うと、ヴィクトールは、見て文字を見分けること、（目隠しをして）触って形を知ること、そして、味で食べ物を判別することを練習した。イタールの部屋で宝探しの遊びをしながら、そこに書いてある名前を学ぶことで、物の名前の知識を増やし、次にその特性を教えた。例えば、「小さな」本をとってくるとか、「大きな」釘を等々といったやり方である。その次は動詞。イタールは黒板に「鍵を触る」と書き、ヴィクトールが鍵を触った。「コップを切る」とイタールは間違った組み合わせで書く。

少年は素早くコップを床にたたきつけた。ヴィクトールが文を理解し、文を作るようになるにつれ、金属の文字板を寄せ集めて言葉を作る方法は手に余るようになったので、イタールはチョークで文字を書くことを教えた。

ヴィクトールは、話し言葉を耳で聞き分けることについて何の才能も見せなかったが、イタールは依然として、ろう者のために考えられた方法で、彼に話し言葉を教えたいと考えていた。彼はボネートとアンマンの本のシカールの写しを借り、ド・レペの発語についての論文を読んで仕事に取りかかった。書くことを覚える練習でも最初、イタールはヴィクトールに彼の動きを真似させていた。そこで発音も、同じ方法で教えようと考えた。最初にいかめしい表情から始めた。教師と生徒が向き合って座り、しかめ面をしたり、舌を突き出したり、顎をガクッと下げたりすることになったが、それは昔、私がマルギャロン神父とやったのと同じだった。しかしイタールは、「この長く続いた訓練から得ることができたのは、形を成していない単音節の数語であり、それが時には金切り声で、時には野太い声で発音された」という結論に達した。結局イタールはこの方法での訓練を放棄し、ヴィクトールは話せないままだった。

野生児教育の限界と挫折

私にとってイタールが許せないのは、ヴィクトールの話し言葉の回復にこだわり、それ以外で唯一の容易な伝達手段を、それ以外で唯一の（母親から子どもに伝えられる）人にとっての自然な言語である手話にふれる機会を、ヴィクトールにあたえなかったことだ。若者を社会復帰させるために、イタールは彼に社会で生きるための本質的な技術をあたえる義務を背負った――その技術とは会話し伝え合う技術である。イタール自身も聴者であるから、彼を話し言葉の世界に復帰させようとしたことは理解できる。しかし、それが不可能との結論に達した時、ろう者の社会からもヴィクトールを締めだしてしまったのは、許しがたいことだった。この点で、イタールはろうの子どもを持つ健聴の親に似ている。口で会話する自分たちの世界に入ることができないことで、彼らは子どもにたいへん辛く当たり、子どもがろう者の社会と交わることを許そうとしない。その時ヴィクトールと同じように、ろうの子どもたちは、生活で必要なものを彼らの生活の管理者に身ぶりで示すだけの世界に押しこめられる。その精神はしぼみ、死んでいく。

ヴィクトールに手話を覚えさせるために、イタールに特に努力が必要だったわけではない。結局少年は手話社会の真ん中で生活していた。だから私と同じように、彼はフランス手話を獲得したかもしれない。もし彼が何かを伝達する時、身ぶりを好むならよけいに。しかしヴィクトールは、我々と関わることを禁止され、イタールの部屋に閉じこめられていた――イタールの訓練とイタールの生活の場面に。

社会的経験やコミュニケーションもない中で、どうやってヴィクトールは人々と一緒にいること、遊び、働くことを学べるだろうか、どうやって、彼の感情を鍛え磨くことができるだろうか？　彼はできなかった。ヴィクトールはいつも、他人と一緒にいるより開けた土地を好んだ。ある晩彼は、彼の牢獄から庭に逃げ出し、泉の水をはね散らしながら月に向かって叫び、職員の半分を目覚めさせた。また別の時、ヴィクトールとイタールは、当時の大きなサロンの一つを主宰していたレカミエール夫人の邸宅に招かれた。イギリス国会の議員、フランス政府の人間、役者、詩人、科学者、将来の王といった人たちが晩餐のために集まっていた。ヴィクトールは女主人の隣にいて、いかにも自然児でさえ、彼女の美しさには目がくらんでしまうといった様子だった。教育が十分に進んだ彼は服を着て、自分の場所に控え、応対されるのを待っていた。しかし、人々がヴォルテールの無神論についての議論に熱中しているすきに、手づかみで食事をガツガツととると、部屋を逃げ出し、服を引き裂き、木に登り、素っ裸で、邸宅に面した街路樹を端から端まで、一つの木から次の木へと飛び移っていった。女性はあっけにとられ、団扇《うちわ》で自分をあおぎ、男性は皆、木から降りるように叫んだ。庭師が果物でヴィクトールの気を引いて、彼をおろした。社会は自然よりも人に優しいという証拠を、ルソーが生きて見ることがなかったことを誰かが嘆いた。

少年に進歩がないことに失望し、イタールが彼と過ごす時間がどんどん少なくなっていった。一八一〇年に至り、とうとうド・ジェランドは少年がいなくなったほうがいいと考えた。内閣はゲラン夫人に一年に一五〇フランを払い、彼を彼女の家に住まわせるようにした。彼女の家は学校から通りを下った所にあった。一八一七年に人間観察家協会の会員がそこを訪れた時、少年は「過去になされたすべての努力にかかわらず、恐ろしいほどに半ば野生で、いまだ話すことができない」状態だった。一八二八年、アヴェロンのヴィクトールはその家で四十代で亡くなった。

ろう者の「治療」が始まる

野生児を手なずけ教えていた年月、イタールは学校の住み込みの医者だったが、我々に接する時間はあまり残っていなかった。しかし学友の中で、二人が病気のために亡くなり、三人が事故で命を落とした。その時には、いやおうなく彼に、遺体の耳を調べる機会ができた。「何も新しいことはわからなかった」と、イタールは書いている。「ただ古くから言われているように、ろう者の耳には目に見える傷はなかった」。さて野生児から解放され、彼は自らの医学的実験に集中することができた。なんらかの傷がろうの原因になるというような情報はまったくなく、彼は治療に対する合理的な指針を持っていなかった。しかし、前に進んでいくのが当然のことと思っていた。彼は何人かの生徒の耳に電気を当てることから始めた。なぜならイタリアの外科医が、充電した金属を当てることでカエルの足が収縮するのを発見したからであった。イタールは聴覚器官の麻痺と手足の麻痺とは、何かの類似性があると考えた。彼はまた、局部的な瀉血《しゃけつ》〔訳注9〕が何かの助けになるかもしれないと考え、何人かの生徒の首に蛭《ひる》をくっつけた。六人の生徒は鼓膜に穴を開けられた。しかしこの手術は、痛々しく、成果もなく、彼はやめた。しかしやめるのが間に合わず、クリスティアン・ディーツはこの手術の後に亡くなった。彼の耳からは何かの異質物が出て、伝えられるところでは少しの聴覚と、それに伴って少しの発語を回復したらしい。そこでイタールは、ろう者の耳は麻痺しているというより、何かでふさがれているものと考えるようになった。

ヴェルサイユの郵便局長のギュイヨ氏が、自分の喉から耳につながっている耳管に探針を差し入れ、リンパ管からの排出物を取り除くことで聴力を回復したという話が広まっていた。その方法は外科医によって広く試され、実行できないし効果もないと見捨てられた。イタールはそれを改良し、木工工房で働く生徒に作らせた。例えば被験者が激しく動いても、探針が動かないように固定する金属のヘアバンドが作られた。そして十一ヵ月にわたって、一二〇人の生徒のうち、どうしても従わなかった約二〇人強を除いた生徒が治療を受けさせられた。それを説明するとこのようなことだ。バンドが私の額に巻かれ、そこから私の口の前に留め金がぶら下がる。長い銀の探針が、鼻から差し入れられ、それが前後に曲がりくねりながら耳管に達する。それはひどく痛くて、正直私は泣いてしまった。探針の逆の端には注射針がついていて、その針は、洗浄液の入っている底の柔らかい容器に浸されていた。その液体が頭の中に流れこんできた時、私はめまいがして吐き気を催した。数分後に探針は抜き取られ、私はお役御免になった。この間ずっとイタールは、私に一言の言葉もかけなかった。手話を知らなかったからだ。こうした何回かの治療の後――八回だった――私は頭痛とめまいが起こり、熱を出した。私の友人のベルティエは耳の炎症がひどくなり膿が出たが、それはイタールの喜ぶこととなった。何ができたのか？いや、まったく何も。恩恵をもらった生徒は一人もいなかった。そうしたこととは関係なく、イタールは耳にカテーテルを入れる世界的な権威となり、そのことでいくつもの記事を発表した。痛みを運んだ銀の槍は、今も彼の名を冠して「イタールの探針」と呼ばれている。

イタールが、ベルティエの膿を喜んだのはこういうことだった。つまり自称自然主義者の博士メール氏は、ボルドー校の二六人の生徒全員にある治療をおこない、そのうちの二人が、最初にひどい痛みを感じ耳から液体が流れ出て、そして治ったと伝えられていたからである。イタールは急いでこの発明者に手紙を書き、秘密の醸造液を大量に手に入れ、それを一〇人ほどの生徒の耳に投与してみたが、効果はなかった。博士はイタールからの苦情に答え、薬はそのまま置いておくと効果がなくなると言った。イタールはその調合法を買い取り、自分で用意したいと申し出たが、発明者は、政府だけが買い取れるような高額になると断った。しかし、メール氏はほどなく亡くなり、イタールは彼の妻から処方を手に入れた。野生のショウガ八グラム、フランス南東部のプロヴァンス地方のバラ一つまみ、野生のワサビダイコン四グラム、アッケシソウ一つまみ、それを白ワインに入れ半分ほどに煮詰める、そこに海の塩を八グラム。彼はこの調合薬を自分で用意し、生まれつきのろうではないすべての生徒の耳に注いだ、一日に数滴を二週間――そして効果はなかった。

彼よりも謙虚な人間であれば、この時点で、我々の理事会の一員であるノアイユ公爵にならってこう言ったかもしれない。「あなたはろう者の耳の障害を取り除こうとしたが、神はそれを望まなかった」と。イタールは、こうした方法がすべて失敗しても、そんなことは言わなかった。そして、より過激な方法が試された。クローデュ・フォレスティエが十三歳の少年だった時、彼は日々の清めの儀式に従わされ、耳の外側を包帯で巻かれた。包帯は水ぶくれを起こす薬剤に浸してあった。水ぶくれがかさぶたになると、イタールは再び包帯で巻き、また水ぶくれを作った。イタールはこれを繰り返し、そしてフォレスティエの耳の後ろに苛性ソーダを塗った。こうしたことは全部役に立たなかった。フォレスティエ同様、この処置が試みられた他の三〇人の生徒にも何の効き目もなかった。

イタールはこの方法に絶望し、次は試しに耳の後ろの部分を金槌でたたき、数名の生徒の頭蓋骨を割った。また一〇名ほどの生徒に対し、耳の後ろに白熱させた金属片をあてがい、一週間膿とかさぶたを作った。さらに、イタールは他の治療法も試みた。悪い体液を出すための針を糸につけ、その糸を首に刺し通した。そのため化膿した傷ができたが、それが「汚れた体液」が吸い上げられた結果とされたようである。数人の生徒はもぐさの使用によってひどい傷を負った。もぐさとは、古い中国の治療法で、首の後ろから顎にかけての部分にヨモギの乾燥した葉を入れた筒をあてがい燃やすものである。もぐさは痛みがひどく効果もないことから、イタールが医学生だった時に廃れていた。しかしナポレオンの軍医が、最近この方法で聴覚障害を治したという報告があり、イタールは急き立てられるように、一〇人ほどの私の学友に試した。

これらの試みは、すべてみじめな失敗に終わった。「医学は死んだ人に対しては効果がない」というのがイタールの結論だった。「そして、私が関わった限りでは、ろう者の耳は死んでいた。そこに科学は入っていけなかった」。我々を犠牲にしたイタールのこの結論を賞賛する人は——疑いもなく聴者で——多分いるだろう。私からすればそれは、常軌を逸した力の濫用のように思える。その治療はあまりに危険で高くつき、しかしあまりに恩恵のないものだった。あきらかに、我々は、イタールの兄弟ではなく、彼にとっての生きた実験材料だった。住みこみの医師として彼を継いだプロスペル・メニエールはそれを率直に言った。「ろう者は、すべての面で我々と対等と思っている。我々は優しくあるべきで、その幻想を壊すべきではない。しかしどう彼らが信じようと、ろうは欠陥であり、ろう者がそれで困っていようがいまいが、修復されなければならない」

ろう者への無理解

このような考え方が、モラルに反し、危険であることを、わざわざ言わなくてもよい日は、いつか来るのだろうか？ ならば、聞いてほしい。ろう者は誰とでも対等な人であり（たぶんある聴者よりはまっとうである。なぜならその人の意思に関係なく、手術と称して聴者の耳を取りだしてしまうろう者はいないからである）、ろうであることは、ある者には欠陥であるが、ある者にとっては力の源であり、大部分の者にとっては、ごくふつうに生きている状態である。

私は、今ある私である。私はやらねばならないと思った事柄をおこなってきた。私は、他の誰か、他の何かになりたいとは思わないし、思ったこともない。だから、私はまったく特別ではない。もちろん聞こえないことを、欠陥であるとか不幸であるととらえている人々もいる。大きくなってから聴力を失った人たちに、よく見られるとらえ方である。彼らが苦痛なのは、音を聞くことができないこと以上に、その意志や習慣に反して、自己の生活を変えなければならないからである。アメリカに住むことを強いられたフランス人に同じような苦痛を見たことがある。彼が慈《いつく》しんできた言葉はアメリカでは使えなくなり、別の言葉を学ばねばならなかった。しかし神は、人を順応性のあるものにお作りになった。大多数の者は美しく変身できる。

イギリスの聖書注釈者のジョン・キットは十二歳の時に聴力を失ったが、自分の聴力回復のためにされたことを次のように語っている。「人々は私の痛めつけられた耳に、冷たいものや熱いもの、さまざまな液を注ぎこんだ。瀉血し、水ぶくれを作り、蛭をくっつけて血を吸い取り、下剤を飲ませ、あげくの果てに悪い症例として放棄した。……私は何の慰めも求めなかった。聞こえないことは、私の習慣、私の身体的特性になっていた。私は黙ってそれに従うこと、それに従って生活習慣を作ることを学んだ。私は音声のない世界とつながっていることに、何の悔いもない」

マシューは、このような考え方をイタールに説明しようとした（イタールは手話を知らなかったので、もちろん筆談で、である）。

イタール「ろうであることは病だ、もし今、君がそれとうまくやっているとしても、過去に自分からろう者になろうとはしなかったはずだ」

マシュー「その理屈で言うなら、貧困も病ということになります。実際音がなくても、財産がないのと同じようにうまくやっていけるでしょう、社会がそれを不名誉とか脅威と考えるのではなく、ろうの子どもと貧しい子どもに教育の権利をあたえ、成長の機会をあたえさえすればです」

イタール「しかしろうであることは、教育を受けること、社会に入ることの障害になっている」

マシュー「手話を使おうとしないことが、教育を受けるにあたっての障害です。そして常にろう者の社会があります」

議論がかみ合うことはありえなかった。彼らが分かちあっている言葉（フランス語の書き言葉）は、二人の人間が会話しているという幻想を作り出すだけだった。マシューは聞こえるとはどういうことなのか、聞こえないことを恐れるとはどういうことなのかを、思い浮かべることができなかった。また、イタールは、ろうであるとはどういうことなのか、聞こえる世界を恐れるとはどういうことなのかを、思い浮かべることができなかった。

約十年後、当時の主要な医学事典にろうについて書くよう依頼された時、イタールは「表面は文明化された、しかし、中身は野蛮人のように粗野で無知な人間である。実際野蛮人のほうが、もし言葉を持っているなら、限界はあるにせよ勝っているだろう」という解説を書いた。

一八二一年に出版された『耳の病気に関する論文』は、長い年月をかけた、イタールのこの分野についての最初で最後の論述になるが、医学事典でも、この論文でも我々ろう者は知的な面と同様、感情的な面も原始的であると述べている。イタールは「ろう者は無感動である」と言う（この中傷に対し、私は抑えがたい怒りを感じてしまう）。「ろう者は野蛮人のように信じこみやすく、かわいそうな子どもたちの、医者に対する信頼は限りないものであり、たいへん重い病気の時であっても、医者の私を見ると健康で元気な顔になる」と彼は言う。

「ろう者は、教育を受ける前は人を愛することができず、教育を受けてからも深く愛することはできない。あるいは、感謝の気持ちを持つことができない」と言う。

「彼らがいかにシカールを愛していないかを見よ」と彼は書いている。

この寂しい独身の男は、ろう者がいかにイタールを愛していないかを見よ、と言いたいのではないかと思う。

「ろう者は他の人より感受性が鈍い」とイタールは言う。「ろう者は手術の痛みを静かに受け入れ、下剤のような薬を多用しても反応しない。ろう者は友人をほとんど持たない。ろう者は悲しみや憂鬱を感じられない」（こうしたイタールのすべての意見に、私は非常に悲しく憂鬱になってしまう）。

耳の訓練から発話指導へ

イタールはろう者のことを何もわかっていない。なぜなら彼は、我々の中で暮らしていたといっても、実際はそうではなかったからだ。無理解の中で彼は、ろう者は「恐ろしいほどの困難」を抱えていて、もしそれを医学で解決できないのならば、訓練で克服できるはずだと信じていた。一人で生きてきて、長らく使われることがなかったヴィクトールの感覚器官を訓練するために進めた方法が、ずっと使われることなく機能しないままの難聴者の感覚器官にうまく役立てられるかもしれない、と。

これまでイタールは、ろう者を聴者に変えるのに二つの方法しか考えず、いずれも失敗した。一つ目は医学だった。二つ目は発話の訓練であり、それは「常に痛々しく、遅く、不完全であり、有効な結果を何ももたらさなかった。……この方法ではろう者は、知識を増やし、発展させ、明確なものにしていくことはできない。ろう者は教育から影響を受けず、いまだろうあのままである」。しかし、イタールは発話を回復させるための第三の方法を見つけた――それは、ろう者の耳の訓練を通して聴力を回復する方法である。聴力が回復すれば、発話は当然回復するものと彼は思っていた。実際生まれついての盲の人の白内障を取り除くと、その人は何の訓練もなしに数週間で、形、色、深さが見えるようになったではないか？[*3] 同様にフランス北西部シャルトルのろうの少年は突然聞こえるようになった時、[*4] すぐに自分自身で発話を獲得したではないか？

彼以前にろう者に発話を教えようとした者すべてと同じく、イタールは恩恵を受け入れやすい生徒ほんの数名を選び、その教育に長い時間を費やした。学校で、母音といくつかの子音を聞き分けられるが、それ以上は難しいという生徒は一〇パーセント程度だったが、彼はさらにその中から六人の生徒を選んだ。イタールは、生徒たちが音に素早く確実に気づく力を向上させることから始めた。最初に彼は教会の鐘を教室に置き、少しずつ音を弱めていき、聞こえたら答えるように生徒に教えた。たたくものを変えて音を弱めたり、生徒の座る場所を音源から離していったりした。次にイタールは、よく響く時計の鐘を使い、長い廊下に生徒を一列に並べた。彼は徐々に音源を離していき、生徒それぞれが聞こえなくなった時点で壁に印をつけた。この方法で、生徒たちの相互の聴力の順位と日々の進歩を記録した。

リズムに関して別の一連の訓練があった。イタールは、ヴィクトールの時の太鼓を引っ張り出し、生徒のために簡単な行進曲のリズムをいくつかたたいた。「うまくたたけない時も多かった」と、彼は謙遜して語っている（彼の選択は明らかに良いものだった。生徒たちは教室で彼が来るのを待つ間に太鼓をたたくのに没頭したと彼は報告している）。言葉を聞いての識別に進むために、イタールは次に生徒に、フルートの高い音と低い音の区別を教えた。生徒たちは音階のレとラを区別できるまでになったが、母音の区別はできないままだった。教師は「五母音」を黒板に書いてから生徒たちの後ろに回り、母音のどれかを発音し、生徒は対応する字を指さした。練習していくと、生徒たちはそれができるようになった。

子音の区別は、母音よりはるかに難しいことがわかった。さまざまな工夫が必要で、生徒一人一人に合わせてやり方を考えなければならなかった、とイタールは率直に言っている。この必要性から、彼は教えるグループを六人から三人にし、毎日個々に一時間の訓練をした。一年後、あるいは、一〇〇〇時間の訓練の後、イタールの難聴生徒は、単純なものであれば、さまざまな言葉の母音と子音すべてを確実にとらえられるようになり、最もできる生徒は、直接ゆっくりと話されたならその文を理解することができた。しかしある種の混乱は残ったし、何より失望したのは、生徒たちはこうした訓練の後も、以前より上手に発話するようにはならなかった。彼らがはっきりと聞き分けた言葉でも、はっきりと発語できない音がいくつもあった。イタールはそれをヴィクトールの場合と同じ原因に帰した。模倣する力は年齢とともに衰えていき、長い間使われなかった発語器官は、ちょうど耳の場合と同じように、生理学的訓練が必要だ、と。

イタールは、ついにみずから直接、発語指導に乗り出すことになった。どの発音から教えていくか、彼は注意深く進め方を考えた。対照的なものから似ているものへ、簡単に発語できるものから難しいものへ、単純なものから複雑なものへ。さらに彼は視覚と触覚も利用し、彼自身も言っているように、ボネート、ウォリス、アンマンの発語指導の伝統の中で、ペレイラが開拓し中断した仕事を引き継いだ。

すぐに彼の生徒たちは、単語や簡単な文が、程度の差はあるが、明瞭に読めるようになり、一八〇八年、イタールは生徒たちをパリ大学の医学部に連れていき、生徒たちの発表に対して大きな賞賛を受けた。しかし生徒たちが自分からは話そうとせず、あるいは、彼から見て理解していると思われる質問にすら十分に答えられなかったのを見て、イタールはうろたえた。彼の努力にかかわらず、彼が教育を始めた時と同じく、生徒たちは口話法では教育されていなかったし、教育され得なかった。なぜなら、彼らが発話を使うことはほとんどなかったし、周りで言われていることがわからないだけでなく、彼らに言われたことでも、直接に、大きな声で、ゆっくりと言ってもらわなければ聞きとることはできなかったからである。

ヴィクトールへの言葉の訓練、そしてろう者に対する医学的な処置に続いての、この失敗の原因はどこにあるのか？　無分別に仕事を引き受けてしまったからなのか？　方法が適切でなかったのか？　生徒の選び方に問題があったのか？　イタールの目にはそうしたことは入ってこなかった。以前からの多くの口話主義者と同じく、彼は失敗の責任を、ろう者の言葉つまり手話のせいであると考えた。ろう者はその言葉に、わけのわからない愛着を抱いている、とイタールは言った。そして許されるなら、聴者の言葉よりもそれを好み、常に使うだろう。手話が許されるなら、発話はほとんどなくなるだろう。そのような時にろう者が発話を強制されるなら、外国語を苦労しながら学んでいる者がしているのと同じことをするだろう。自分の言葉で文を作り、それから、ゆっくりと外国語に移していく。生徒が質問に対して、つまりながらも答える前に、彼らが指で答えを作るのもこれと同じ理由によるものである。

この生徒たちはほとんど聞こえると言ってもいい生徒たちで、そんな彼らにとっても、フランス語は外国語だったというのも興味深い。生まれついての難聴なら、たとえ母親の胸の中にいる時に示された言葉ではあっても、それは最初から外国語なのである。もし後から難聴になった場合でも、急速にそうなっていく。どちらの場合も、思考はまず手に湧き出て、唇には出てこない。このような理由から、失聴の状態はどうであっても、ほとんどすべてのろう者にとって、手話は第一言語であると我々は言うのである。ド・

レペとシカールは、それをろう者の「自然言語」と呼んだ。しかしイタールは、自然の声が聞けず、というより自然の手が読み取れず、たいへん違った結論に到達してしまった。ヴィクトールにしたように、生徒たちを他の者から切り離さなければならないとイタールは考えた。それに加えて彼ら同士で手話をすることを禁止できたなら、その時には、「彼らに必要なことや考えたことを表現する時、彼らにはまったく他に手段はなく、音声言語に頼らざるを得なくなるだろう」。

イタールの転向

ジャン＝マルク・イタールはろう者の医者であり、ド・レペの作った施設の中で四十年間ろう者の中にいながら、手話を学ばなかった。イタールは教師であり、口がきけずに身ぶりをしていた野生児を四年間他者から切り離し、手話を学ばせようとしなかった。イタールは口話教育の創設者であり、生徒たちに三年間聴力と発話を訓練し、教育に手話を使うことはなかった。イタールは頑な口話主義者であり、自分が生徒たちを他者から切り離す権威を持っていないために、その発話力が高まらないと嘆いた。

そのようなジャン＝マルク・イタールが、最終的に口話主義陣営からの背教者になったということは、なんと大きな意味を持つことだろうか。彼は、まったく聞こえない子どもの教育と同じく、難聴の子どもの教育も手話で――絶対に――おこなわれるべきであると信じるようになった。その他の方法では彼らの全面的な発達は望めないと、仕事を始めてから十六年後の『論文』の中で、彼は書いた。その他の方法では、健聴の子どもを音声で教育するのと同じ効果を期待することはできない。他の方法では、生徒と教師の間、あるいは生徒たち同士の間に、手話がもたらすような十分で、容易で、継続的なコミュニケーションを作り出すことはできない。

何が、ろう者の言葉に対する考えの一八〇度の転向を引き起こしたのか？　イタールからその科学的根拠を話してもらおうと思う。ただ、彼が明かそうとしない個人的な理由がある。彼の生徒ウジェーヌ・アリベールである。ろう者に対する偉大な健聴の教育者はみな、あるろう者との出会いを持っている。ペレイラがサブルーと出会い、シカールがマシューと出会い、ギャローデットが私と出会ったように、イタールはアリベールと出会い、彼に導かれた。彼らは妙な組み合わせだった。孤独で、質素で、寡黙な独り者と、陽気でおしゃべりな少年。アリベールは健聴の里親のもとで育った。イタールの生理学的訓練を受けた他の生徒たちは、学校の手話社会で生活してきていた。そこで、彼の進歩と他の生徒の進歩の比較は一つの実験となり、一八〇八年に医学アカデミーはその評価結果を発表した。「健聴の家庭での養育は、その家庭が持つ里子への関心や里子への影響を考えても、ろうあ者の施設での手話による教育より良い結果をもたらすと、人は考えたかもしれない。しかし、逆のことが起こった。彼の口話での会話は、他の子どものものより限られ狭められていると思われた」。実際何年も後に、アリベールはアカデミーに次のような報告を出している。イタールが彼のために惜しみなく使った集中した五年間の努力にもかかわらず、また、まだ十八歳なのに髪の毛が白くなるほどの、発話のための彼自身の熱心な努力にもかかわらず、あるいは彼の残存する聴力（彼は雑音と母音を聞くことができた）にもかかわらず、彼の親戚以外は彼の発語を聞き取れず、彼も口頭での会話は理解できなかった、と。

イタールのもとでの不運とも言える始まりの後、アリベールはめざましい速さで素晴らしい学業を修め、数年前にパリ校で教師になった。イタールが包みこんでいた口話主義の囲いを出て、手話での教育を熱心に受けるようになってすぐに、彼の成長への道が開かれた。そして二人とも、そのことを知っていた。イタールは彼が、日々我々の教室に通うのを黙認し、彼はイタールと勉強中のフランス語の本の、口話ではわからなかった部分を手話で説明してもらった。ろう者を彼ら自身の言葉で教育する理由をイタールに説明できるほどに、アリベールのフランス語の力が十分についた時には、結局は彼自身が、そのことを体現していた。イタールはアリベールの友情と導きに終生感謝の念を持ち続け、遺産を残す時に彼のことを忘れなかった。

アリベールや他の生徒との実験の十年後、イタールは次のように書いている。彼は最初、口話主義を好んだ。なぜなら彼は、アリベールのように少し発話を取りもどした子どもたち、あるいは最近聞こえなくなって、ある程度の発話を保持している生徒が、手話社会の中で生活するうちに、次第に発話を失っていくのを見たから。彼は手話を締め出し、音声言語で教育すれば、彼らの発話技術が低下していくのを確実に遅らせることができると信じた。しかしこの特別に選ばれた生徒にさえ、犠牲は大きすぎた。十分に訓練された教師と疲れを知らない発話の訓練士が、ほぼ専任で一人の難聴生徒につく必要があった。それでも、その過程は長く、痛々しく、成功はおぼつかなかった。さらに、この生徒たちの聴力はきわめて不十分で、口話法では「困難にぶつかり、妨害物に遮られ、読み取りの間違いがしょっちゅう起こった。それは手話では、起こりえないものだった……この子どもたちを発話だけで教育するのは絶対に不可能である」。もし難聴の生徒への口話法での教育が不可能とすれば、まったく聞こえない生徒にとってはなおさら考えられない。

もし難聴の生徒に、教師が一対一でしっかりついたとしても、その教師はゆっくり直接話しかけなければならない。教師が話すのをやめた時、その生徒の教育は止まる、とイタールは書いている。しかしながら、手話社会の中で育ち教育を受けるろうあ者は、彼に向かって話される言葉と同時に、視界内のろう者同士の会話もすべて目に入ってくる。この間接のコミュニケーションこそ教育的である。つまり「熟成した大きなろうあ者の組織は、さまざまな年齢、さまざまな教育程度の個人が集まり、それ自身の言語を持つ本来の社会となる。この言語はみずから獲得した思想と伝統を持ち、そして音声言語と同じく、意図したすべての内容を直接に、あるいは間接に伝えあうことができる」。よって、ろうの子どもは、彼の周りの手話社会から知識を吸収するとイタールは確信した。子どもたちが、教室では教えられていないあらゆる種類の発展した知識と技術を持っているのを、彼は目のあたりにした。

もしろう者が、別の時代、別の場所の教養のある人の考えを知ろうとすれば、彼は書き言葉を習わなくてはならない。この時には、手話を使っての教育が必要である、とイタールは言う。「読む力を口話と板書で教えるのは、まれにしかうまくいかず、困難である。一方手話は、失聴の程度に関係なく、生まれついてのろう者の自然言語である」。一度ろう者が、本の中から尽きることなく供給される知識を引き出すことができるようになれば、自己の教育において足りないものをすべて自分のものにすることができる。

そこでイタールは、その論拠として私、ローラン・クレールの名前を出した。私は選び出されて光栄だったし、また私が、イタールの考えを裏づけることになった時、それは厚かましいことではないと確信していた。手話と勤勉は、私に読書という贈り物をあたえてくれた。読書は、私の喜びと成長の源だった。

イタールは、発語訓練から恩恵を受けられる難聴生徒はそれを受けるべきだと信じ続けた。しかし彼の信念が変わる前であっても、もし誰かが、失聴の程度に関係なくすべての、あるいはほとんどの生徒が発語訓練を受けるべきだと彼に言ったなら、イタールはその提案はひどく実行不可能と思っただろう。「ろうあ者の言葉は、聞こえが彼の目の中にあるのと同じく、彼の手の中にある。彼に別の言葉をあたえようとするのは、自然の摂理に、また生理学と健全な形而上学の疑義を挟む余地のない原理に、あからさまに逆らうことである。もし我々が、別のコミュニケーションの方法を提案するなら、それはまったくこの（本来の）ろうあ者の階層に対してではなく、別の集団の生徒に対してのものである。そうした生徒はろうの生徒とは異なり、はっきり言って近視の人と盲人とが違うように、ろうとは違った階層に属する」

だからこそ、すべての生徒は手話で教育されなければならない。しかし少数のグループは、手話に加えて発話訓練の恩恵を得ることができた。ちょうどド・レペとシカールが考えたことと同じである。しかし発話を教える時でも、手話は必要だった。そもそも偉大な発話の教師たちは、ポンセからウォリスさらにペレイラも、手話に頼っていた。実際、生徒たちと通じ合わなかったら、どうやって教えることができただろう？　最初は身ぶりから始めるかもしれない。しかし身ぶりはぎこちなく時間もかかり、すぐに教師は生徒たちの手話を使うようになるだろう。その次に、話し言葉を読み取る時の大きな助けは、生徒の目や不十分な耳の力以上に、生徒自身の教養である。イタールは、二人の生徒の読話の力を比べたことがあった。一人は生まれた時から難聴で、もう一人は最近難聴になった生徒だった。後者つまり、読話の機会は少ないが、より完璧に教育を受けている者のほうが良い結果を出した。「この実験は私に確信を持たせてくれた」とイタールは書いている。「部分的な失聴の生徒において、発話は教育次第であり、私が最初に考えたように、教育は発話次第ということではなかった」

イタールの到達点

初期のイタールは、難聴の生徒たちは手話から切り離されなければならないと信じていた。なぜなら彼らは、明らかに手話で考え、話す前に手を動かすようになり、物事を手話で表現するという方法がどんどん入ってきて、彼らのフランス語をダメにしてしまうから。その考えはどうなったのか？　イタールはその考えを撤回した。たぶん彼は、より知的に進んだ生徒を知るようになったからであり、彼らにとって読むことや書くことは、直接考えや感覚とつながっていた。文をすらすらと読める人は、書かれたページと考えとの間に音声言語や手話の動きを入れないということを、ろうの人たちは認めている。しかし初心者は、しっかり覚えるために、本を読む時に手話で表現するが、それは健聴の子どもが本を読む練習で唇を動かすのと同じである。

こうして人生の最後の十年間において、イタールは、教室での学習は手話でおこなって初めて理解できるということがわかった。生徒たちは彼らの周りの手話社会から多くの知識を得ており、また手話は、書記言語を学ぶための必要な手段であり、一〇人に一人いるような、ある程度の発話と読話を学ぶことができる生徒も、結局は手話での教育を必要としているのである。こうした生徒たちを切り離すのは、まったく意味のないことだった。なぜなら「私が、先に引用したような有利な点がすべて失われ、しかも得るものは何もない。他人との意思伝達のために発話を教えられた生徒たちが、自分たちだけの状態に置かれた時、その発話を使ってお互いの関係を作っていくと考えるのは幻想に過ぎない。彼らは彼ら自身の手話を作っていくだろう。このように、この発話を教えられたグループを他から切り離す必要はない。なぜなら手話は彼らにとって有益であり、欠かすことのできないものだからである」とイタールは言う。

こうしてイタールは、ろう者の大きな組織が何のために存在するのかを知った。そこは、それ自身の言語を持った社会なのである。もしそれが発展し、すべての人が口を通してではなく、手指と表情の動きを通して自らの考えや感情を表現する社会が生まれたならば、その社会はどんな社会になるかということさえも、イタールは想像した。そのような社会では、映像が学習のための主要な源になり、聴者とろう者は完全に平等になる。なんらかの表記法もすぐに発明されるかもしれない。なぜなら音声を字に引き直すより、手話を描くほうが想像しやすいからだ。一度これが作られれば、人類は書記言語が可能とする、華々しい発展を急速に遂げていくだろう。もしその社会のすべての人がろう者であれば、音に関する知識がないことを別にすれば、彼らは、我々が音声と聞こえで作り上げたものと同じ社会を作るだろう。人は身体器官が十全かどうかではなく、彼の才能の力によって自らの可能性を実現する。

聞こえるということが実際それほどの問題ではないとすれば、なぜろう者は、このような不利な状態にいるのか？その理由ならはっきりしている、とイタールは答える。「なぜなら我々の言葉は、視覚的なものではなく音声のものであり、そのことからろうあ者は、人間を完成させる第一の最も力強い手だてである、他者との対等のやり取りから疎外されるからである」。もしろう者が、どのくらい聴者と対等の力を持てるかを知りたいなら、すべてのことを対等にせよ。ろう者を、ろう者の中で生まれ、生活させせよ。

我々の学校、パリろうあ学院はこの理想に近づいてはいたが、しかし部分的なものであった。学校は、ろう者ではなく、聴者によって運営されていた。長い間、教育は手指フランス語によってなされ、それは誰の言葉でもあり得なかった。両親から手話を教えられるとか、幼い時からフランス手話を使う環境で大きくなるなどの経験を持つ生徒は少なく、ほとんどの生徒は手話をネイティヴで学んだわけではなかった。それにもかかわらず、二十年前にマシューが（そして私、ローラン・クレールが）サン＝ジャックに来た時に比べると、イタールが彼の考えを『論文』で発表した当時は、より広がりを持ち、より年輪を重ね、より統一されたろう者社会がそこにはあった。私より後からここに来た生徒は、私が経験したものに比べて、より多く手話での授業を受け、すでに教育を受けた生徒とより多く手話で会話をした。手話社会のこの成長と発展により、教育はよりわかりやすく効果的なものになったと、イタールは推測している。その論拠として、彼は、マシューと私との違いを例に持ち出した。

「当時マシューは、不運な同僚たちの中にあって、まばゆい天才だった。同僚たちは、彼に大きく水を開けられ、小学校段階のレベルにとどまっていた。しかし今日、彼は一人の優れた生徒でしかない。伝統の力強い助けを受けて、教育は彼の同僚たちを急速に教化し進歩させた。そのうちの一人は、彼と並ぶまでになり、何人かは彼に近づき、もし早く学校を去ることがなかったら、彼を追い抜いていただろう……」

「マシューを……クレールと比べてみよう。クレールは知識においてマシューに肩を並べる。しかしこの学院に来たのはつい最近で、学院の文化は発展し、彼はその可能な限りのあらゆる有利な恩恵を受けた。マシューは深い思索家であり、観察と素晴らしい記憶の才能を持ち、有名な教師から特別に目をかけられ、広範囲にわたる教育を受けた。

しかし、彼の進歩には不完全なものを感じる。彼のやり方、趣味、そして表現には一風変わったところがあり、そのため彼と社会との間には埋めがたい欠落が生じてしまう。社会を活気づけるようなものすべてに無関心で、そうした事柄には不向きで、彼は願望や野心もなく一人で生きている。彼が文を書いた時、我々は彼の思考傾向で何が欠けているかをよりはっきりと見ることができる。彼の文体と彼自身とはぴったりと一致している。そこにはムラがある。利発な発想やひらめきが多く並んでいるが、型にはまらず、不規則であり、文と文を適切につなぐ言葉がない」

「クレールは」とイタールは続ける。「知識を集め、積み重ねる点では劣るが、この学院と教師によって十分に鍛えられ、マシュー以上に、均一に成長した実例を示している。彼はまさに世間に明るい人である。彼は社会生活を好み、しばしば自分から、それを求める。そして彼は、上品なマナーを身につけ、十分な社会常識があり、社会的な事象への関心も高い。彼はきれいに身づくろいするのを好み、贅沢をこばまず、文明が作り出した欲求にも従い、野心が引き起こす刺激に対しても無感覚ではない。彼にとって価値があり快適だったパリろうあ学院から彼を引き離し、成功を求めて海を渡らせたのは、野心であった」

ろう者への圧制、再び――ド・ジェランド男爵

このように、十八世紀の終わりにペレイラが捨てた口話主義の松明を、ジャン゠マルク・イタールが拾い上げたとはいえ、一八二一年の『論文』出版の時までに、彼は急進的に考え方を変えた。そこで一年後にはシカール神父が亡くなるという時、サン゠ジャックで口話主義者の思想を擁護する中心は、完全にド・ジェランド男爵に引き継がれた。もし男爵が、イタールの初期の論文同様に、イタールの成熟した後期の著述も読んでさえいたらと思う。しかし、彼は読まなかった。そしてジャン・マシューがろう者の知的成長の象徴になったように、ド・ジェランドはろう者への圧制の象徴になった。

ジョゼフ・マリー・ド・ジェランド男爵は哲学者であり、行政官であり、歴史家であり、慈善家だった。彼は慈善を、将軍が戦争をおこなうようにおこなった。彼の慈善は組織され、力によって押しつけられ、独善的だった。彼は慈善を対外的に指揮し、「受益者」はそれを帝国主義と呼んだ。内面的な問題でも指揮し、「受益者」はそれを家父長主義と呼んだ。この二つは、同じ硬貨の表と裏に過ぎない。

一八〇六年ド・ジェランドは、当時フランスの支配のもとにあったロンバルディの施政の立て直しのためにミラノに派遣された。次に彼は同じくイタリアのジェノバに行き、後にフランスに併合されるリグリア共和国ができるのを助力し、フランスの支配に従わせた。二年後ナポレオンは、イタリア中部トスカナ支配のため、彼をその都フィレンツェに送った。フィレンツェを流れるアルノ、ローマを流れるテヴェレ、スペイン北部のセグラ、ドイツ北西部のヴェーザーのそれぞれの川がフランスのものになった時、ド・ジェランドは新領地にフランスの行政を広げていく責任者だった。ナポレオンがローマ教皇庁を合併し、力づくで教皇を移動させた時、カトリック信者のド・ジェランドは、良心のとがめにもかかわらず、フランスの新しい秩序を作り上げるためにその責任を取った。彼は、ローマの教育、健康、記念物、芸術、橋、そして、道路を、責任を持って管理した。ナポレオンがカタルーニャと呼ばれる広大なスペイン北東部地域を征服し、それをフランスの二州として編入した時、ド・ジェランドは統治のためにそこに赴いた。スペインからもどると、彼はナポレオン帝国の崩壊とフランスでのブルボン朝の復活を知った。なんとか新しい政権で自分の地位――実際には内務副大臣――を確保したが、ナポレオンが復活した時も同じようにそのもとにつき、彼は命を受けて東部諸州の防衛についた。私はシカールが、王のもとでは王党派であり、共和国のもとでは共和派であると包み隠さず言ったのを思い出してしまう。

Photographie Bibliothèque Nationale, Paris

ジョゼフ・マリー・ド・ジェランド男爵
ろう者への圧制を繰り返した。

フランスの新しい秩序をヨーロッパの他の征服された国にもたらすことに努めたド・ジェランドは、アフリカや南太平洋の、まだ文明化されていない人々にも、それをもたらそうとした。彼は高い場所からこれらの国々を見下した。フランスとあまりにかけ離れ、あまりに未開な状態を目にし、彼の独善はより一貫して力ずくのものになった（公平に言えば、ド・ジェランドのこの見方はほとんどのフランス知識人に共通のものだったと言える。彼らは、この遠く離れた社会のことを直接には何も知らず、そして同じように侮蔑的に扱った）。そしてろう者については、「ろうあ者もまた未開人である」と彼は書いている。

ド・ジェランドは謙虚さを知らず、自分の文化と言語について何の疑いも持っていなかった。彼は、実在するさまざまな社会は人類の発展の諸段階を映しだしており、それは西ヨーロッパで頂点に達するものと信じていた。慈善が科学に基づいておこなわれるなら、遅れた未開人をヨーロッパ人の兄弟の段階にまで向上させられるかもしれない。

「これ以上に魅力的な目的があるだろうか……人類の普通の家族から遠い昔に枝分かれして取り残された、これら祖先の人たちに会うこと、彼らがより向上し幸福になるために手を差し伸べること以上に」。彼らの中に入っていく以上に高貴なおこないがあるだろうか。「彼らは我々の幸福、富、優越性の生きた証拠であり、常に我々を受け入れ、厚遇してくれる。……たぶん彼らは、彼らの真ん中に我々を招き入れ、彼らを我々の状態に導くための道筋を示してほしいと頼むだろう。何という喜び！　何という征服感！」

明らかにこの博愛における「人類愛」は、自己愛にほかならない。ド・ジェランドの貧しい者に対する博愛も同じように、尊大さによって全体が損なわれている。「裕福な人は、自分に付与されている尊厳を知るべきである」と、ド・ジェランドは自著『貧者への訪問者』の中で書いている。「裕福な者は直接、迅速に、個人として支援の手を差し伸べなければならない。……死刑執行人の隣で台に乗っている人は、我々の兄弟であり、善人になれたかもしれない。彼は貧しかったのだ」。さらに続けて、「貧しい階層の人たちが裕福な状態の人々を、辛い気持ちを持つことなく見ることができるよう学ぶこと、また神の摂理が作り上げた、異なる社会階層の間の隔たりを重んじるよう学ぶこと、このことが社会の健全な秩序のためには必要である」（そしてつけ加えて言えば、特権階級の人たちも安心できる）。「貧しい人は多くの面で子どもと同じである。彼らは先のことを考えず無知である。何かに熱中すると、すぐにそれに気を取られ我を忘れる。彼らは支えられ、抑えられ、管理される必要がある。支援以上のもの、指導が必要である」

ド・ジェランドはその生涯で五十年を善行に捧げ、彼自身の完璧なおこないを他人に教えるために二五巻の本を書いた。彼は、堕落した女性のための収容施設を作った。彼の言葉で言えば「避難と悔い改めの場所であり、そこで彼女たちは混沌から連れもどされ、労働に親しみ、家族と和解し、誠実への道にもどる」ところである。彼は、初等教育における職業訓練等のための協会を作った。小学校の教師のための教職課程を作り、自己学習について二巻の本を書いた。彼は最初の貯蓄銀行の設立者の一人である。妻の姉の子ども七人が孤児になったのを引き取り、また彼の兄弟は、その死に際し子ども五人を遺言で彼に任せた。

ド・ジェランドのろう者観

明らかにこの人は、善行に関わることから離れられなかったが、それは限られた種類の善行であった。私はその源を、彼の人生と彼の性格的特徴から探ってみた。彼はリヨンの裕福な家庭出身である——彼の父親は建築家だった。彼の両親は最初、彼を頭の鈍い子どもと思っていた。しかしオラトリオ会の大学に入ると、学業でよい成績を残した。こうしたある時、彼は重篤な病気となり、日記にこう書いた。「神よ、この病から救われたなら、私は善行に身を捧げます」。回復した時、彼は聖職者を目指して勉強を始めた。

しかし、彼は聖職者になる代わりに、兵士になった。彼の生まれた市が新共和国の兵士たちに公然と反乱を起こし武器を手にした時、彼も最初はそれに加わった。反乱が治められると（後年にも再び現れる変わり身の速さで）、彼は共和国の騎兵隊の列に加わった。それから数年間、彼は何度か死の瀬戸際をのがれた後、秘かに軍隊を抜け出した。裕福な親戚のところで昼は働き、夜は辛抱強く学問の道に励み、結局大赦により、ドイツとの国境近くに駐留していた部隊に復帰した。フランス学士院が新聞で呼びかけたコンテストに応募しようと決心した時、彼は純然たる一兵士に過ぎなかった。そのコンテストとは「思考の発展における象徴の影響」という題で小論文を募り、最優秀賞として金五〇〇グラムを提供するというものだった。

小論文の中でド・ジェランドは、コンディヤックの、思考は感覚から起こるという原則を受けいれつつも、精神は、感覚によって引き起こされながらも能動的な、自身は象徴的ではないが象徴を利用する原則も、自己の内に持っていると主張した。そして、コンディヤックの「考えることは感じることである」という警句の向こうを張った名言を作った。「思考と精神の関係は、行動と身体の関係に等しい」。この小論文の著者が明らかになり、優勝者が若い兵士だとわかった時の審査員の驚きを想像してみよ。万能とも言える力を持つ学士会は、彼を軍の任から解きパリに招いた。パリではリュシアン・ボナパルト〔訳注10〕が、彼に内務省での地位をあたえ、彼は新妻との生活を営みながら哲学の勉強を続けた。財務大臣は自分の邸宅を彼の自由に使わせたが、そこで彼は、以前の小論文の内容を膨らませ四巻の論文に書き直した。その二年後には、哲学体系を広い目で比較した歴史書を書いた。それは後の、彼のろう教育史の見本となった。内務省でのボナパルトの後継者は、ド・ジェランドを彼の補佐役に置くことを就任の条件とし、彼の長く有名な行政職としての経歴が始まった。

その経歴の大部分で、ド・ジェランドは国家評議会（国の最高行政体）の一員であり、貴族院議員[*5]で、フランス学士院と大学の法学部に属していた。しかし彼は口下手で、内気で控え目だった。彼は親友の死後、自分の世界に閉じこもるようになり、若くして妻を失ってから、その傾向はより強くなった。日記の中で彼は、「子どもたちに仕えることを通して妻に仕える。善行に努め、彼女にふさわしい人間になり、彼女に会う日に備える。今苦しんでいる人を大切にすることを通して、心の中の彼女を大切にする」ことを誓った。

ド・ジェランドの家族、国、それを含むヨーロッパに対する不屈の善意の源泉は何なのか？

ことあるごとに人生の不安定さに襲われる中で、何か不変の価値を人生の証として残したいと願う欲求の表れなのか——つまり、死を免れることができない運命から逃れたいという欲望なのか？　あるいは虚勢がしばしば恐怖の裏返しであるように、ためらいや内気な若者の心のおののきの表れなのか？

ド・ジェランド男爵は、同じような家父長制の善意の手を各方面に伸ばした。征服した国に対して、文明化されていない人々に対して、貧しい人に対して、そして、我々ろう者に対して。

我々は彼にとっての野蛮人、被征服者である。「ろう者は、自分自身の健康と病気のこと以外ほとんど何も知らない」と、彼は思考と象徴についての小論文で書いている。その同じ年に彼は、この小論文に手を加え、野蛮人研究のための手引書とした。ろう者は自分自身の運命について深く考えない。義務の感覚がない。自分の注意力を統制できない。自分の意志に基づいて行動できるということを知らないように見える。その他、その他。こうしたわめきと言っていい言葉は以前にも聞いたことがある。こうした言葉はマシューに会う前のシカール、アリベールを知る前のイタールの言葉を思い出させる。しかしド・ジェランドは、ろう者からは遠く離れたところにいて、一人のろう者とも友人になることはなかった。また彼は、ろう者は言葉を持っていないという確信、非常に強い確信を持っていたので、ろう者の言葉を学び、ろう者と直接に会話することもなかった。「ろうあ者は面白い実例を示してくれる」と、彼は書いている。「人類の揺籃時代とも言える時の人間社会、我々の先祖が持つことができた最初のコミュニケーション……ろう者は言語の初期状態にいて、限られたわずかな知的能力を持っているに過ぎない」

ド・ジェランドの伝記作家の言うところでは、生まれ育ったリヨンでの高校時代、彼はろうの少年と友達になり、「彼に伝わるような言葉を作ることを学んだ」。この少年の両親は健聴で、少年はろう者社会には属しておらず、また彼は、つい最近聞こえなくなったのだろうと、私はほぼ確信している。このことが、なぜ、ド・ジェランドがろう者は言語の初期状態にとどまっていると言ったのか、またなぜ、聴者は連続する世代が作り出した象徴の体系の継承者となる一方で、ろう者は彼個人を源とするしかないと言ったのか、という疑問への説明となるだろう。彼は、ろう者の言葉はそれが必要となった時、そのつど新たに作られると考えた。彼はパントマイムを知っていた。たぶんホームサインも知っていただろう。しかし、フランス手話を知らなかった！　ろう者の歴史の本の中で、ド・ジェランドは我々の言葉を「不毛で、支離滅裂な断片から作られている」と言い、結論として、手話によってろう者を教育することはできないと言っているのも不思議ではない。

最晩年のド・ジェランドは、彼の知っているろう者を思い出し、彼らの教育に関して自分がやってきたこと、サン＝ジャックの理事長としての働きを振り返り、日記にこう書いた。「私を父のように愛していたと、彼らの好きに言わせておくがよい」。最期の日まで彼は、自己の家父長主義が我々をおとしめるものであることに気づくことはなかった。良かれと思ってのことであっても、それは自滅的である。不平等を助長することで平等の到来を遅らせてしまうことを、理解できなかったからである。結局「受益者」は、ド・ジェランドを愛することはできなかった。彼の葬儀の場に、ろう者、貧しい者、堕落した女性、野蛮人、イタリア人、カタルーニャ人の誰一人も来なかった。何度か書かれた彼に対する賞賛は、彼のような裕福な後援者からのものだった——貴族、男爵夫人、学士会の会員などである。もし彼が、我々のところに来さえしたら、ろう者とろう者の言葉を少しでも知りさえしたら、その時には彼は、マシューを助けたかもしれない。マシューは、成長し発展した手話社会を黄金時代に導けたかもしれない。そこは追放されたろう者の帝国となり、ペリシエとフォレスティエとベルティエと、そう、私クレールの——詩人と作家と画家と彫刻家と教師と職人の——国となり、その国は、世界に向けての見本となり、ド・レペが夢見た最高の理想像となったかもしれなかった。実際は、ド・ジェランドはマシューの背後から、ベビアンの背後から、サン＝ジャックの門を閉め、力のみに頼り、塀の中で手話社会を征服しようとした。事実は次の通りであり、これは苦闘そのものであった。

フランスろうあ学院の混乱

前にも見たように、シカールの死に際し理事会は、教育方法の無秩序な状態を終わらせたいと考えた。彼らはベビアンに、統一された等級別の教育課程を導く手引書の作成を委託した。そして理事会は、校長の適任者を探した。二人の神父が続いてその地位に就いたが、次の人材を探さねばならない状況になった。まずシカールは、生前に、ボルドーのろう学校の副校長的立場にいたゴンドラン神父に次の手紙を書いた。「死が近づきつつある私は、私の子どもたちの魂をあなたの信仰にお譲りし、彼らの世話と教育をお願いしたいのです。この高貴な仕事をお引き受けいただけるなら、私は平穏に死を迎えることができるでしょう」。こうして、ゴンドランがパリに来たが、彼は六ヵ月しか続かなかった。それからブーレ神父が校長になったが、すぐにやめ、その後学校は、二年間校長なしでさ迷うことになった。理事会は発語の声を聞きたがったが、発語はイタールの診察室から聞こえるのみだった。健聴の教師陣は対応手話を使うことを求めたが、ろうの教師陣と生徒は、ベビアンに勇気づけられ、フランス手話から離れなかった。この時点でド・ジェランドは、ろう教育の諸方法を広範囲に調査評価した概説を書くよう依頼された。そして法衣は人以上にものを言い、結局は他の神父が校長として招かれた。そのペリエ神父は、カオール市の司教総代理で、アヴェロンのろう学校の創立者だった。しかしペリエもこの仕事には合わず、四年後に彼はボレル神父と変わった。ボレル神父はろう者のことは何も知らなかったが、ノルマンディーに小さなろう学校を作ろうとしていた。

この時、ド・ジェランドのろう教育の概説書が出された。ろう者が使っている手話はパントマイムにおけるような描写ではなく、簡潔な象徴的動作であると、彼はこの点では正しく見ていた。彼はこうした手話を「簡略化されたもの」と呼んだ。しかしそれは退化したもので、正確でなく、教育では不要であると間違った結論を下した。その代わりに学校は、指文字、書記言語、できる者には口話を使い、手話は禁止すべきであると主張した。この改革案に対して合意を取るべく教師陣の会合が持たれたが、もちろんベルティエを初め、ろうの教師陣は合意を拒否し、ベビアンの『手引書』を使うことを望んだ。そこでド・ジェランドは一案考えた。サン＝ジャックはろう教育に関する情報収集と普及を世界に率先しておこなう責任があると言い、そのための回覧紙を編集し出版するべく、彼の甥のエドゥアール・モレルを任命し、その職に就けた。最初の回覧紙は一八二七年に出された。そこでは現実の問題として、ド・ジェランドの希望が次のように率直に述べられていた。「これ以上ろうの教師は採らない！」と。

それぞれのクラスは、健聴の教師がろうの助手と一緒に受け持つ。また新たに、読話と発語が強調されていた。これは、これまでにないやり方だった。ボレル神父は教育にまったく興味を示さず、討論の場ではいつもやりこめられていた。たぶん彼は、ド・ジェランドの意志を実行する権威に欠け、またふつうの意味で無能だったのだろう。ボレル神父は解雇された。指導者なしの九年間、混乱の九年。しかし最悪の事態は、まだやってきていなかった。

ろう者の学校を聴者の学校に変えようとする努力の中で、ド・ジェランドは、ド・レペによって作られシカールによって育てられた学院の中に、ほとんど協力者がいないことに気づいた。教師の三分の二はろう者で、授業はすべて手話でおこなわれていた。そこで、彼は外部からの人間を集め、彼らを学院の「学術委員会」のメンバーとして任用した。しかし、彼らがろう者のことを何も知らないのは理事会と同じだった。事態をもっと悪くしたのは、内務省も、理事会、学術委員会以上にろう者やその教育について知らないことだった。学校は内務省の種馬飼育課から美術品課に、その後福祉・精神病者施設課の担当になった。何度もサン＝ジャックを文部省のもとに置くように訴えたが、うまくいかなかった。行政にとっては、養護施設であることが第一であって、教育機関としては二の次であった（今でもそうである）。その校長がすべて法衣の人だったのも、キリスト教的慈善から出た行為ということを裏づけるのではないだろうか？

聖職者を校長にした失敗の連続に落胆し、理事会は今度は、ろう者のことを何も知らない俗人を校長とした。彼の名前はデジレ・オルディネールといい、明らかに彼こそは、ド・ジェランドが望んだろう者社会の変化（実際は壊滅）をもたらすための男だった。オルディネールはド・レペの死の直前に生まれ、博士になり、ブザンソン大学で自然史を教えた。その大学の学部長となり、そして、ドイツ国境近く、フランス東部アルザスのストラスブール大学の学長になった。その直後、彼は疑惑の中、大学を去った。ある者は解雇されたのだと言ったが、そうであったとしても、私はその理由を知らない。オルディネールの兄弟は、最近できたサン＝ジャックの学術委員会の一員だった。たぶんド・ジェランドは、彼をアルザスにいたころから知っていたか、あるいはアルザスの地と人々をたいへん愛していたので（彼の妻はアルザス育ちだった）、彼の採用に乗り気だったのかもしれない。ともかく、彼の兄弟とド・ジェランドは策を練ったようだ。その策によりデジレ・オルディネールは、現在の隠居生活をやめてドイツとスイスに行き、ろう学校の現地調査をおこなうことになった――両国のろう学校は、後に見るように復活した口話主義に牛耳られていた。彼は、両国の口話主義についての賞賛に満ちた報告をサン＝ジャックの理事会でするだろう。そうすれば理事会は、自然とパリでも同様の口話主義の革命を起こすために、彼を内務省に推薦するだろう。それは計画通りに進んだ。エドゥアール・モレルはサン＝ジャックの回覧紙の第三号でオルディネールの報告を載せたが、そこには報告者と報告された体制への賛辞が、わざとらしく並んでいた。

一方イタールは、ろう者は口話で教育できるともはや信じてはいなかったが、難聴者に対する補助的な発語訓練を主張していた。イタールは、彼の嘆願を三つの論文にまとめて理事会に送り、理事会は内務省に発語専門の教師を雇うための予算を要求した。それを受けた内務省は、医学アカデミー――八年前にアズィ・デタヴィニーを評価したのと同じところである――に、イタールの提案の評価を依頼した。イタールの報告を詳細に検討し、また、新たなろうあ者のグループでの「聴力と発話の生理学的訓練」を実地に見学して、アカデミーは、手話と発話を組み合わせた教育は「ろうあ学院に入学を許されている子どもたちのうちの一〇分の一の場合では可能である」との結論を出した。またアカデミーは、口話教育は手話教育によって加速発展させられること、手話は不完全で片言のものだが、「幼い時期か、あるいは生まれつきろうとなったすべての場合、軽度のものであっても不可欠なもの」であることも結論としている。行政はアカデミーの助言に従い、発語教室のための予算を出した。ジャン＝ジャック・ヴァラードゥガベルという教師が、発語が役立つと思われる生徒たちに、一日につき一時間教えるというものだった。こうして「併用法〈combined system〉」が始まった。

口話の強制は続く――デジレ・オルディネール

校長になるとすぐ、オルディネールは、二段階の計画を狡猾に進め、音声フランス語を少数の者への補完物から、全体に対する共通の原則にしようとした。ド・ジェランドはろう教師が障害になることを正確に見極めていた。なぜなら、もしすべての健聴の教師が口話法で教えても、生徒たちは依然ろう教師たちからの手話での教育で、多くのものを受けとるからである。そこでオルディネールは最初に、生徒たちの学年が進行しても、教師はそのままで変わらないという規則を出し、クラスは全六年間一人の教師によって受け持たれることとした。このことは、一つの学年での発語の教育課程をどう継続的におこなうかという問題を解決すると同時に、ろう教師の受け持ちになった生徒たちは、音声フランス語に関わる教育がまったく受けられなくなることを意味した。そして次に彼は、すべての生徒は何らかの口話教育を受けなければならないという規則を出した。すると論理的に、健聴の教師がろう教師に取って代わることになる。ベビアンの支えもあって、ベルティエ他四人の教師が理事会に抗議した。しかし理事会は、その意思決定をオルディネールに握られており、当然彼らの声は無視された。

オルディネールは、自分の計画の賛同を得るために生徒の発表の場を作ったが、見るのも痛ましいものだったと報告されている。まず生徒たちのオープンセレモニーと一緒に、オルディネールの一夜漬けのあいまいで未熟な手話での挨拶があった。さらに悪いことに、子どもたちが立ち代わり舞台に出てきて、オルディネールのもとで短い口話の授業をおこなったが、実際には前もって覚えておいたものであり、そのことは生徒全員がわかっていた。突然のように装った「ところで……」という質問に対する生徒の答えも同様に下稽古されていた。幼い子どもは何も知らない聴衆の拍手に喜んだかもしれないが、年長の生徒は教師と同じく、からくりがわかっていた。ベビアンが報告している一つの場面では、発音のわかりにくい生徒が何人もいて、この校長は聴衆に向けてその言葉を繰り返さねばならなかった。その次に来た四人の生徒はかなりはっきり発話することができた——しかし全員が六歳から十一歳の間に失聴した生徒で、この学校に来た時から上手に発話していた。最後に、三人の生徒が口述を読話して黒板に書く授業をおこなった。しかし三人のうちの一人が、不運にも一文を抜かしてしまい、話される前にその続きを書いてしまった。

こうした発表会やオルディネールの命令にもかかわらず、ろうと健聴の教師陣はもっぱら手話による教育を続けた。そこでド・ジェランドは、ろう者に対して思い切った行動をとることを決意した。彼はサン‐ジャックの新しい運営体制として、三〇ヵ条の内規を作成した。彼はそれを理事会と内務省に承認させ、そして各教師に送りつけた。その内容は笑えるような非現実的なものだったが、しかしこれは、もはや笑える事態ではなかった。

第八条では、それぞれの教師が発語を教えなければならないとしており、これはろうの教師を不要にするものだった。

第一三条では、すべての教師が授業時間の最初は口話によって教え、その次に書いて教えることとした。

第一四条では、すべての生徒は彼ら同士で会話する時や教師と話す時、授業中であれ遊びの時であれ、あるいは散歩の時でも、工房にいる時でも、音声フランス語のみで話すか、小石板に書くものとした。では、ろう教師の役割はどうなるのか？

第二六条と二七条で、作文、手話、その他の特別授業は補助教員でも教えることが可能で、それはろう者でもよしとした。もちろん、この内規は機能しなかった。生徒たちが彼らの第一言語で一瞬のうちに伝えられることを、教師がわざわざフランス語で書かせるなどということは不可能だった——特に校舎外では。健聴の教師も、生徒がわからないのは明らかなのに、フランス語ですべてを二度も——あるいは一度でも——教える心の覚悟はなかった。ろう者から深い溝で隔てられたものだけが、そのような体制が成功すると想像することができた——つまりド・ジェランドと彼の理事会が、である。

力づくで発話を押しつけようとする試みはきわめて誤ったもので、三日間しか続かなかった！　口話主義の侵入に抵抗しようという気持ちは皆に共通していた。生徒と教師、聴者とろう者が手をつなぎ、教育を発語と文法の練習に置き換えようとする方針の導入を阻止しようと決意した。その後、学校で発話を教えようとしたのはオルディネールだけだった。彼の講習は正規の教育の補完で、彼は一年と二年の全クラスにそれを要求していた。この講習を受けていたベルティエのクラスの生徒が、発話を習いたいかと聞かれた。ほんの数人だけがハイと答えたが、彼らはすべて難聴の生徒だった。それでも、腰の曲がった白髪の前ストラスブール大学学長が、ろうの生徒たちの口をいろいろなやり方でねじりゆがませようとするのを見るのは、何か心を打つものがあった。ベビアンによれば、校長も発語に障害を持っていたということだが、それを聞くと、さらに胸打つものがある。

ろうの教師陣は彼らの降格という事態を内務省に訴え、暫定的な復権を即座に勝ちとり、手話での授業を再開した。記録の上では、生徒は授業で発話をしたと書かれているが、現実にはそうではなかった。このように失敗が続く原因は、多くの生徒が読話や明瞭な発話に、ほとんどついていけないからだった。口話法で教育することは実行不可能なことだったし、一方書き言葉で教えるのも、書かれた言葉が手話で説明されない限りは、同じように理解できないものだった。それ故に、手話は、作文も含めてすべての教科教育の手段であった。結局ド・ジェランドも、フランス手話はすべての生徒にとっての第一言語であり、多くの生徒にとってネイティヴな言語であり、学校の教育における主要な手段であると認めるに至った。一八三六年、オルディネールは最後の試みとして、健聴の教師陣に何らかの口話法の授業をおこなわせようとした。レオン・ヴァイスという一人の教師だけが従おうとした。ここでも、入学しているすべての生徒に発語を教えるのは成果のないことだということが証明された。その年に出された回覧紙は失敗を認め、音声フランス語で教えるのは、数人に対しての補完的なものに縮小されたことを報告した。オルディネールは辞職し、学術委員会は解散した。

口話の強制は続く――アレクサンドル・ブランシュ

口話主義者の反乱は事実上終わった。しかし、死に際の喘ぎ声は聞こえてきた。オルディネールがやめた年、住みこみの医者として、イタールの後継者の一人だったアレクサンドル・ブランシュが、ろう者を普通校で教育しようと計画し、その後十年間、ある程度の発話と聴力を持っている生徒を中心に一〇余りの学校でそれが導入された。一方でブランシュは、その動きを広め、宣伝し、最後は内務省を説得して、すべてのろう生徒を公立校に統合していこうとする内容の回覧紙を出すに至った。そのようなことができるとは思ってもいない外国の口話主義者からの抗議と、自国での実験のみじめな失敗から、内務省もその支援を取り消した。フランス学士院の委員がそれらの学校を訪問したが、この取り組みがあっという間に崩壊していたことがわかった。ろう者と一緒に、同じ理屈に強制されて半ろう、盲、吃音、知的障害の生徒たちがいた――障害のない生徒はいなかった。二年前にブランシュが亡くなった時には、このように上からの命令によってろう者を聴者にするような試みは消滅していた。

ろうの子どもを公立普通校に入れていこうとする試みが失敗しつつあったころ、その立案者ブランシュは、同じ口話主義の考えから、寄宿制ろう学校の大幅な再編を政府に要求した。彼はパリ校の数人の生徒に対し、週に五時間オルガン音楽を聞かせることでその発話と聴力を改善したと言った。それを口実にブランシュは、半唖者〔訳注11〕や半ろう者の生徒を手話コミュニティから分かち、たぶん彼の手元に置いて、特別に口話教育を受けさせる提案をした。政府は医学アカデミーに意見を求め、医者たちは長く熱心な討論をおこなったが、それは完全に彼らの力量を超える問題であった――その問題とは、ろう者にとっての発話と手話の相対的な価値についてであった。

ベルティエはアカデミーに対し、ろうコミュニティの社会的問題を医学的問題に取り違える誤りは歴史に残され、後の世代によって繰り返されることになると警告した。「紳士の皆さん、あなたがたの関わっている問題は、通常の医学的な問題というより、何よりも人間性と文明に対する深遠な問いであり、それには医者だけでなく、教師、哲学者、学者たちによる深い熟考が必要とされます」

一点だけ、アカデミーは合意できたようだ。こうしたことは二十五年前にイタールにより試みられたことだった、と。イタールの秘蔵っ子の生徒だったアリベールは、次のような嘆願書を書いた。「この我々の言葉は非常に明瞭で、豊かな表現ができ、我々の感覚や考えを正確に表します――これは我々の本質の一部ではないでしょうか？　いかなる人間の力も、神が我々におあたえになったものを奪い去ることはできません。……空気が我々の呼吸にとって不可欠であるように、この言葉は我々の精神にとって欠くことができないものなのです」

その後また、口話主義の復活をめざす動きがあったが、いずれも長続きしなかった。個人的な口話教室とサン－ジャックとの合併を政府が命じた。その教室は、オルディネールに教えられた難聴の生徒ベンジャミン・デュボワが教えていた。しかしこの教室はすぐになくなった。フォルカードという名の役者が、ボルドー校で尼僧と生徒に雄弁術の講義を始めた――しかしすぐに辞めさせられた。オルディネールの後継の校長の下で――聖職者でも教師でもなく行政官であった――教育はフランス手話でおこなわれた。

現在の校長であるレオン・ヴァイスは手話に堪能である。彼は現在、手話での教育を約束しており、彼がドイツで見た現実については非常に批判的である。彼はオルディネールの失敗をドイツでも見ることになったからだ。しかしながらヴァイスは、難聴の生徒に対する補完的なものとして発語の授業を再開した。

ド・ジェランドさえ最後には、彼の実験の失敗から教訓を得た。しかしろう者にとっては、あまりに高くついた実験だった。イタールのように我々に理解を示すようになり、ベビアンの改革案や手話に対して優しい言葉を投げかけた。「その表現の豊かさと力強さを、我々は学び正しく理解できるようになった」と、彼は亡くなる直前に言った。

そしてイタールはどうなったか？　彼はその時代の最も成功した医者だった。しかし、ろう者に対する医学的治療は失敗した。かつては発語していたろう者、あるいはある程度の聴力を保っている生徒に対しても、発語を人工的に作り出す方法は失敗した。もちろんそのことは彼もわかっており、苦い失意の孤独な晩年を迎え、亡くなった。彼は遺書にこう書いている。「人間という存在は悲しい環境のもとで苦しみ死んでいく」

聞く耳を持たない聴者たち

今日、アメリカのろう者に対し、口話主義を推し進めようとする者がいる。彼らは――ベルティエの忠告を無視し――ろう者の社会的立場の違いを医学的な欠陥として扱い、ろう者を他の身体障害者や知的障害者や精神病者と同じ階層に入れて考え、ろう者の結婚を妨害し、ろうの子どもたちの生活を規制し、ろう者の意志を聞くことを拒絶する――彼らが、イタールの失敗やド・ジェランドの失敗から、少しでも学んでほしいと思うのである。

しかし、精神的な病は、確かに病気であり、ろうはろうである。人はそう言うかもしれない。だが、その言葉は何を意味するのか？　アルビノ〔訳注12〕であるというだけで、精神病者としてラ・サルペトリエの施設に強制収容されるということをご存知か？　あるいは癲癇《てんかん》患者や、ある場合には捨て子であるというだけでも、同じ目にあうということをご存じだろうか？　そしてろう者は、あなたたちの言葉が話せないということで、あるいは背後から馬が走って迫ってきた時、あなた方より多くの危険にさらされるからということで、病気とされるのだろうか？

私が今住んでいる街には秘密の地下鉄道〔訳注13〕の駅があり、私はそこを通り過ぎていく人たちに関する恐ろしい話を知った（ご存知のように、ハリエット・ビーチャー・ストウ〔訳注14〕はハートフォードの育ちである）。しかしある博士は、黒人はこっそりと抜け出て、北へ逃避する病気にかかっていると言った。この病気はドラペトマニア〔訳注15〕という病名を持つ。その病状とは、故意に逃亡することであり、その治療法が数年前に医学雑誌に載った。「もし彼らのうちの一人、あるいは数名が、彼らの主人や監督と同じ高さに頭を上げようとしていたら、彼らのあるべき従順な状態が染みつくまで、彼らは罰せられなければならない。それは、慈愛の心と彼らのうちにある善意が要求するものである。……彼らはひたすらその状態に置かれ子どものように扱われるべきで、それによって彼らを逃亡から防ぎ治療することができる」

患者ではなく、明らかにこの医者たちの言葉こそ、先ほどの我々の問いの答えを示してくれる！

聞くべき言葉が聞こえていないのは聴者であって、私ではない。

＊1　英語の「open」の第一音節のような発音。
＊2　「let」からtを取ったような発音。
＊3　イギリスの外科医ウィリアム・チェゼルデン（一六八八－一七五二）の有名な事例の中で報告された。
＊4　二十三歳でのこと。この事例は一七〇二年、フランス科学アカデミーで報告された。
＊5　一八一四年－一八四八年の、フランス国会上院。

訳注1　一八四八年、二月革命によりルイ・フィリップが亡命した後に作られた臨時政府。共和政を宣言し、第二共和政が成立した。
2　pronouncing sign dictionary：pronouncing dictionary は「発音辞典」。手話なので「表現辞典」とした。フランス手話の語彙を図解で説明したものと考えられる。
3　一八三〇年の七月革命でブルボン朝の復古王政が倒れると、ラ・ファイエットら自由主義者や大資本家、銀行家をはじめとするブルジョワジーに擁立されて国王となった。一八四八年、二月革命で退位、亡命。

4 Brothers of Saint-Gabriel：主に貧困家庭の子どもの教育を助けるためにフランスで作られた宗教組織。

5 リンネは、ホモ・サピエンスという種について、アメリカ人、アジア人、ヨーロッパ人、アフリカ人という「人種」のほかに、これらとまったく同格の位置を有する亜種として「野生人（Homo sapiens ferus）」と「奇形人（Homo sapiens monstrosus）」を考えた。

6 アフリカ南西部、ナミビアの南部とボツワナ西部の一部に住む遊牧民族コイ人の俗称。侮蔑（ぶべつ）的な名称として今日ではほとんど用いられない。

7 ラテン語。心の白紙の状態。イギリスの哲学者、ジョン・ロックが提唱した。

8 semi-deaf：半ば（semi）ろう（deaf）。「半ろう（者）」と訳した。

9 治療の目的で、患者の静脈から血液の一部を体外に除去すること。

10 Lucien Bonaparte（一七七五－一八四〇）。ナポレオン一世の弟。

11 semi-mute：半ば〈semi〉唖（mute）である状態。「半唖（者）」と訳した。本文中では、「難聴〈hard-hearing〉」、「半ろう〈semi-deaf〉」とこの言葉が使い分けられている。

12 先天的なメラニンの欠乏により体毛や皮膚は白く、瞳孔は毛細血管の透過により赤色を呈する症状。差別や迫害の対象となった。

13 Underground Railroad：十九世紀アメリカの黒人奴隷たちの逃亡を助けた市民組織網。南部から、奴隷制の廃止されていた北部諸州や、時にはカナダまで亡命するのを手助けした。

14 Harriet Beecher Stowe（一八一一－一八九六）。『アンクル・トムの小屋』の作者。

15 drapetomania：黒人奴隷が逃亡しようとするのを精神病ととらえる理論。一八五一－一八六二年にかけていくつかの論文が発表されたが、現在では完全に否定されている。

第7章　アメリカろう教育とトーマス・ギャローデット

ろう教育がアメリカへ

新世界で、ろう教育の誕生につながる出来事が起きたのは一八〇五年のことである。私、ローラン・クレールがコネティカットに来る約十年前、ニューイングランドの著名な医者メイソン・コグズウェルの家に、アリスという美しく才能豊かな子どもが生まれた。そのころ、コグズウェルの隣人トーマス・ギャローデットがイェール大学を卒業した。ギャローデットは生涯を通して、私の協力者にして友人となる。一方私は、大西洋の反対側で国立ろうあ学院を卒業した。

二年後、アリスは発疹熱にかかり、ろうとなった。一方シカール神父は、私をマシューの教育助手に昇進させてくれた。

アリスの精神は静けさの中で眠ったままであったが、彼女が十歳に近づいたころ、父親は名誉ある医学博士の称号を得た。隣人ギャローデットはイェール大学の準講師に任用された。そして二十五歳の私は、大望をかなえる好機を待っていた。まだアリスもメイソンもギャローデットも知らなかった私は、好機――若い情熱から、必ずその時はあると信じていた――はロシアの凍った原野で私を待っていると思っていた。

マリア・フョードロヴナ皇太后は皇帝アレクサンドル一世の母親にして、ロシアにおける科学、芸術、そして富の保護者であった。私の卒業のころ、皇太后は、彼女たちの夏の家であるパウロフスキー宮殿にろう学校を作り、ポーランド人の司祭を校長にした。スイスのシュトルク神父が教えるウィーン校でド・レペの方法を学んだ、確かシグモント神父という校長だった。こうしたロシアのろう者に対する早い時期からの取り組みには、内輪の事情もからんでいたと言える。第一に、アレクサンドル自身の聴力に障害があった。彼は幼い時から左耳が聞こえず、そのため会話時にしばしば顔の向きを変えた。加齢とともに、右耳の聴

Gallaudet College Archives

トーマス・ホプキンス・ギャローデット
クレールとともに、アメリカで最初のろう学校を作った。

力も低下していった。第二に、皇帝は公認の跡継ぎを持たなかったが、実際は、マクヴィッツ伯爵というろうの息子がいた。彼はパリに送られ、私の生徒になった。自分は皇帝の私生児だが、玉座につく可能性は十分にあると彼が話してくれた。とにかく皇太后陛下はろう教育に強い関心をもち、シカールに手紙を送った。手紙では、シグモント神父が、彼女の臣下のろうの子弟に計算と書くこと、大きな声で明瞭に読むことを教えたのは評価しながらも、神や信仰の観念をあたえられなかったことを批判していた。彼女はシカールに、できればロシア語が堪能な代わりの人材を育ててくれないかと頼み、さらに、弟子たる者に望まれる適性としてどんなものがあるのかを尋ねた。その返事にシカールは、手紙の内容とはまったく関係のない、最近出版された彼の『手話の理論』という本の写しを送り、そして彼の友人のジャン＝バプティスト・ジョフレを、彼女の学校の新しい校長として推薦した。ジョフレはろう者や手話のことをほとんど知らないので、私が影の協力者として同行することになった。シカールの後ろにマシューがいたのを思い出してほしい。

数ヵ月たった時、シカールが事務室に私を呼び、次のように言った。皇太后はシカールの提案に賛成した（やった！）。しかし、一人分の資金しか出せないという（え、どういうこと？）。その一人の人間は、当然ジョフレ氏でなければならない。理由を聞くこともできなかった。有能なろう者ではなく、無能な聴者でなければならない。私は怒りと悔しさで我を忘れた。私は他のもっと大きな目標に運命づけられていたと、どうしてその時の私に知ることができたろうか？

私がアメリカからの生徒を初めて受け持ったのは、そのすぐ後であり、来るべきことの前兆ともいえた。トーマス・ギャローデットと私が、アメリカに最初のろう学校を建てるまで、ほとんどのアメリカのろう者は行くべき学校がないか、あるいは子どもだったころのアリス・コグズウェルのように普通校でマスコットになるかだった。まさに少数の裕福な家の子どもだけが、チャールズ・グリーンや三人のボーリング家の子どもたちのように、ヨーロッパのろう学校に送られた。こうした特権的な少数者の一人で、ボーリングたちの従兄弟で、彼らと同じくインディアン〔訳注1〕のポカホンタス王女〔訳注2〕の血を引く生徒が、サン＝ジャックの私のところに送られた。彼の名前はジョン・セント・ジョージ・ランドルフといい、彼の父親の死に際し彼を引き取った叔父は、有名なバージニアの上院議員ジョン・ランドルフ〔訳注3〕であった。ジェームズ・モンロー〔訳注4〕の友人であり、支持者であったこの上院議員は、イギリス王立法廷に向かっていた未来の大統領に、彼の甥をイギリスのろう学校に入学させてもらえるよう頼んだ。モンローは、この十四歳の少年をブレイドウッドの学園に入学させた。しかしセント・ジョージは、二年間でほとんど進歩しなかった（そして発話をまったく獲得しなかった）ので、次にシカール神父のところに送られてきた。

セント・ジョージは私が会った男の中でも最もハンサムな一人で、輝く黒い目と黒い巻き毛の持ち主だった。彼は英語について多少の知識があったので、フランス語は目覚ましく進歩し、数ヵ月後には教室でしっかりとした存在感を持つようになった。バージニアの男の子がどうしてもなりたいものが二つある、雄弁家と正確で素早い射撃手だと、彼は私に説明してくれた。彼自身はその最初の希望は生まれつきのろうであるため閉ざされていると思っていた。しかし彼は、ヤマウズラの羽音は聞こえないし、ポインターに叫んで命令できないにもかかわらず、ある時八発の弾で、五匹のヤマウズラと一匹の野ウサギを仕留めたことがあった。彼は日曜をパリにいるアメリカ領事と一緒に過ごし、ロワール渓谷にある領事の土地で猟をした。一八一四年に呼びもどされた領事は、セント・ジョージ・ランドルフも一緒に連れて帰った。

ここで数年後に先回りし、私がペンシルベニアろう学院を訪れた時の話をしよう。アメリカに帰った後の彼の運命について知ったことを話すためである。セント・ジョージはフィラデルフィア精神病院の患者になっていた。私は急いでそこを訪ね、彼を散歩に連れ出す許可をもらった。ウォルナット・ストリートをぶらぶらと下りながら昔話をしつつ、頃合いを見て、彼に、どうしてこんなことになったのかを優しく尋ねてみた。最初は話そうとはしなかった彼も、何度か私に促されるうちに語り出した。フランスから帰って一年後、彼は若く美しい女性と知り合いになった。彼女はバージニアの豊かな家の娘で、彼は彼女の愛を勝ちとり、結婚の約束をした。しかし後に彼女は心変わりし、彼がろうであるのを理由に、婚約の承認を拒んだ。「婚約の破棄は……」とセント・ジョージは、続く言葉をフランス語の言い回しで言った、「落雷だった」。そして彼の愛する人が、他の男と結婚したと知った時、あまりの悲しみに彼の心はズタズタにされ、その精神は病《や》んでいった。

こうした会話のすぐ後、彼は東部メリーランド州バルティモアのメリーランド病院に移り、二十五年間そこにいた。彼が本当に病気だったと決めつけてはいけない。私はそうは思わない。患者の誰一人も我々の言葉を知らないので、彼は孤独だった。医者の誰一人も手話を知らなかったので、彼を診察して心の状態を十分に理解できる者はいなかった。年月が経つうちに、彼は次第におかしな環境に染まっていき、自身も病んでいったと思われる。結局、バージニア州シャーロッツビルの善良なキリスト教徒が、彼を施設から出し自分の家に引き取ってくれた。セント・ジョージは馬を持ち、彼の保護者と一緒に教会に行き、英語とフランス語でよくものを読み、彼の有名な叔父や当時の政治などの話のネタをたくさん持っていて、ちょっとした地方の名士になった。彼は数年前に亡くなった。ランドルフ家の最後の人となり、シャーロッツビルの教会の無名墓に葬られた。ろう者社会の中で生き続けていたら、セント・ジョージの人生は違ったものになっただろう。

シカール神父のロンドン行き

セント・ジョージがアメリカに帰ったその年、トーマス・ギャローデットはアンドーヴァー神学校を卒業し、アリスに初めて言葉を教えた。アリスはリディア・シガニーの新しい学校に入学した。そして同盟国軍がパリに侵入し、ナポレオンを退位させて地中海のエルバ島の一領主とさせ、ブルボン朝を復活させた。イギリスは反ナポレオン同盟にも加盟し、また、ブルボン家が避難した場所でもあった。そこでシカールは、債権者を宥《なだ》めるための資金と名声を求めて、ロンドン行きを考えるようになった。「私はそこに最低一ヵ月、たぶん二ヵ月は滞在しようと思う」とシカールは、同盟国軍がパリに入城してくる時の式典の間に友人に認《したた》めた手紙に書いている。「私はマシューともう一人、彼をしのぐと言っていい生徒を連れて行こうと思う。我々は何回かの公開授業をおこなう予定だ。公開授業は、パリでは物足りないと受け取られているようだが、イギリスでは温かく受け入れられると期待している。現在の私のもめごとのある部分を解決するための、十分な財源を得ることを望んでいる」

彼の予定よりも、実際の旅行の方が先んじることになった。復古したブルボン王朝への不満の流れに乗って、一〇〇〇人の兵士をひきいて、ナポレオンがエルバ島を抜け出しフランスに向かったのは、彼の退位からわずか十一ヵ月後だった。ナポレオンは民衆の拍手喝采の中、三月一日から二十日にかけて、村から村へ、そしてノートルダムへ、急速度で一直線に進軍した。「私はあなたの忠告にすべて従います」と、シカールはナポレオンがパリへの途上にある時、ド・ジェランド男爵に手紙を書いている。「私は王室からいただいた勲章、十字架[*1]、報奨金は、すべて誰かに譲り渡しました。魅力的な王女からいただいた勲章は、入れてある包みの封も切らず送り返しました」。数週間のうちに、ルイ十八世はヘントに逃れ、シカール神父はマシューと私ともう一人の生徒を連れてロンドンへと逃れた（そのころハートフォードでは、メイソン・コグズウェルがアメリカで最初のろう学校を作るための会合を招集し、またトーマス・ギャローデットが、ろう者の教育方法を学ぶためにヨーロッパに行くことに合意した)。

一八一五年の五月の終わりに、我々はロンドンに着いた。リトル・アーガイル・ストリートとオックスフォード・ストリートの所にあるアーガイル・ルーム〔訳注5〕を予約し、六月の第二週から第三週にかけて、六回の公開授業を宣伝するビラが作られた。一般の反響はすごいものだった。有名な雑誌「クォータリー・レビュー」には次のような記事が載った。「発語することをこれまで習ったことがないろうあ者が、書き言葉と手話の規則的体系を完全に獲得したのは確かであり……シカール神父に同行している生徒たちが示す素早さ、聡明さは……最も疑い深い人たちの疑念をもぬぐいさるに違いない」

多くの高貴な見学者——その中にはウェリントン公爵夫人やオーリーンズ公爵[*2]、それに国会議員などがいた——が、公開授業ごとに講義室に詰めかけた。そのため二度目の六回シリーズの授業が組まれ、とうとう三度目までもおこなうと発表された。書記がその時の様子を記録したが、主にシカールの仰々しい講演と、マシューと私への見学者からの質問が載っていた。その質問は我々の識別力の確かさを試すものだったが、同時に質問者の識別力も明らかになった。

オーストリア大使は、ド・レペ神父とシカール神父とはどのような違いがあるのかと、私に質問した。ド・レペはろう者を教育する方法を発明したが、まだ多くのことが残されていた。そしてシカールが、それを大きく改良したと私は答えた。「もしド・レペ神父がいなかったら、今のシカール神父はいなかったでしょう。この人類の友人である二人に名誉、栄光、そして永遠の祝福をあたえたまえ」

ある外国の公爵が、ろうあであることは不幸かと尋ねた。私が答えた。「これまで何も持たなかった者は、何も失うことはありません。そして何も失わない者は、失ったことを後悔し悲しむことはありません。これまで話した経験を持たないろうあ者は、聞こえも発話も失ったことがないのです。ですから、そのどちらについても、それを嘆くことはありえません。そして嘆くものを持たない者は、不幸にはなりえません。したがって、ろうあ者は不幸ではありません。さらに、ろう者にとって、聞こえの代わりに書き言葉があり、声で話す代わりに手話があり、それは大きな支えです」

マシューの機知に富んだ言葉が、これまで私が見たどんな場面よりも素早く、彼の手から流れ出た。彼の言葉のある部分は、我々の言葉、手話の音声語訳であり、それがどれほどに内省豊かなものかを知らない聴者を驚かせた。他の部分はマシュー自身の才能が作り出した。

――永遠とは何か?

――明日、あるいは昨日のない一日であり、終わりのない直線です。

――困難とは何か?

――障害を前にしての可能性です。

ジェームス・マッキントッシュ卿は、落とし穴のあるというか、意地悪な質問をした。「神は論理的に思考する〈reason〉のか?」

――人は疑うが故に、論理を組み立てます。熟考し、決断します。神は全知全能です。疑うことをしません。なので、神は論理的に考えるということがありません。

「イギリスの女性とフランスの女性ではどのような違いがあると思うか?」と我々は聞かれた。私が率直に答えた。「イギリスのご婦人方は、一般的に背が高く、目鼻立ちがはっきりしていて、スタイルもいいです。肌の色の美しさは注目に値します。しかし、こう申し上げるのを許していただきたいのですが、立ち居振る舞いや優雅な雰囲気ということでは、何か物足りないものを感じます。彼女たちの姿かたちや、均整の取れた顔立ちは、しばしばパリっ子のご婦人方より好ましく思えても、それでも、身のこなしや服のセンスではなんと劣っていることか」

「君は率直なようだね」

「それは自然な男の特権です」(マシューと私は、後でこのことで大笑いした)

「君はイギリスの婦人と結婚する気はないかね?」

「イギリスの婦人ともフランスの婦人ともそのつもりはありません」

「なぜかね?」

「なぜなら、私は、妻と子どもを養えるほど豊かではないからです」

幸せなことに、私の運命は、やがて好転するのである。

ローラン・クレール、トーマス・ギャローデットと出会う

教育を受けた三人のろうのフランス人が、ロンドンでなぜ大きな興味と驚きの対象になるのかと、不思議に思うかもしれない。イギリスには数校のろう学校があり、そのうちの最も大きなものはこのオールド・ケント・ロード〔訳注6〕の町にあったのに、である。理由はこういうことだと思う。イギリスのろう者には不運なことだが、イギリスはナポレオンの帝国に含まれることがなかった。そのため、ド・レペ神父の教育方法がこの地では根づかなかった。そしてイギリスのろう学校にも手話は浸透してきているにもかかわらず、ほとんどの教育は、ブレイドウッドの支配のもと、英語でおこなわれていた。

我々はジョゼフ・ワトソン博士の学院を訪問した。「貧しいろう者にとって、発話は特に役立つ。なぜなら彼らは工場で働くことになるが、発話ができれば、工場で親方とより容易に意思疎通できるからだ」。そういう内容のことを、ワトソンはシカールに言った。

シカールは便利さが必要なことは認めながら、次のように言った。「ろう者は、もし彼らが聞き話すことから疎外されなければ、社会で対等な人間になっていたはずで、対等な人間として認めることを目指して、彼らの精神を啓発していくことを考えると、経験上、ろう者の自然な言語こそが尊重されなければならない」。それは手話言語であり、「書かれたものであれ話されたものであれ、彼らにとってすべての言語は、手話の翻訳に過ぎない」と。こうしたやり取りの後、我々は食堂に行った。そこでは、何人かの生徒が手話をしており、身ぶりと手話での会話に没頭しているのに私は気づいた。まもなく一五〇人の顔が、驚きと喜びの表情で私を迎えた。ワトソン博士は、生徒たちは授業では手話使用を許されていないときっぱりと言った。

このすぐ後、ある公開授業が終わった時、初めてシカール神父がギャローデット氏を私に紹介した。ろう教育の方法をブレイドウッド家から学ぶために、アメリカからイギリスに来たと、ギャローデットは説明した。彼はそれを持ち帰り、アメリカに最初のろう学校を建てようとしていた。しかしそれまでのところでは、ブレイドウッドは秘密主義で自分の参考にはならないと感じており、彼は使命を果たせるだろうかと危惧していた。

ギャローデットが部屋に入ってきた時、とりたてて彼に後光が差したわけでもなかった。私は偉大なことが起こるきざしは感じず、ただ、ためらいがちの控えめな男が見えただけだった。彼はほとんど黒ずくめの服を着て、寡黙だった。彼の目は、口より多くを語っていた。率直、謙虚、決意、動揺、疲れ——約一年後にパリの喫茶店で会った時、彼の目が語っていたものであった。というのも我々は、彼にパリに来るよう熱心に誘ったからだ。パリ校は彼を歓迎するし、日々の授業にも参加できることを約束した。

我々が公開授業をおこなっている時、ナポレオンの内務大臣から、パリにもどれという有無を言わせぬ命令が出された。しかしそれが届いたのはワーテルローの戦い〔訳注7〕の後で、首都に帰った時には、すでにルイ十八世がチュイルリーにもどっていた。

その数ヵ月後に私は、高学年の教師に昇進した。しかし私の中で、日増しにサン＝ジャックへの不満が高まっていた。例えば昇進にもかかわらず、私の給料は上がらなかった——毎年五〇〇フランで、生徒一人を一年間サン＝ジャックに預ける費用と同じだった（私はサン＝ジャックで九年教えていたが、一度の昇給もなかった！）——そして、理事会への抗議は黙殺された。ロンドンへの旅とそこでの賞賛は、旅への欲求を強め、ロシア行きがなくなったことへの憤慨が募《つの》るばかりだった。調理員が変わった後は、学校の給食さえまずく感じるようになった。

ギャローデットがやってきたのは、私がこのような状態の時だった。彼はロンドンで断られたものを、あらためて教えてもらおうとエジンバラに行った。しかしそこでも、いたずらに時を過ごすだけだった。六ヵ月後トーマス・ギャローデットはロンドン経由でパリに向かい、そして一八一六年二月半ばにパリに着いた。トーマスの死後、彼の書き残したものの中から、私は紙のテーブルクロスの切れ端(フランスの喫茶店でよく使われていたもの)を見つけた。その切れ端で彼は、マシューと怪しげなフランス語で最初の会話をしていた。トーマスはまず、遅れてきたことを詫びた。彼は町の教会に行かねばならなかったのだ。彼は「アメリカの貧しいろうあ者に代わって」、シカールとマシューに礼を言った。彼は月に七〇フランでの個人授業を願い出た。

「もっと出したいのですが、私の支払いは慈善の寄付に頼っています」

「クレールと私が交代で授業をしましょう」。マシューは同意した。

その場ですぐに授業が始まっていた。というのは、トーマスはいくつかのフランス語の助動詞の一〇近くある時制を表にしていたからだ。またそれぞれの横には、適切な方法的手話についての簡単なメモ書きがあった。マシューは心配して、これを全部英文法に書き換えるのは難しいだろうと書いていた。また二人は、トーマスの個人授業を始める日を数日後に定めた。

私は、トーマスとの最初の会話の記録も見つけた。私たちは自分の家族のことについて英語で話し合った――私の英語は怪しかった。私はロンドンに行く前に数回、英語の講習を受けていた。

私「私には兄弟が一人と、二人の姉妹がいますが、彼らはろうではありません」

トーマス「聖書を読みましたか?」

私「シカールは聖職者なので、私は空で覚えています」とフランス語で答えた。

私「アメリカ人はナポレオンを好きですか?」

トーマス「我々はヨーロッパの政治のことをあまり知りません」

トーマス「この街には不道徳な面がたくさんあります。とりわけ女性に多い。私は、多くの美しく若い女性が堕落していくのを見るのは忍びません」

我々はシカールの年齢やろう者の仕事について話し合った。私はトーマスにいくつかの手話を教えた（良い、より良い、最も良い、男、女、友人）。私はフランス手話と手指フランス語の違いを説明しようとしたが、うまくできなかった。前者を私は「自然の」、後者を「取り決められた」と呼んだが、それはわかりやすい説明とは言えなかった。なぜなら社会が持つ言語は自然なものであり、かつ取り決められたものを含んでいる。二人の会話は、その時も、またその後の話し合いでも、アメリカの、特にハートフォードの人々や出来事に関する話題が多かった。我々の運命的な出会いに至るまでのアメリカの話を私は聞いた。

「過去」というものは、なにかとすぐ居場所を変える。私はあまりに何度も思い浮かべたり考えたりしたので、どの場面が自分で見たものか、どの場面がトーマスの描き出してくれたものか、またどの場面が、これらの人々と一緒に生活する中で私が再構成したものか、ほとんどわからなくなっている。もしそのことで、私の話の中の登場人物がより真に迫って感じられるなら、なおのことといいだろう。その場面でのことを、彼ら自身に語ってもらおう。その場面は私自身が見たか、あるいは見ていなくても、彼らの性格と生活していた環境を、今私はしっかりとつかんでいるので、目の前に浮かべることができる。

最初にメイソン・コグズウェル、合衆国で最初の博愛的な学院、つまりろう者のための学校を作るのにはかり知れない功績をあげた人である。ド・レペと同じくメイソンは、個人的にろう者と関わりを持った時、それが彼の関心を超えた、大きな社会的問題であることを即座に理解した。そして彼は、その理解の上で行動した。

アメリカの隣人たち

一八〇七年、コネティカット州中央北部の州都ハートフォードのメイソン・コグズウェルの家。

大人数がコグズウェル家の食堂に集まった。プロスペクト・ストリートに面した窓から日光が差しこみ、黒い木のテーブル、椅子、板壁を暖かい光で満たしていた。陽の光が、テーブルクロスの刺しゅうの上に波を作り、シロメ〔訳注8〕製の調理用具の上できらめいていた。テーブルの上には残り物のローストチキン、焼きピーマン、プディング、ブラックベリーのパイ、リンゴ酒の入った蓋つきジョッキ、メイプル・シュガーのかけら——すべてがコグズウェルの土地からのものだ。テーブルの上座から、集まった人たちに微笑みかけているのはメイソン・フィッチ・コグズウェル、四十六歳。背が高く痩せて堂々たる顔立ちの男である。白髪まじりの濃い栗色の髪を短く切り、高い額と、鋭い眼差しの大きな茶色の目をしていた。襟が高くフリルのつい

Gallaudet College Archives

メイソン・フィッチ・コグズウェル
娘アリスのため、ろう学校建設に尽力した。

た白いシャツと長いベスト、膝までの半ズボンに絹の靴下、先の白い靴。これは明らかに古風な、彼の父親の代のいで立ちだった。メイソン・フィッチ・コグズウェルは保守的で、礼儀正しく、物腰柔らかで、皆から愛されている、寛大で優しいハートフォードの医者だった。街では彼が、ある時は村道を、ある時は大通りを、一日に一〇あまりある次の依頼先へと、コートの裾を風になびかせてきびきびと歩いていくのがよく見かけられた。今、彼はテーブルの下で妻の手を握りながら、首を一方に傾けて、彼の左側にいるネーサン・ストロング師に、全力で注意を集中させていた。ストロングはその時、ジェイムズ・コグズウェルへの自作の賛辞を読んでいた。ジェイムズはメイソンの父で、三ヵ月程前に八十八歳で死去した。

メイソンの妻、メリー・コグズウェルは、ウィリアム・レッドヤード中佐の娘である。ウィリアムは、グロトンの地でのイギリス軍への降伏〔訳注9〕の際、敵将の背徳的行為により自らの剣で虐殺された人だった。さてメリーは、良識と落ち着いた判断と礼儀正しさを持ち合わせ、ハートフォードではとても評判の良い人である。彼女は女性なので、彼女の影響の及ぶ範囲は家庭であり、他では見られないような、人への献身と優しさを常としたので、そのこともあいまってコグズウェル家は、街の洗練された文化と生活の中心になっている。

彼女の右には、コグズウェルの隣人、ピーター・ギャローデットが座っている。彼は小柄な商人で、約七年前に八人の子どもを連れて、フィラデルフィアからハートフォードに移ってきた。彼は今一二人の子どもがいる。彼の妻は隣にいるが、やはり疲れてみえる。彼の名前が示すように、ピーター・ギャローデットの祖先はフランス人である。彼の祖父のピエール・エリゼ・ギャローデットは医者だったが、一六九〇年代の最初にラ・ロシェルを去った。ナントの勅令の廃止〔訳注10〕によって引き起こされた、フランスのプロテスタントの大移動の中の一つの動きである。彼はニューヨークにある都市ニューロシェルの建設者となった。その祖父に劣ることなく、ピーターはアメリカ植民地軍に仕え、司令官ジョージ・ワシントン付きの秘書として活躍した。メイソン・コグズウェルと同じく、彼も保守的である。それまでは無宗教だったが、三十七歳の時に公に信仰告白をした。そのこともあり、典型的なプロテスタントの家庭以上に、家族の中で聖書を読み、祈り、教会に行き、善行を奨励した。

息子のトーマスと私がヨーロッパにいる間に、ピーター・ギャローデットはニューヨークに引っ越し、その後フィラデルフィアに移り、最後にワシントンに落ち着いた。ワシントンで彼は財務省と提携し、ワシントン労働学校と男子孤児施設を作った。トーマスは一二人の子どもたちの第一子であり、若い時から、弟たち妹たちを世話しその手本となることを求められてきた。血筋と同じように、育ちによって人は作られる。私と同じように考える人なら、後に彼が牧師となり、学校の校長となることを運命づけられていたと言われても驚かないだろう。

聡明で知性のある敬虔なギャローデット夫人の隣、テーブルの末席には、メイソン・コグズウェルの知識人仲間、たぶんジョエル・バーローがいる。彼は「ハートフォードの機知」の会員である――この会は、アメリカで最初の文芸同人で、そのころの大言壮語の傾向に対し、苦い風刺の薬の大量服用を試みるという意味で会の名前を作った。それから二人の医学生がいる（当時、州には医科大学がなかった――イェール大学の医学部はこの五年後にでき、メイソンが外科医として迎えられた――免許を取るには卒業後二年間、信頼できる医師のもとで勤めることが条件だった、あるいは大学を出てない場合は三年間が必要だった）。そしてこの輪の最後は、ネーサン・ストロング師である。大きな体格で、濃い白髪を肩まで伸ばしている。目つきは鋭く、鉤鼻の下には細い唇がある。

ストロングは、この地方で最も名の知れた牧師だった。学者でもあり、彼は、自分の説教やいくつかの理論的な本を出版し、また福音主義〔訳注11〕の冊子を出していた。彼の言葉は力強く平易で、話の内容は厳粛で福音主義的だった。彼の信仰の原則は、ゆるぎないカルバン主義であった。信仰のみが、原罪を持つ人間を永遠に救うがゆえに、信仰に目覚め回心することは特別の恩寵を受けるものであり、そうして目覚めた聖徒は永遠の祝福を受ける。彼が亡くなった時、それはちょうど私がアメリカに来た年なのだが、彼のセンターチャーチは、聖餐式のテーブルに集まる陪餐者が州の他のどこよりも多いと言われた。その陪餐者の中にはコグズウェル家、ギャローデット家などハートフォードの名門の人たちがいた。

ギャローデットが育った、ピューリタンの町ニューイングランド

ニューイングランド〔訳注12〕の町における、集会所と呼ばれた教会は、フランスの村における教会と比べてもそれ以上に重要な存在であった。町には中央施設や酒場がなくても、集会所という礼拝の場所が必ずあった。これが大事なところなのである。集会所は町役場でもあり、社会生活の中心でもあった。なぜなら、ピューリタンの開拓移民たちのあらゆる口論や意見の相違は、新しい町を産むことにつながり、そうしてできた町は世俗であると同時に宗教的なまとまりを持つ組織であったからである。新しい入植地の最初の任務は、まさにピューリタンの計画に則《のっと》った教

会組織を作っていくことである。大人たちは、彼らがキリスト教徒になった宗教的経験を再び語った。彼らは適任者を選ぶか、あるいは単に承認して牧師とした。彼らは、信仰を守り、神聖な法に従い、彼らが定めた法令を守ることを約束した。センターチャーチはその名の通り、ハートフォードの最初のキリスト教会だった。

今日ニューイングランドにおけるピューリタン的な緊張は、移民と民主化によって弱まってきている。しかし私がコネティカットに来たころ、その厳格さ、禁欲の度合い、克己の精神には驚くものがあった。私はといえば、現世と来世の必要性とを整合させるのに千年はかかるだろうという国からやってきたのである。

ニューイングランド人は知的で勤勉である、確かに。しかしまれな例外を除き（後に説明するが、メイソンはその例外の一人だった）、彼らは懺悔《ざんげ》者のような渋面を変えず、服装や作法や趣味が悲しいほど似ていた。娘や妻は陰気で控え目だった。食べ物は煮るか焼くかはしたが、きちんと調理されていなかった。ソースはひどい手抜きだった。彼らはワインをほとんど飲まず、ラム酒をたくさん飲んだ。教育とは神学、法学、医学を意味した。想像の産物を楽しむことは怠惰で時間の無駄と考えられ、どこか後ろめたいものだった。彼らは教会を、納屋と同じひな形の上に作った。彼らは石の多い硬い土地を懸命に耕し、教義についての硬い内容の本を懸命に読んだ。彼らの好きな讃美歌の一節は以下のようなものである。

罪に包まれ、おお、悲惨な世界！
我々が息を引き取る前に
若い心臓は、その最初の
邪悪と死の鼓動を打つ。

偽善者に会ったことがないというろう者はいないだろう。しかし、この時代のピューリタンの偽善者は度を超えていた。例えばストロング師は、節酒を説教しながら自分は蒸留酒の生産事業を大規模に展開していた。会社が倒産した時、この牧師は、保安官が彼に令状を突きつけるのを防ぐため、自分の家に閉じこもった。しかし日曜日なら令状の心配はないので、彼は説教のために、会衆の前に勇んで出かけた。彼は一度説教壇の中に入れば、もう二度とそこから離れるようには見えない一方で、一度外に出れば、二度とそこにもどるようには見えないと言われたものだった。彼の特徴をよく表すものとして、同僚の牧師フリント師に関わった言葉がある。フリント師は、ストロングの教会から数十年前に分かれたハートフォードの第二教会の牧師であった。教会の会合で、ある者が、牧師であるストロングが酒の製造、販売に携わっているのは好ましくないと言った。「おお」とストロングが言った。「我々は、ともに働く事業の中での組合教会員〔訳注13〕なのです。同志パーキンスが穀物を育て、私が蒸留し、そして同志フリントがそれを飲みます」

アメリカろう教育の機縁、コグズウェル家

この晩餐は結婚から七年たっており、彼らには四人の子どもがいた。想像するにメリー・コグズウェルは、黒人の召使リディアに上の女の子三人をこの場に連れてくるように目配せする。リディアはリドと呼ばれたアフリカの部族の族長の娘で、かつては奴隷だった。メイソンは一七八九年にハートフォードに移ってきたが、その時に暮らした下宿屋で彼女と会った。彼女は破傷風にかかって何人もの医者からさじを投げられていたが、メイソンは彼女を治療した。三十年後にこの家族の中で亡くなった時、リディアは貯めたお金と銀の懐中時計の鎖をメイソンの子どもたちに残した。

コグズウェルの子どもたちの中で一番年長のメリーはまだ六歳だが、その深い褐色の目はしっかりと同席者たちを見つめている。彼女の目から、たえず素直さ率直さが感じられる。後に彼女は背が伸び、威厳もつき、三人の男の子の母親になった。その二歳年下が優しいエリザベス。彼女は愛する人たちを快く幸せにするために生きているかのようだった。知らない人に対しては、落ち着いて控え目だが、友人と一緒の時は、熱中し感じるままに振る舞った。そして最後に、その時わずか二歳の理知的で活気あふれるアリスが微笑みながらやってくる。詩人が「幼い時の我々は天国を現している」と書いた時、詩人の想像の世界に出てきたかのような子どもである。父親の名前を継いだ、ただ一人の男の子は一歳にもなっておらず、子ども部屋に残っている。陽気なカトリーヌは四年後に生まれる。

さてここに興味深い事実がある。生まれていない一人を除きその両親と子どもたち全員より、私の方が長生きしてきたということである。私は若者が成人になるのを見てきた——と言うより、我々はその年月を分かち合い、友人になり、彼らはろう者の言葉を習い、ろう者の仲間の輪に入ってきた。そして、あっという間に大人になっていた。無口だった子どもが勤勉な若者になり、そして自分の世界に没頭していた。遊び心いっぱいの少女が快活な女性になり、そして突然の不条理な死が訪れた。柔らかく新鮮な肌が引き締まり、それからまたゆるんで、しわとたるみになっていった。そうしたことを私は見てきた。墓堀人がコネティカット渓谷の黒土と粘土を掘り返し、一人のコグズウェルが土の下に沈んでいくのを、私は六度見た。私は記録者であり、目撃者であり、一度は関係者でもあった。もし私の

人生がまだ終わらなくとも、このように必ず終わる時が来る——そこにはまったく何の理由もない。しかし終わりがあるからこそ、私はこの話を語れるのだろう。

メイソンは、ストロング師と共に多くの臨終の場に立ち会った。彼は多くの赤ん坊も取り上げてきた。彼は州でも最高の産科医と考えられていた。ニューイングランドの町ではどこでも、医者と牧師は二つのキーとなる仕事である。そしてハートフォードも四〇〇〇人の人口を持つ大きな町ではあったが、例外ではなかった。メイソンは、一般市民には病人に対する共感を持ってくれる医者として、仕事仲間の中では、腕の立つ医師として広く知られるようになった。「彼は大きな手術すべてを、真似のできない器用さと、何にも乱されない落ち着きをもっておこなう」と、同僚は言った。外科医仲間は、彼の巧緻さと手早さに舌を巻いた(正確さは当然のこととされたようだ)。太ももも切断の手術が、彼の手で四十秒で終わったと報告した人もいた。

一八一〇年にコネティカット医学会は、名誉ある医学博士の称号をメイソンに贈り、二年後には彼を会長に選んだ。彼は一〇回連続で再選された。同じ年イェール大学は新しく産科と外科の専門学部を作り、彼にその教授のポストを申し出た。しかし、彼はそのころ、ろうの子どもたちのために学校を作ろうと心に決めていたので、それを辞退しハートフォードに留まった。私がアメリカに来てから数年後、イェール大学も彼に「医学博士」の称号を贈った。

私の想像では、子どもたちが去った後の夕食会で、ジョエル・バーローがメイソンに贈り物をする。『エコー』と名づけられた詩の選集の校正刷りの束である。メイソンもその寄稿者の一人であり、思うに「ハートフォードの機知」の最後の出版物である。

選集の執筆は、序文によれば、「衒学《げんがく》的で気取った大言壮語が出版物のあちこちに蔓延している時代の、ちょっとした、肩の力を抜いた文学的な楽しみ」として始まった。最初のものとして、雷雨を模倣して大袈裟に描写した作品が一七九一年「アメリカン・マーキュリー」に載った。この雑誌はわずか七年前にバーローが始めたものである。この作品が注目を浴びたことで、著者たちは彼らの文筆の矛先をもっと価値あるものに向けることができると気づいた。例えばこの序文にあるように、フランスに広がる「革命の狂気の、ぞっとするような道徳性」などである。私の記憶によれば、ジェファーソン〔訳注14〕などは、「考えも及ばないような作り話をやたらと生み出す種馬のような人物」とされ、彼の文学的趣味、科学的興味は徹底的に嘲笑された。そうした小編が二〇ほどあった。「マーキュリー」が著者たちの好みから見てあまりに民主主義的になると、彼らは「クラーント」に発表するようになった。

もともとの「機知」は、バーローも入れて四人がメンバーだった。彼以外は、医者、ジョージ・ワシントン将軍の側近、最高裁の判事の三人だった。メイソンは「後からの機知」の中に数えられた。独立戦争後に加わった人たちである。イェール大学の学長のティモシー・ドワイト、彼の兄弟で新聞経営者セオドアもそのメンバーだった。さらに、後の知事になる人と二人の言語学者もいた。

「機知」が私の注意を引いたのは、そこにメイソン・コグズウェルの個性をつかむ鍵を見いだしたからである。彼らは、彼らが属す階層の中の少数派だった――確かに少数派といっても、豊かで力を持っていた。しかし彼らは、私の渡米当時には、まさに消えゆく過程にあった。彼らはピューリタンの家系で、ピューリタンとして育てられ、ピューリタンとして熱心に知性を磨き、学識がある、または上流の職業に就いていた。彼らはおいしい食べ物と飲み物を好み、芸術と政治を好んだ。もちろん保守的であった。すなわち連邦主義者〔訳注15〕である。彼らは強い中央政権を求め、貿易の振興、商人と地主への配慮、秩序ある社会を求めた。彼らは、多数者が彼ら自身を治めるには、優れた階層の手引きが必要であると信じていた。そして、彼らの家父長主義はろう者にも及んだ。ろう者は聞こえず教育を受けられないために、彼らの目には劣った者として映っていたからである。

アリス・コグズウェルの病

アリス・コグズウェルの美しい薄茶色の目が眠そうに瞬き、そして閉じられたのは、夕食会後そう遅くはなかったと思う。彼女が発疹熱から回復した時、父親は彼女の耳が聞こえなくなったことを家族に告げた。母親の泣く声も、横からの父の祈りの声も、すぐそこの窓の外で遊ぶ姉の声も。しばらく発話は残った。「お母さんが泣いている」と彼女は言った。あるいは「リドねえや」と。しかし窓から広がる生き生きとした景色は、冬の訪れとともに色褪せ、すべての色彩は、樹液の流れと同じく消し去られていった。同じように、彼女の声は消えてゆき、彼女は静寂の中に閉じこめられた。

「『神よ、なぜあなたは私を見捨て給うのか？』と私は泣き叫んだ」と、メイソンは言っている。「ストロング師は私をたしなめた。『あなたにまったく罪はないのか？』と。私は考えた。『いや、しかし、私の創造主からこのような激しい非難を受けるに値するようなどんなことを私がしたというのか？』私は、また泣き叫んだ、私の無力さに。これまでこんなにたくさんの子たちを病から解き放してきたというのに、自分の子に対しては何もできないのだ」

「ある朝、私は目覚めました」と、後にアリスは私に語った。「まったくの静けさに気づき、もう一度眠りに落ちました。長い時間がたちました。時々私が半ば目覚めた時、ドアのあたりは深い靄《もや》の中で歪んで見えました。あるいはモスリンの布越しで見るように、母の親しんだ顔が私の上で動いているが見えました。いつでも静かでした。父は二輪馬車を持っていて、『ボブさん』という名の馬に引かせていました。ある時私は、父の乗った馬車が近づいてくるのが窓越しに見えました。でも車輪が回っているのに、軋《きし》む音が聞こえません。馬車は物音もなく進みます。ボブさんの蹄《ひづめ》が静かに地面を蹴り、いななきに鼻から湯気が上がりました――またしても音もなく。私がおぼろげながら、もう何かが聞こえてくることはないと実感したのはこの時だったと思います。私は二歳半の子どもでした――私は、そのことが何を意味することになるかわかりませんでした。私はただそれを受け入れました。時が過ぎ、私は回復しました。しかし、私の発話と聴力はもどりませんでした」

それに続く数ヵ月、彼女は、父親を含む医者たちからのさまざまな責め苦に従わされたこと以外はほとんど覚えていない。医者たちは彼女の耳に塩水を注ぎこんだ。そしてクリーム状の油も。医者たちは瀉血し、蛭に血を吸わせ、薬漬けにし、最後は絶望に身を任せた。数年後医者たちは、トランペット型の補聴器を彼女にあたえた。それを使うと教会の鐘の音を聞くことができたが、それ以外のものが聞こえることはほとんどなかった。

しかしさらに、最悪の事態が待っていた。アリスの知的能力がふつうに成長していないという痛ましい事実が、メイソンには明らかになってきた（それはギャローデット夫妻にとっても明らかだった。なぜなら彼らの息子セオドアは、アリスと同年齢だったからである）。彼女はかなり洗練された社会の真ん中にいるのに、自己の周りで何が起こっているかをほとんどわかっていなかった。アリスは次第に手話を使うようになり、彼女の二人の姉はそれを習い、社会的な知識のほんの少しだけを彼女に伝えた。メイソンとメリーもそのいくつかを覚え、表現ゆたかなパントマイムでぎこちないながらも努力を続けた。こうした方面にはうとい普通のピューリタンたちの中で、彼らは新たに高度な芸術を作り出したと言ってもよかった。しかしそのような努力と献身をもってしても、生活に最も必要なメッセージが（つまり最も重要でないメッセージが）伝えられただけだった。

天賦の才を持つギャローデット

一八一三年、ギャローデット家の庭で。

八歳のセオドア・ギャローデットが出てきて、家の周りに沿って走る（彼は狐役）、弟のエドワードとコグズウェルの三人も出てくる——三人とは、メイソン、アリス、エリザベス、それぞれ、六歳、八歳、十歳（彼女が犬役）——全員遊びに夢中だ。トーマス・ホプキンス・ギャローデットはアンドーヴァー神学校での勉強から家に帰り、楡の木の下に立ってアリスを見ている。彼が見ているのは聴覚に障害を持つ子どもであり、健康なろうの子どもではない。世界を学び取り、他人の考えをつかみ、彼女自身の考えを分かちあう、そのための新しい言葉を必要としている子どもである。そのようなことにまで考えは及ばず、この若い神学徒は彼女にH-A-Tの綴りを教えようと決心する。

トーマスの背は高くなかった——一六五センチほどである——身のこなしにどこかひ弱なところがあった、女性的と言ってもよかった。落ち着いた楕円形の顔立ちに、肌は浅黒く、表情豊かな深く黒い目が眼鏡越しに相手を見回していた。鼻筋はまっすぐで口は大きい。話す時には歯と歯茎が見えた。声は柔らかかったが、態度は魅力あるものとは言えなかった。しかしこと伝えるということに関しては、彼は何という天分を持っていたことか！　パントマイムについては生まれついての才能があり、複雑な考えでさえ表情だけで伝えることができた。一度ジョン・トランブル大佐[*3]がアメリカろう学院を訪ねた時、トーマスは彼に、際立った絵になるような歴史的出来事を一つ、なんでもいいから選ぶように頼んだ。彼はそれを、表情と姿勢だけである生徒に伝えてみせると申し出たのだ。当然答える生徒も、ぴったり適役でないといけない。その生徒——私はジョージ・ローリングだと思っている、彼は勉学に励んで彼自身もろうの教師になった——は聡明なだけでなく、表現力にも富んでいた。ローリングの表情を見れば、話し手は彼が話の筋を追えているのかそうでないのかがわかった。

トランブル大佐は「ブルートゥス（ルキウス・ユニウス）〔訳注16〕が、彼の権威と命令に背いた二人の息子に死を宣告する場面を、その生徒に伝えてほしい」と言った。さて選ばれた場面は、聖か俗かどちらの可能性もあったし、古いものかもしれないし新しい話かもしれなかった。したがってこの生徒には、前もってのそうした知識が十分に必要とされることは理解いただけるだろう。この場合もそうだった。ギャローデットは手話をしないように手を組み、頭を波打たせながら東のほうを眺めた。まるで大西洋を横切っていくかのようで、事件は東方の大陸で起こったことを示した。少なくともこれで、題材はアメリカ史の範囲から離れた。次に彼は、目を上から下に回し、頭を後ろに傾けた。まるで遠い過去を回想するかのようで、出来事がたいへん昔のものであることを示した。それから彼の顔の異様によく動く筋肉を伸ばし集め、ローマ人の鷲鼻に似せた。

アリス・コグズウェルと彼女を教えるトーマス・ホプキンス・ギャローデット
(STATUE BY DANIEL CHESTER FRENCH)

彼の顔つき、態度、身のこなしから、彼は大きな権力を持ち、人々をつき従え命令を下す人物になった。そして彼は、多くの人に命令し、抵抗する者には罰をあたえると脅すような人間に見えてきた——その罰には死さえも含まれる。次に時の経過を示すために、夜に寝て朝に起きるさまを数回にわたって表現した。それから彼は、深く興味を持ち、かつ驚いた様子をして、一人の人間が目の前に連れてこられたことを示し、そして彼の顔は命令への違反に対する怒りを見せた。それからその近くにもう一人の罪ある人間を見ることで、彼は二人の犯罪者がいることを示した。

威厳ある熟考、次には強く衝突する感情に伴うとまどい——彼はどう考えればいいのか、どうすればいいのかわからない。一人を、次にはもう一人を、父親が子どもを見る目で見る——彼は苦しむ父親である。彼の態度は、妥協のない司令官と子を愛する父親の間で行ったり来たりを繰り返した。とうとう、父親は司令官に屈し、法の厳しい原則が表情と態度から広がる。彼の外見と動きは、違反者に死の言葉が突きつけられ、その執行が命じられたことを示した。生徒は以前からすでに答えがわかっていて、待ちきれない様子だった。許しが出て彼は、自分の石板にブルートゥスとその二人の息子についての完璧な説明を書いた。

ギャローデットはこの妙技を何度かの場面で披露した。ある時にはノアになって箱舟を作り、アブラハムになって彼の子どもを生贄に捧げ、ワシントンになってトレントンに進軍した、等々。このようにたいへん天分に恵まれた表情の持ち主だったので、彼は指文字の代わりに表情でアルファベットを表す方法を考案した。aは畏れ〈awe〉、bは図太さ〈boldness〉、cは好奇心〈curiosity〉、dは絶望〈despair〉というように。絶望〈despair〉、熱望〈eagerness〉、畏れ〈awe〉、怖れ〈fear〉で、ろう〈deaf〉と綴ったことになる。

ギャローデット、ろう教育に目覚める

さて、トーマスのこうした技術は経験を積む中で磨かれていった。それはすべて、彼がアリスに教える決心をしてH-A-Tと書いたこの日から始まった。その時彼は、ニューイングランド人がこの世紀の初めにしていた服装だったろうと想像する。つば広の帽子の代わりに高いシルクハットを被り、男性は半ズボンではなく、ぴったりとしたズボンをはいた。ワイシャツの胸にはフリルが付き、黒の裾長のコート。そんないで立ちだったろう。帽子は子どもにとっては遊び道具である。私には、その時のアリスも目に浮かんでくる。彼女はひだつきの上衣を着ていただろう、栗色の長い髪がふくよかな顔を巻き毛になって囲み、一方でトーマスの帽子を持って、それを被ろうとしている、

スは、ステッキを持って来て地面に字を書く。

トーマスの不思議なほどのこの若さへの信頼、若さへの愛、若い心に対する全面的で尽きることのない共感、それはどこから生まれでて、どのように育てられたのか？トーマスが最もほめたたえた主キリストも、同じ心を持っていた。「小さい子どもがそれらを導く」〔訳注17〕。弱い体と健康面のもろさは、彼の心を清めることになった。彼は私心を信じず、すべての信頼を神に置いた。彼は信心と勤勉を大切にする家庭で育った。実際イェール大学に入る準備には二年間しか使わず、大学では二年生のクラスに入った。彼は十八歳になる前に最優等生として卒業したが、クラスの中では最も若かった。そして、学位授与式での学生側の辞を述べた六人のうちの一人だった。私は彼の書類の中からその辞を見つけた。それは彼の持ち味の、はっきりした均整のとれた字体で書かれ、大理石模様の紙で丁寧に包まれ、ピンクと白のリボンが結ばれていた——清潔と整頓も彼の持ち味だった。その題にも同様に、彼の性格が反映されている。「コネティカットにおける奢侈の増大と、その破滅的な結果」

卒業した秋、トーマスはチャウンシー・グッドリッチ法律事務所に入り法律の勉強を始めた。グッドリッチは後にハートフォード市長と副知事になった人であった。しかし彼は、合わないものを感じたのだろうと思う。というのは、一年でそこをやめてイェールにもどったからである。その後二年間、彼は英文学を読み、考えを書き記した。彼は「祈り、瞑想、そして熟考」と題した小さなノートを持ち歩いた。それを読むと、彼は、自己の中に育った宗教観に支配されていたのがわかる。懐疑論と、誘惑と、信仰に向けての戦いと、一八〇八年の新年の決意は、一人で朝、昼、晩祈ること、彼の両親、弟たち、妹たちにより優しくすること、怠惰を減らすこと、食べ物、飲み物のぜいたくを抑えることなどであった。「教育の動機としての大望について」という題で、彼の修士演説が一八〇八年の秋におこなわれたが、その中で彼は、キリスト教的謙譲を前面に出し、賞賛を受けたがる心を邪道とした。そのすぐ後、彼はイェール大学の準講師となった。

トーマスのピューリタンとしての心の葛藤はますます激しくなった。「私は、私が永遠の滅びの道を歩んでいることを知っている」と、一八〇八年の終わりに彼は書いている。次の年の春には精神的にも肉体的にも衰弱した。「もし主が、健康と体力、そして研究のための能力を私に回復させるのが適当と思われるなら、私は福音伝道の牧師になり、この身を捧げよう」

一八一〇年の秋になったが、彼がそのように強く望んだ体力面、精神面での回復はなかった。そこでトーマスは、今のように目と頭を使わない、戸外に多くいるような商売を考え行商人になった。ブリキ行商の最盛期で、包みいっぱいのブリキ細工品、留め針、針、はさみ、櫛、子どもの本、綿製品を売り歩いた。一つの町で三〇人くらいがその仕事を初め、南部へ西部へと旅立った時代だった。トーマスはニューヨークの商家から仕事をもらい、オハイオからケンタッキーを馬の背に乗って旅した。もどるとたいへん元気になっていたので、実業を続けていこうと考え、彼は事務員の仕事に就いた。

しかし、トーマスは、法律家同様実業家にも向いていないと知り、一八一二年にアンドーヴァー神学校に入学する。彼は伝道し、他人のために働きたいと思った。しかし、どんな分野に進むのかは、まだわからなかった。その時、その二年間の課程の中ごろのことだった。トーマスが地面にH-A-Tと書き、一方でアリスがそれを困惑して眺めたその時、人と動機とが重なり合った。彼は帽子を地面の字のそばに置き、それを交互に何遍も指さし、一方で帽子をかぶる動作をして二つが結びついていることを示した。アリスは理解したように見えた。わかっているかを調べるため、トーマスは靴で字を消し、数フィート向こうの地面にもう一度書いた。アリスは帽子をつかみ、それを新しい字の場所に置いた。トーマスは大喜びしてコグズウェルの家に行き、彼のこの成功を話した。

トーマスがアリスに、この場で実際に何を教えたのかは問題ではない。重要なことは、彼がろう者に対し強い関心を持ち始めたことである。彼は、女流詩人リディア・ハントレー・シガニー〔訳注18〕が開こうとしていた学校にアリスを入れるように、メイソンを説得した。

学校で学ぶアリス

一八一四年、ハートフォード。リディア・シガニーの学校でのアリス。

教室の前には、亜麻色の髪を巻き毛にした小柄な女性がいる。彼女の名は、リディア・シガニー。まだ二十三歳だが、彼女はアメリカで最も人気のある女流詩人となる途上にあった。彼女が最初に出版した本は一八一五年に書かれ、『散文と韻文の教訓的断片』と題されていた。彼女の死後、今から四年前に見つかった「教育の思い出」を集めた『人生の手紙』が最後となる。その二つの間に、彼女は二〇〇〇におよぶ定期的な連載、五〇冊におよぶ詩、エッセイ、旅行記、小説を出版した。彼女はポー〔訳注19〕から賞賛され、ホイッティアー〔訳注20〕から後援を受け、その本は多くの言語に翻訳され、ヴィクトリア女王に会い、プロイセンとフランスの支配者から贈り物をもらった。おお、彼女を酷評する人たちもいた。ジェーン・カーライル*4は、彼女がやって来た時、「口紅とポマードを壁のように塗りたくり――はるか昔の時代風に首を露わにして――長い巻き毛は一つとして今の場所で伸びたものではなく……黒いサテンの生地の上ですべてをピカピカと光らせている彼女は、まさに黒い絆創膏の上に白い粉薬をひと吹きしたようで、生気をあたえようとした目があたりを睨みつけている」と描写した。『アメリカの女流詩人』の中の彼女の紹介記事を書いてほしいと頼まれ、ホレース・グリーリー〔訳注21〕は編集者に不平を言った。「シガニー夫人については、いろいろ取り繕って書こうとは思うが、ひどい仕事だよ。彼女の本当の経歴が一言も言えないなら、何が書けるのかい？」

彼女の本当の経歴を語ろう。さて一〇人くらいの女生徒が教室にいて、彼女たちの作文の教科書に見入っている。アリスはリディアに向けて彼女の教科書を掲げる。リディアの注意を引き、本を手渡し、教えてと手話をする。以前彼女がこの手話をした時、この教師は「詩的な発露」で答えた。彼女は自分の作品を、好んでこう呼んでいた（アリスはそれを短文と呼んだ）。その詩は、リディアが放課後に会うことになっていた友人に宛てて書いたものだったが……。

石版と本と地図が出てきて
そして、そのかわいいものが大勢で叫ぶ
「あの川はどこから流れ出ているの、
そして、この山はどこにあるの、
そして、いつ、あの盲の年とった王様が支配したの、
そして、その前の王様は誰だったの、
そして、五時から後ももう少しいて
そして、私たちにもう少しお話しして」
そして、その時、私たちの愛するアリスが来る、
そして、冷静な目を持つ者は見ることができる
あの懇願するような眼差しを、
「おお！　私にも何かを教えて……」

アリスは、アルファベット順の言葉の表が書かれた本を開き……会議〈congress〉、構成〈constitution〉、綿〈cotton〉、キューバ〈Cuba〉……歴史の授業の間にそこまで来た。リディアはアリスの椅子を教師の机の横に置き、アリスが他の生徒たちと対面できるようにした――アリスが最初に今週の試験をおこなう。クラスのお気に入りのおけいこである。「王が　おバカな　たくさんの　鰻　食べた。誰か？」アリスは手話で言い、全員の手が上がる。「では、ナンシー？」「たくさんの鰻を食べた王はヘンリー一世です！」「正解よ」。等々。「もし、こうした時のアリスのきれいな目から発せられる素朴さと皮肉っぽさと、そして愛の織り

なすものを見てくれさえしたら」と、リディアは一度私に言った。

アリスが他の生徒に対して試験をおこなった後、先生がアリスの試験をする。先生は彼女の単語帳の中の言葉を指し示し、それを定義するように言う。彼女は説明し、定義し、小さな話もつけ加える――歴史、伝記、あるいは聖書に基づいて――それはアリスが、それぞれの言葉に関係して学んだものである。彼女の説明は彼女自身のホームサインと、パントマイムと、指文字がまじったものだった。指文字は左右の手を使うイギリス式指文字であり、彼女がどこでそれを学んだかは知らない。その他の生徒(全員聴者)は、この指文字と、彼女の手話をたくさん覚えた。彼らはアリスの話を通訳する(それは明らかに教師を助けることになるだろう)。こうしたことはすべて教育の補助的効果としては魅力的である。しかしそれは、聞こえる生徒のためのものであって、アリスが必要とする配慮としては有効ではなかった。「アリスは知覚力、想像力、思考力に高いものがあり、知識に飢えている」とリディアは言った。だから彼女は、こうした環境で多くを学ぶべきである、と。

たぶん学校が始まってから六ヵ月後の一八一五年の冬、アリスは初めて努力して文字で一つのものを作った――少なくとも、私が見つけた中では最初のものである。生徒たちが教師に手紙を書くことになり、アリスも他の生徒たち同様、先生の文通相手になれるまでは満足しなかったのだ。この手紙での彼女の話題は、もどってきた「平和の光」[*5]と、リディアに家族がいないこと、そしてリディアの歴史と地理の授業についてだった(アリスがこう書いている時、ナポレオンはエルバ島を脱出してパリに向かい、シカールとマシューと私はパリを出てロンドンに向かった)。

「世界――すべて平和。――今、私はうれしい。――窓にはたくさんのろうそく。――雪の上に明るく輝く。――家とてもきれい。――その夜、友達が私の家に、そして一人の赤ちゃん」
「可哀そうに思うはアリス――兄弟がいない――姉妹もいない。――私の姉、三人――弟、一人。――みな美しい。――あなたにはいないから可哀そう。――私のお父さんとお母さん。――私はみんなを愛している」
「女子、学校に一五人。――あなたが教える。――あなたは手紙を書いて送る。――私が学んだクレオパトラ――偉大な女王　顔とても美人――召使に言った、――籠を持ってくるように――イチジク――コブラが腕を噛む――腫れる――死ぬ」
「クセルクセス、威張った王様――とてもたくさんの兵隊たち――ギリシャとの戦争に行く――這って帰ってくる――多くの人殺された。

「気候帯、五つ、――一つ暖かい、人々みな弱い。二つとても寒い――二つ半分暑い、半分寒い――温帯性」

リディア・シガニーの行きすぎた、ろう者の美化

「ハートフォードの甘美な歌い手」と言われたリディアは、詩の題材として、あるいは慈善の対象として盲人、ろう者、唖者に魅了されていた――とりつかれてさえいた。彼女はボストンの盲学院の校長サミュエル・グリドリー・ハウと文通し、ジュリア・ブレイスの生計を援助した。ジュリアはろうあにして盲で、大人になってからも我々の学校で暮らしていた。リディアは「ろうあ者の結婚」と題した詩を書いたが、それは、「何の言葉もない！　何の音もない！しかし、荘厳な儀式が／明るい祝いの部屋で進む」の言葉で始まる。もう一つ「ろうあの祈り」と題したものもある。

リディアの死後出版された『人生の手紙』の中に、アリスについての詩がある。アリスの「その無上の喜びの表情」と歌った詩には、ロンドンでマシューーと私に出された質問に対する答えが出されている。ろうあ者であることは幸せか？　リディアはこう答えてアリスに送った。

おお、優しい質問者が見ることができたなら
あなたの眉の上に喜びが満ちるのを
その微笑みは霊感の光のように
彼の心に答えを届けるだろう

そして、彼があなたの活気に満ちた優美さを見ることができたら
その優美さは、必要な従順さと混ざりあったもの
そして、あなたの心の中の優しさに気づくことができたら
その優しさは、真実の感情すべてに向けられたもの

あるいは、新しい考えが閃く時
混ざり気のない心の祭壇で
高揚から流れ出る涙を見よ
静かで純粋な陶酔の中

あなたの活気ある生と、無上の喜びの表情
あなたの魔法の眼差しの持つきらめき
これらは、彼の疑いをすべて取り除き
そして、無用の哀れみを取り去るだろう……

あふれるような感傷は、まだ許されるだろう。作者は、そうしたものが高く評価される時代に生きた。しかし私が許すことができないのは、ろう者の状態に対する彼女の美

化である。純粋さと美しさにおいて、ろう者を他のすべての人よりも上に置く（あるいはアリスを、他のすべての女性の上に置く）ことは、ろう者とのコミュニケーションを拒絶するのと同じように、ろう者を隔離することになる。

リディアのあら探しをする人たちは、彼女の幼少時、彼女の家族、彼女自身についての不合理ともいえるロマンティックな描写を無邪気な欠点とは考えず、むしろ利己主義的な偽善と考えたが、私は彼女の、ろう者に対する「感情の発露」にも同じものを感じる。その点を説明しよう。「刈り込まれたビロードのような生垣の中庭では、二本の舗装された道が交差していた」。その中庭のある家で、彼女は大きくなったと言っている。しかし中庭は、たぶん四メートル弱の長さで、彼女はその持ち主の娘ではなく、庭師の娘だった。そして彼女が熱い気持ちをこめて書いている「スイートルーム」に、彼女が住むことはなかった。一家の暖炉の前に身を落ち着け、母親としての仕事の合間に魅力を振りまく、愛情に満ちた妻という一般に広がっているイメージは事実ではなかった。彼女とやる気のない商人の夫との間に愛はなく、夫の連れ子の娘を彼女は嫌っていた。彼女は何度も夫に離縁を申し出たが、断られた。私が見た手紙の中で、夫は次のように彼女を非難している。「彼女が貪欲に賞賛を求めるのは、大食いの鵜《う》の食欲がおさまらないのと同じ」で、それは彼女の「明らかに、どうにもならない自己顕示欲」によるものである、と。彼女の一人息子のアンドリューは、肺病で亡くなる前は暴力的に彼女に反抗した。

こうしたひどい現実――低い身分の生まれ、不幸せな結婚、母親であることへの失望――は、彼女の空想を新たに高めることになった。リディアがアリスを愛した一つの理由は、この子どもの孤独が彼女の孤独と通じるものがあるように感じたからであった。孤立し、人々と世界を認めず、自分自身の感性に溺れながら、詩人は孤独が、アリスの、そして自分自身の豊かな内的経験を生み出していることを必死に描こうとした。ろうあ者は死者と同じく、神と直接に心を通わせ、言葉はいらない。彼らの孤独は気高いものとされ、そしてそれは詩人の孤独と重なる。これはいつわりの自己愛であり、つまりはろう者を自分の目的のために使っていることになる。おかしな神話と同じように、高貴な神話には気をつけなければならない。正真正銘のソラール伯爵だったのに、不当な扱いを受けたろうのジョゼフ――彼はまさに、若く、純粋で、正直で、高貴な人となった。同情を引き起こすためには、彼は不正のための純粋な犠牲にならなければならない。よって、彼は純粋でなければならなかった。ろうのアリスは、「この上なく鋭敏な感受性の涙が彼女の目に輝いている」、なぜなら彼女の「特別の不運が、優しさと共感への新しい扉を開いた」から

――リディアはそう言った。ろう者の真実の姿がとらえられた文学があるのだろうか？　孤立した存在ではなく、ろうであることは生活の中の一条件に過ぎず、ろう者と聴者とが手を携えて動く姿が。

ろう学校開設に動き出すメイソン・コグズウェル

リディア・シガニーの学校は一八一四年の秋に開校したが、メイソンはそうした機会を、手をこまねいて待っていたわけではなかった。その三年前に自分の娘の成長の遅れを実感した彼は、愛情に満ちた親であり、偉大な医師であり、ニューイングランドのピューリタンであるにふさわしい、壮大な計画を考えだした。

メイソンは、本を愛した。個人としての蔵書数は、たぶん州一であったが、毎夕数時間の読書に静かにふけることを日課としていた。フランシス・グリーンがブレイドウッドの学院について書いたものが一七八三年にロンドンで出版されたが、メイソンはその写しを持っていた。彼はド・レペの主著書の訳書も買った。それもグリーンの手になるもので、彼の考え方が変わり手話を認めるようになった後、一八〇一年にロンドンで出版された、『長い経験に基くろうあ教育法』という題の本である。どちらも発話を、失われた時点の力に回復させることを約束していた。

そしてド・レペは、ろう者と会話しろう者を教育するためのもう一つ別の方法と、それによる驚くような展望を指し示していた。そして、ここがメイソンの素晴らしいところだが、彼はそもそも、一人の教師を雇ってアリスにつけ、個人のやり方に頼って彼女を教育しようとは考えなかった。そうではなくド・レペのように、ろう者を階層として救い、その社会的な解決を目指すことを考えた。メイソンは何の迷いもなく、挑戦すべき大きな課題は、アリスを話せるようにすることではなく、新しい国のすべてのアリスたちを教育する道を見つけることだと考えた。

彼はろう教育の性格や特質まではわからなかったかもしれないが、社会的な必要性があると信じて疑わなかった。ろう者はあちこちに散在していて、社会ののけ者だった。見える存在ではなかったのだ。アリスはろうの友人を一人も持たなかった。しかし彼は、コネティカット南部へブロンのギルバート家のことを聞いていた。一〇人くらいの子どもがいて、その半分はろうあだという。シルヴェスター・ギルバートは弁護士で、町政記録係でもあり、二回目の大統領選挙でコネティカットの選挙人団に選ばれた。そのような家庭が他にもあるに違いない。

一八一一年六月――アリスはまだ六歳になっていなかった――メイソンはアベル・フリント師に手紙を書いた。フリント師はハートフォードの組合教会派の、ストロング師とは別の教会の酒好きの牧師で、コネティカットの組合教会派牧師総連合会の会計をしていた。手紙の中でメイソンは、総連合会を説得してろう者の一斉調査をやってほしいとフリント師に頼んだ。「何人いるのか……その年齢は、性別は、生まれついてなのか、病気でそうなったのか……私は、ギルバート氏と私自身のためにこの要望を出す」。それを了解した連合会は、次の年の会合までに必要な調査をおこなうことにした。

その連合会の会合があと二ヵ月と迫った時、メイソンは夕刊で思いもよらない、しかし時宜を得た記事に出くわした。それは、職住がまだ決まっていないトーマス・ブレイドウッドの孫のことだった。彼は、債権者に囲まれたため、エジンバラのブレイドウッド学園の校長の地位を捨てて今ワシントンに来ていたのだが、ろう教育という彼本来の仕事を再開することを計画中であるというのだ。メイソンはブレイドウッドのよろしくない過去を知らなかった。学校を作るには専門の教師が必要だということは明らかになっていた。まさにその時にブレイドウッドがアメリカに来た。メイソンはそこに天の導きを感じた。翌朝彼は、ブレイドウッドに手紙を書いた。

「あなたはこの見知らぬ者からの手紙に驚かれるでしょう。実際のところ、私は、『ナショナル・インテリジェンサー』の夕刊の記事以外にあなたのことを知らないのです。……私には不幸な人間の階層に属する娘がいます。そして今、彼女はあなたの配慮と支援を求めています。……彼女が患ってからというもの、私はろうあ者の教育のための学校設立の重要性を感じています。……不躾な質問をお許しください、先生。あなたのこれからの仕事の舞台となる恵まれた場所は、お決まりなのでしょうか？　もしまだであれば、あなたの慈悲深い仕事を始める場所を決める前に、この国のいろいろな場所を訪れてみるおつもりがおありでしょうか？」

しかしながら一方で、バージニアのグーチランドにウィリアム・ボーリング大佐がいた。彼の兄と姉は、フランシス・グリーンの息子のチャールズと一緒に、かつてブレイドウッドの学園で勉強した。ウィリアムもメイソンと同じように、ワシントンにジョン・ブレイドウッドが来たことを知ってすぐに手紙を書き、彼の計画を支援しようと自宅に招いた。ボーリングにはろうの娘と息子がおり、子どもたちに海を越えてイギリスに行かせる気にはなれないでいた。ブレイドウッドはボーリング邸に行き、一族がアメリカに学校を広げていく計画を持っており、彼はすぐにバルティモアに学校を開設する予定であると話した。ボーリングを呼んで、後援している他の親たちと会える機会を作ることを約束し、ブレイドウッドはボーリングの子どもの教育の手付金として六〇〇ドルを受け取った。ブレイドウッドは学校建設の進み具合を欠かさずボーリングに報告し、いつ彼の息子をバルティモアによこしたらいいかも知らせることで二人は合意し、そして別れた。息子を送り出すのは六月上旬という予想だった。そのすぐ後に、メイソンの手紙が届いた。しかしボーリング大佐が後で証言したように、ブレイドウッドはワシントンからバルティモアへそしてフィラデルフィアへと、遊びと酒の浮かれ騒ぎで金を浪費しながら流れていき、とうとうボーリングからの手付金はなくなり（後援する他の親はいなかった――その話は嘘だった）、そして実際に負債までできてしまった。ブレイドウッドはニューヨークに逃げたが、負債のために追われ、捕まり、獄につながれた。こうしてメイソンは（アリスとすべてのアメリカのろう者にとって幸運なことに）、彼の手紙の返事を受け取ることはなかった。

根回しを始めるメイソン

総連合会の会合は六月に開かれ、調査の結果が出た。コネティカットで八四人のろうあ者が確認できた。そこからメイソンは、ニューイングランドで四〇〇人あまり、合衆国全体では二〇〇〇人という数を推定した。もちろん、学齢の児童ははるかに少ないし、もし必要経費が軽減されても、ハートフォードの学校に通える数はもっと少ない。それでも、アメリカのろう者のための学校の必要性ははっきりとしたものになった。

この情報に従ってメイソンが行動を開始するのに、数年がかかった。その理由を私は知らない。しかし一つには、開校を保証する十分な数のろう者が合衆国にいるという意見が、多くの人にはばかげたものと思われたということがある。一人あるいは二人以上のろう者と会ったことさえ、ほとんどの人は覚えていなかったし、そこで一〇〇〇人という数を聞くと、騙されやすい人ほどかえって信じまいとした。もう一つの理由としてメイソンは、トーマスが神学校を卒業するのを待っていたのではないかと私には思える。トーマスの書類の中にアンドーヴァーの同級生からの手紙があり、そこには、トーマスがろう者に対して関心を持っていたことが書かれていた。またメイソンの書類の中から、私は、ろうの子どもを持つ裕福な親からの手紙を見つけた。その手紙からギャローデットは、神学校在学中にその父親に手紙を書き、ろう者を教える方法を学ぶために誰かを外国に送り出す時、彼も資金面で協力してくれるかを尋ねていたことがわかった。一八一四年の秋、アリスがリディア・シガニーの学校に入った時、トーマスはアンドーヴァーを卒業した。その冬、トーマスはアリスを教えるのにかなりの時間を注ぎこんだ。

翌春、メイソンは賛同者の一団を彼の家に集めた。最初にナサニエル・テリー将軍。成功したハートフォード市民で、後に市長になった。たいへん短気な人で、怒ると頭が空っぽになって、相手を地面に殴り倒した（という噂だ）。しかし街では、彼の陽気な面しか知らない子どもたちに囲まれていた。次に彼の義理の兄弟のダニエル・ワズワース。彼の父が亡くなってからは、コネティカットでただ一人の百万長者であった。体が弱く、すきま風を極度に嫌った。トーマスが私に教えてくれたことだが、彼は大きな馬車を持っていて、中にストーブと煙突をつけていた。ハートフォードで馬車を持てるほどに裕福な人は五人いたが、そのうちの三人がこの会合にいた。テリーとワズワース、そして商人のワード・ウッドブリッジである。その他に四人の成功した実業家とストロング師がいて、ストロング師の祈りで会合が始まった。トーマスとメイソンの二人もメンバーだった。かなりの議論の後、一同は、しかるべき人を探し、その人に海を渡ってヨーロッパ式のろう教育を学んでもらうことを決めた。その人が帰ってきて、彼らがハートフォードに建てる学校のリーダーになるというわけだ。「子どもたちが崇高な真理を受け入れられるようになれば、直ちにそれを教えていくのは我々の責務である。またキリストの命により、我々は救いという喜ばしい知らせを、天の下のすべての被造物に知らしめなければならない。そうであるならば、哀れなろうあ者にキリストの名前を知らしめることを拒絶するのは、彼の命に背くことである」

メイソン・コグズウェルとワード・ウッドブリッジは適任の教師を探し、また一方で旅の費用にあてるための寄付金を募《つの》る委員となった。適任者として誰でも最初に頭に浮かぶのはトーマス・ギャローデットだったし、一週間もたたぬうちに彼も正式に承諾した。十分な資金はすぐに集まった。三週間後にはトーマスの荷造りがすみ、出発の用意ができた。数通の紹介状を持ち、ブレイドウッドの甥の息子にあたるジョゼフ・ワトソンが校長をしているロンドンろうあ学院で教育方法を観察し、数週間、あるいは必要なら数ヵ月を使う予定を彼は立てた。トーマスはまずニューヨークに向かい、メキシコ経由の旅券を手に入れた（行き先はリバプール）。

悪天候で船の出発が遅れ、そのために乗客と話すようになり、いくつかの貴重な関係ができた。その人たちは、「リバプールとロンドンにいる社会的地位の高い友人に向けての、非常に価値のある」紹介状を書いてくれた。彼はまた、あるろうの息子と父に出会ったが、その息子は「十年間ろうの状態で、ほぼ我々のアルファベットと同じものを使って、主に指で会話していた」。こうした出会いや紹介状はすべて、「望まずとも私の手に舞い降りた」と、トーマスは書いている。「汝の心すべてをもって神を信頼せよ。汝自身の考えに頼るな」

五日たっても、船が港から離れることはなかった。トーマスは来るべき困難を予感した。「私は地上の出来事が、変わりやすく不確かであるということについて、次のように考えています」と、彼はメイソンへの手紙に書いた。「つまり私は、神のご加護のもとに、決然と私の義務をおこなうべく前に進みます。しかしそうしている間にも、神秘的な、しかし、賢明な目的から、一時的なものと信じてはいますが、我々が好んでおこなおうとする仕事に対し、たぶん深い影が投げかけられるだろうということ。私はそれがありえないことではないと思うのです」

トーマスは九歳のアリスにも手紙を書いた。「あと数日で私は船に乗ります。もし神が私を危険から守ってくれたら、私は数週間後にはイギリスにいることでしょう。あなたは、毎朝夕にすると私に言ったことを忘れてはなりません。私を安全に生きながらえさせ、ハートフォードに再びもどしてくださるよう神に祈るのです。あなたの過去の罪のすべて、これまでの悪いおこないのすべて、悪い考えのすべて、悪く感じ取ったことのすべてを拭い去ってくださるよう神に祈るのです。……私はハートフォードに帰ってきたら、あなたにたくさんのことを教えたいと思っています。聖書について、神と、キリストと、我々が死後のいるべき場所について。神のご加護により、私の帰国まであなたの命はきっとあることと思いますが、もし神があなたの魂を違う世界へと持っていかれたなら、あなたが天国に受け入れられ、常に善であり幸せであることを神に祈ります」

一ヵ月後に彼はリバプールに着いた。そこで彼は盲学校を訪問し、それから新緑の六月に、ロンドンに向かった。「繊細であり、優美です」と、彼は書いている。「我々の国のどんなものもかないません」。ほぼ中間点のレスターで、彼は有名な聖職者に会い、バーミンガムでろう学校を訪問した。この後十年もたたないうちに、この学校の校長はド・レペ神父の弟子に代わるが、トーマスが訪れた時は、祖父と同姓同名の孫トーマス・ブレイドウッドが二一人の生徒とつい最近開校したばかりだった。そのブレイドウッドの兄弟は、その時ニューヨークで獄につながれていた。バーミンガムのブレイドウッドは、ロンドン近くのハックニーにある小さなブレイドウッドの姉妹校を訪問することを勧めた。その学校はエジンバラから移ったもので、その時は、未亡人である彼の母親が運営していた。翌日トーマスはオックスフォードを旅し、その次の日にロンドンに着いた。

ウェブスター博士[*6]はロンドン滞在中、その都市の巨大な広がりに驚き圧倒され続けた。四万もの通り、二〇万もの家、一五〇〇もの礼拝式をおこなう場所、三〇〇万もの人間——そのすべてが一一キロメートル強四方の土地の中でひしめいていた。ギャローデットは貧困と悪行に仰天した。もし、あまりにも広大なセントポール大聖堂を作るために使われた巨額な費用の一部が、市街に群がる三〇〇〇もの物乞いたちの慰めのために使われたら、どれほどの善行になるか、ギャローデットはダニエル・ワズワースへの手紙の中で、そんな物思いにふけった。

ロンドンろうあ学院を視察するトーマス

一八一五年六月の第二月曜、ロンドンの老舗レストラン、シティー・タバーンにて。

ロンドンろうあ学院の理事たちは会議室での議論を中断し、ジョン・タウンゼンド師に引き連れられて、螺旋階段を上がって二階の舞踏室に向かう。そこでは、学院の基金の寄付者が集まって彼らを待っており、彼らからの報告を聞き、新しい応募者の中から入学許可される者を選び出す。奨学金の対象は一六人だけだったが、七三人の応募者が階段に列を作っている。ビロードのマントとひだ飾りの理事たちが進んでいくと、みすぼらしい身なりの親たちが、理事たちの注意を引くために、彼らの子どもを前に押し出す。その声の出るものは叫ぶ。「だんなさま、だんなさま！」その人たちは券を振り回すことができない。その券があれば、奨学金の対象となるよう、彼らの細かい状況や願いを書いて提出できる。

舞踏室のドアが開くと、学院の後援者であるグロスター公爵殿下が座っている。その横には理事長のバッキンガム侯爵、さらには副理事長のウィルバーフォース氏その他が続いた。理事長は、後援者の健康を祝し、社会に——いや、全人類に——あたえられた恩恵について長々と話をする。この学院に対する殿下の援助によって、見るも痛ましい状況から人類が救われている、と。殿下が代わって礼を述べ、教育を受けたろうあ者と受けていないろうあ者の状況の違いを話す。その時四〇人の生徒たちが現れ、実際の見本として字を書き、計算し、発語し、そして、退出する。彼らは単なる自動機械から、知的で倫理的で宗教的な存在へと教育によって高められたと、理事長が言葉を添える。オックスフォードの主教の健康を祝う乾杯の後、殿下がその場にいる人類の友人たちを祝福する。我々はこのような同情すべき対象に、救いの手を差し伸べるという素晴らしい喜びを分かち合っている、と。理事長は今回の対象の中から一六人を選び、最上の言葉で彼らを誉めたて、会は入学許可の選挙をおこなう。総計七〇〇〇ポンドの寄付金が受け取られる。

トーマスは、タウンゼンド師の提案に従ってここに来ている。先の金曜日、彼はニューヨークとリバプールの牧師たちの紹介状を持ってタウンゼンド師に会いに行き、今回の旅の目的を説明した。「学院に十分に近づけるよう、できることはなんでもしよう、しかし、そう簡単ではないとタウンゼンド師は言いました」とトーマスは書いている。特にワトソン博士は、トーマスがここで習ったことをイギリス国内で営利を図るためには使わないという確約と、ワトソン博士の名誉を高めるために、十分な努力と時間を捧げることを求めている。タウンゼンド師はそう言った。タバーンでトーマスは、自身が書いた「ニューイングランドにおけるろうあ者のための学校の重要性に関する意見」と、ハートフォードとロンドンからの多くの推薦状とを一緒にして会議室に送り入れる。間もなく、彼は返事をもらう。「理事会は、（小）委員会を作り、その委員会と教師のワトソン博士とで協議するよう命じた」。トーマスは、次の日にメイソンに手紙を書いた。「そして数日のうちに結果がわかるでしょう。それはきっと好意的なものになるでしょう」

トーマスはロンドンでは日記をつけていたので、ロンドン学院に対する彼の要望がどうなったか、どのようにシカール神父と会ったかを、彼の口から聞くことができる。神父はその時、まさに偶然にも首都ロンドンにいた。

「六月八日土曜日、私はシカール神父の秘書のシブラック氏を訪ね、自己紹介した。彼は神父と、そしてマシュー、クレールの二人の生徒と同じ部屋にいた。タウンゼンド師は、前もって秘書に、私がヨーロッパを訪ねた目的を知らせ、いくつかの紹介状も見せていた。シブラック氏は即座に私に答えてくれた。

『パリではすべての教員があなたを歓迎するでしょう。あなたはろう学校に毎日出席できるでしょう、そして、神父の個人教授の場面も見ることができるでしょう、何しろ神父は、ご自身の技術を学び取り、自分の国でもその技術を生かしたいという人のために、彼の時間の一部をあてているのですから』と。シブラック氏はその後、私を神父に紹介してくれ、神父も秘書が話した通りのことを約束してくれた。その時は秘書が通訳してくれた。シブラック氏から、神父のロンドン滞在中の残りの講義に無料で出席できるチケットをいただいた」

「十日月曜二時、アーガイル・ルームでのシカール神父の講義に行った。フランス語での彼の講義は一時間以上続いた。その後、彼の生徒マシューとクレールの才能と知識が披露された。聴衆から彼らに対し多くの質問が出され、それに対し彼らは（大きな黒板にチョークを使って）非常にてきぱきとしかも礼儀正しく答えた。ロンドン主教や多くの身分の高い人がいたが、その中にウェリントン公爵夫人もいた。いろいろな質問の中には次のようなものが（フランス語で）出された。

『教育とは何か？』

クレールが答えた。『教育とは、若者の精神を陶冶するべく手がけることです。彼らの心を高め、科学の知識をあたえ、さらに、彼らが世の中で自分自身を正しく律するのに必要な知識をさずけます』」

トーマスに立ちふさがる大きな壁

「二十六日水曜日、午前中、タウンゼンド師と一緒にろうあ学院の製造工房に行った。そこで私は、何人もの不幸な人たちが、別々の部屋で製靴、仕立て、印刷に取り組んでいるのを見た。その後、我々は学院に行き、そこで私はワトソン博士に紹介された」

「生徒たちは、男子も女子も全員大きな一つの部屋にいて、何人かの助手に助けられながら、勤勉に仕事に従事していた。その後、タウンゼンド師とワトソン博士と私は会議室にもどった。そこで（ワトソンは）、私が今後学校に出入りするのは難しいと言ってきた。その理由は、私の理解するところでは、私が技術習得のために必要な時間と忍耐を注ごうとしていないと思われているからららしい。また生徒たちというよりは助手たちから見て、新来者が彼らに要求されているよりずっと短い時間で、学院からの益を手にするのは腹が立つだろうというものだった。四年か五年が、生徒たちが通常学校にいる時間であり、そして教師としての資格をあたえられる者は、彼のための個人的な教育や講義を受けるというより、むしろ未教育の生徒を受け持って、成長のそれぞれの場面でその生徒を指導していくことで、知識や技術を取得していくとワトソンは説明した。彼の話を聞いていると、私にも同じ道を歩むようにと言っているように推測された。また、学校が私にあたえてくれるどのような助力に対しても、金銭的な報酬は要求しないと、彼ははっきり言った」

「私の動機は善意からのもので（あり）、個人の利益や報酬のためではないこと。……私は六週間から二ヵ月の間、彼の完全な管理、監督、裁量のもとに身を置く用意があり、私がこの学校で使える時間はそのくらいであること（彼もそう判断できただろう）、（しかし）この私の要望に対してできるだけ速やかに答えがほしいこと。なぜなら、私の出費はかなりのものであり、これ以上増えればアメリカの基金が減り……我が国にいる多くの不幸なろうあ者に対する救済も限られてくること。そのようなことを私は述べた」

「二十八日金曜日。この日の朝、ワトソン博士の誘いにより学院を訪れ、生徒たちの中で一時間を過ごした。多くの生徒たちが自分の仕事に習熟しているように見え、たいへんに喜ばしかった。いろいろな質問とともに、私は十六歳くらいに見える少年たちの一人に、次のことを聞いてみた。『あなたは神の子イエス・キリストをどう思いますか？』

彼は何のためらいもなく、自分の石板にこう書いた。

『神の子イエス・キリストは悔い改めた罪びとの友です（そして〈and〉という接続詞を彼はうっかりした。しかし、私がそれを書き加えると、彼はそうしたほうが正確であると認めた）。そして、その偉大な思いやりの心は、愛され讃えられるに値します』」

「……学院を去る前に、私が教育技術の習得のために学校に入ることについて、ワトソン博士と数分の会話を持った。エジンバラで最初にろう学校を始めた教師の孫であるブレイドウッド氏がアメリカにいて、彼をコネティカットの学院で雇ったら好都合だろうと、彼はそれとなく言ってきた。この提案に対しては、もちろん私はうんと言わなかった」（ボーリング大佐はジョン・ブレイドウッドに新たに六〇〇ドルを融通し、そのおかげで彼は、ニューヨークの拘置所から出ることができた。その返済としてブレイドウッドは、バージニアのこの保証人の家に入って二人のろうの子どもを教えることに同意した。しかしワトソン博士がギャローデットにこの話を出したころには、ブレイドウッドはまた、これまで来た道を繰り返していた。新しい債権者の脅しと監獄を恐れて夜逃げをし、少したってもう一度ニューヨークに現れ、学校を作ろうとしていた）。

「八月十一日金曜日、この日の朝、私は、小委員会の委員長〔からの報告〕を受け取った」

「『委員会は以下のように決定した。学院の正統な原則と、また、ろうあ者に対する有能な教師を育てるのに求められる適切な時間を十分に考慮し、ギャローデット氏を試みに一ヵ月学院に受け入れるように、委員会は理事会に要望する。その一ヵ月満了後、彼は三年間助手としての通常の契約を結ぶことになる。ただし、ギャローデット氏が期間の終了前に十分な技術を習得すれば、ワトソン博士の権限で、契約を解消することができる』」

「その日のうちに私は、信頼できる友人三人に相談した。（彼らは）口をそろえて、そのような契約は受け入れるべきではないと言い、エジンバラのろうあ学院を頼ってみることを勧めた」

「十二日土曜日、私は小委員会のメンバーであるパーネル氏を訪ね、（そして）彼に、委員会の決定では私は、あまりにワトソン博士の思うままになってしまうと訴えた。助手という仕事に関して言えば、私の知る限りでは、生徒の学年進行に合わせて指導していく。そうすると、私の技術習得はたいへん遅れることになる。というのは、一つの学年について十分に理解ができた後も、次の学年に進むには、生徒が進級するのを待たなければならない。……これは不平等な条件だと思うと、私は言った。……私がここに来た動機、その職務と重要性から考えても、私が国に帰るまでに十分な技術を習得することを望むのはおかしなことではなく、それならば私に、もう少し自分のことを決める権限があってもいいのではないか、と」

「十五日火曜日、ワトソン氏がこう言ってきた。彼の助手たちは朝七時から夜八時まで学校にいて、休憩時間も生徒と共にいることが求められ、それは私にも求められるだろう、と。さらに助手としての最初の仕事は、生徒に書き方を教えることだと言われた。このことは私の予想していた大きな危惧であり、またここから、問題点がはっきりしてくると思った。なぜなら私が、ある学年の生徒の成長についての理論と実践の両方ともに通じるのはいいが、生徒たちもそれに通じるようになるまでは、私も先に進めないということだ。これでは、私の時間が無駄になってしまうと思った」

トーマスの苦悩

トーマスは相当騙されているように感じていた。ワトソンのもとに三年間とどまり、その多くの時間が雑用に費《つい》やされるのは堪《た》えられないことだった。しかし、学ぶための計画を捨て去ることも望んでいなかった。メイソンへの手紙には、ワトソンへの見方が書かれていた。

「あえて言いますが、ワトソン博士は最初から、私に対して用心深く隠している部分があり、それは私が予想もしなかったことです。ここで私の心の中の繊細な部分や自尊心のことまで言おうとは思いません。しかし、私の今後についての彼の考えは、私の個人としての判断の権利をいささか侵害しているように思いました。例えば彼は、今アメリカにいるブレイドウッド氏のことをそれとなく言ってきました。ハートフォードで、彼が私と一緒にやっていったらいいと言ってきたのです。これについて、私は何も言いませんでした。次にワトソン博士は、彼の助手の一人をアメリカに一緒に連れていくようにと、強く私に要求してきました。これに対しては、どうすべきだったでしょう。どうして今（あなたの考えも聞かずに）、助手が海を渡る経費を持つと約束できるでしょうか？ また、そう決まったら、その時から助手の経費はこちら持ちになるのです。しかも、私は、彼の助手たちの性格や才能を知りません。もっと怖かったのは、私の学校での教育や運営の計画が、この助手に壊されるかもしれないということでした。彼はワトソン博士のやり方に染まっているかもしれません」

「私は、教育におけるフランス方式とイギリス方式両方の独特の利点を結びつけたいと思ったし、今もそう望んでいます。というのは、両者には相当の違いがあります。さて、私は技術を身につけたいとやっきになり、自己流でやっていこうと思っているというふうに、ワトソン博士は私を見るようになりました。彼は今、私が学園に入っていくことは難しいと言い出しました。……確かに彼は、学校に来て生徒たちの中に入って見ていくようにと、私を誘いました。できる限り多くの情報もあたえるし、彼の教育技術の中で難しく感じるものはできるだけ解決のため助力すると約束してくれました。こうした親切には感謝しています。しかし、私がただの訪問客のつもりで学校に日々行っているのではないと、ワトソン博士にもわかってきたに違いありません。私は生徒たちとあまりに頻繁に、興味深く熱心に関わろうとするのですが、それは明らかにワトソン博士と彼の助手たちにとって不快に映るものでした。むしろ、私はワトソン博士とのはっきりした取り決めを望んでいました。数ヵ月、あるいは一年以上でも、博士の持つ教育技術の理論と実践を習得するまで学校に通うことであり、その報酬を払うことを提案しましたが、博士は拒否しました」

「彼はいつも、自分の技術を学び取るのには長い時間、ふつう四、五年はかかると言いました。また助手以外の方法で、あるいは短い期間で、私を学校内に入れることは難しいと匂わせてきました。そんなことをすれば、五年契約で彼のもとにいる他の助手たちが納得しないというのです。……もし小委員会の報告に従うなら、私はまる三年間ワトソン博士に縛られ彼のために働くことになり、その期間の私に関する決定権は完全に彼が握ることになり、何の自由もありません（また、彼の技術がいかに重要で難しいかを印象づけるために、私をその技術以前のところに引き留めておくことが彼の最大の関心になるでしょう）。最悪なことは、私が教える生徒たちの進行に歩調を合わせなければならないため、私自身の進行も常に遅れ制限されるのです。ところで、私がこの期間に、シカール神父の親切な誘いに乗ったらどうなるでしょう？ ワトソン博士はそれを了解しないでしょう。すると、私があなたと別れてから帰るまで、四、五年は費やされてしまいます。これではあまりにも時間と辛抱とお金とが犠牲になってしまいます」

「もう一度言いますが、私が十分に技術を獲得してからも、彼の絶対的な決定権に従うということは、寛大な処遇と言えるのでしょうか？ 親方の年季証文によって縛りつけられた徒弟と、まったく同じになっていいのでしょうか？ ワトソン博士から提案された取り決めを考えれば考えるほど、嫌になってきます。私は、もう他の道を考え始めています。それならば、天の導きが私の希望を叶《かな》えてくれるのではないかと。……実はもし、私がワトソン博士の助手になれば、最初の年で年に三五ポンド（賄《まかな》いつきで）、それが年ごとに少しずつ上がるという給料の話もあることを申し上げなければなりませんでした。いい給料ですね。これで彼のために朝から晩までせっせと働き、一週間でたった一日半の休養しか許されないのですから！　考えてもみてください、こうしたやり取りでどれだけ私の神経がすり減ったか。

考えてもみてください、あなたと別れる前は、ここなら快く迎えられるだろう、気持ちよく教えてもらえるだろうと話していましたね。それといまの状況とを比べてみてください。私の気持ちはすぐわかっていただけるでしょう。……」

「来週、ロンドンを出てエジンバラに行こうと思っています。私は最上の紹介状を手に入れるでしょう。そしてそこを訪れることに対して、天の導きが微笑んでくれることを期待します。……」

エジンバラで打開を図る

一八一五年九月　エジンバラのデュガルド・スチュワートの家。

町からは息を呑むような自然が見える――三つのごつごつとした岩棚が深い渓谷の上を覆っていた――古い町の中心からの上り坂になった岩の上に城が、海抜約一二〇メートルの高さでそびえている。その陰になるところに三階建ての小さな家がある。その三階の書斎には本がずらりと並び、窓側以外は床から天井まで本棚になっている。

スコットランド哲学界のリーダーでエジンバラ大学の名誉教授、デュガルド・スチュワートは窓に背を向けて座っている。スチュワートは長年意識の法則性を研究してきた。それが、人間の頭脳の特質や機能を説明するものと考えていた。そのせいか、彼の頭の上の髪の毛は少なくなっている。しかしその他の容貌には、非の打ちどころがない。よく動く眉毛、大きな鼻、彫りが深く肉付きのよい顔、二重顎。これらが相まって、威厳、謙遜、知性、優しさという内面がにじみ出ている。

会話は自己紹介から始まる。ギャローデットは、生まれつきのろうで盲の少年についてスチュワートが書いたものを読んでいた。ギャローデット自身も、その少年にかなり似たジュリア・ブレイスのケースを調査したことがあった（彼女は八歳で、ハートフォードから遠くはないグラストンベリーに住んでいた）。

スチュワートの小論文の対象であるジェイムズ・ミッチェルは、生まれつきのろう、盲で、一七九五年に七人兄弟の六番目として生まれたと哲学者は言う。光に振り向かず、大きな音にも目を覚まさなかったことから、母親はすぐに気がついた。ジュリア・ブレイスは彼女が四歳半の時のチフスの発作の後、視覚と聴覚を失ったと、今度はトーマスが話す。しばらくは、彼女には発話が残った。「彼女はその後も祈りを唱え、友人の名前を口に出し、欲しいものは声を出して頼み、怒った時には罰当たりな言葉を言った。しかし、私が彼女に会った時点では、不明瞭な言葉を二言か三言言う以外はほとんど話さなくなっていた」

二人は長時間、このろう‐盲の子どもたちを比較して話し合う。最後に、スチュワートは、なぜエジンバラに来たのかと訊ねた。トーマスがブレイドウッド学園への入園許可を求めていると知り、哲学者は口話主義に対する酷評を話しだした。「口話法は、ムクドリやオウムを訓練する技術に毛の生えた程度のものでしかない」と、スチュワートはウォリスがその後継者たちを誤った方向に導いたことを批判する。その後継者の一人がブレイドウッドで、このスコットランド人の教えた生徒たちは、シカールの生徒に比べ数段劣っている。そして、発話を指導する教師たちが、発声練習と教育とはちがうことを十分にわかっていないながら、発語の指導にこだわり続けるのは、信じやすい大衆が発話を教育の成果の秤《はかり》にするからである。このようにスチュワートの話が続き、家の灯が消えた。トーマスは、エジンバラに来てから耐え忍んできた数々の不満を思い起こす。日記に次のように書かれている。

「八月二十八日月曜日、ろうあ学院の秘書官の一人、J・F・ゴードン殿に（手紙を）渡し、彼を訪ね、エジンバラに来た目的を説明した。彼に学校を案内され、そこで（校長のキンニバーグ氏と）しばらく話した。キンニバーグ氏は、できる範囲でなんでも助力したいと強く表明してくれた。しかし彼は、バーミンガムでろうあ者を教えるトーマス・ブレイドウッド氏との契約のもとにあるとも言った。それは七年間彼の技術を誰にも知らせてはならないという内容で、そのうちの四年が経過していた。翌日私は、もう一度彼とゴードン氏との話し合いを希望した。その話し合いの結果、私がブレイドウッド氏に手紙を書き、契約の縛りをなくしてくれるように説得するのが良いということになった」

「九月四日月曜日、私はこの日、バーミンガムのトーマス・ブレイドウッド氏に手紙を書き、ろうあ者の教育方法に関して、キンニバーグ氏が適当と思えるものを私に教えることに彼が同意してくれるようお願いした。……キンニバーグ氏は数年前、今回の私と似たケースがあり、ロンドン学院に申し入れたが断られたようだ。その時もやはり、ブレイドウッド氏に申し入れたが、氏はその技術を七年間誰にも知らせないという条件を持ち出した。慈善の手段を独占するとは、なんと悲しいことか！」

「九月十六日土曜日、今日私は、ブレイドウッド氏からの手紙を受けとった。その手紙で彼は、私の申し入れへの回答を彼の母親と相談するまで待つように言ってきた。彼の母親も、この教育技術を持ち、彼が言うには『高齢にしてなお、彼女自身の意志でこの困難な仕事に従事しています』。彼はさらに言う、『ワトソン博士はこの技術について、私の祖父と父から教えを受けました——二人の才能と能力の結果としての多くの利点を手に入れました——したがってあなたは、こうしたこの問題の特殊性を考え、許可するかしないかということで私を偏狭だと非難することはないと信じます。私はまず友人たちの助言を仰がなければなりません——同時に、あなたの慈悲深い構想を実現するために何とかしたいというのが、私の本心であることも信じてください』」

「九月二十二日金曜日、私は今日ブレイドウッド氏からの手紙を受け取った。彼が言うには『あなたの要望をお断りするのが、友人たちの意見とも一致した私の義務と思います』。その後で、理由として、彼の兄弟がアメリカにいるということをあげている。そして私を彼に紹介し、私の同国人たちの惜しみない励ましがあれば、彼はそれに値するように精力的に働いてくれるものと確信していると述べている」

　次にトーマスは、ろうあ学院の秘書官のゴードン氏に手紙を書いた。トーマス・ブレイドウッドの手紙の要旨を載せ、関係者の元々の意図から考えて外国人には言及していないため、契約は意味をなさないと理事会が考えてくれないかと聞いた。十月十日にゴードン氏は地方からもどり、しかるべきルートで理事会に問い合わせると約束した。

　トーマスが不安の中で返事を待っていたころ、アリスからの手紙が届いた。それは、彼が今奮闘していることの目的を思い出させ、くじけそうな心を立ち直らせてくれた。手紙からは、また、彼女の英語力の上達が読みとれた。ただ、初めに彼女の父親の補足説明が必要だったが。

「輸出業の携わる友人が航海に出る話を聞き、すぐに、アリスに君宛の手紙を書いて、彼に送ってもらうといいと言った。彼女は書きたがったが、何を書いたらいいのかわからなかった。ハントレー婦人〔後のシガニー夫人〕がコルト氏について話してくれたものを書いたらどうかと言った——君にわかりやすいように、少し中身を話しておこう。ニュージャージー州パターソンのピーター・コルト氏が最近ここを訪ねてきた。彼は彼女（シガニー夫人）に、子どもだったころの出来事を話した。彼は白い巻き毛の豊かな髪の持ち主だったようだ。彼の母親を訪ねてきた牧師が、それで自分の鬘を作ったら素敵だと考えた。母親は最初断ったが、少々催促されて承諾した。アリスはその催促を『長く話して』と書いている。そして、髪は切られ、鬘はできあがった。手紙の中の、彼の母親と牧師との会話は対話体のように見える。ハントレー婦人はこの話をアリスに伝えた。アリスの手紙からもわかるように、婦人はノーウィッチを訪問中である。手紙はすべて（アリス）自身の手によって書かれたもので、誰かの助けや修正は入っていない。

「拝啓——私はハントレー婦人が話してくれた話を覚えています。たくさんの昔　コルト氏　少年の名前の人　ピーター・コルト　素晴らしい巻き毛　少年の髪の毛　おお！　とても美しい　お母さん　少年を大事に育て　巻き毛をといて　ながめて愛して　おお美しい。　朝　長い人　牧師　黒いコートが来る　おじぎする　お母さんに聞く　かわいい少年の髪をあたえ　カツラをたいへん美しく作る　牧師は　あたえる、お母さんはだめ　牧師は　いい　いい　長く話して　牧師はもどってくると言い　少年　はさみが髪を切る　白い髪　巻き毛は積みあがって　カツラを作り牧師はとても喜ぶ　そんなに自慢しない——少年の頭はとても寒い　お母さんはハンカチを温かく結ぶ、涙がもうこれ以上出ない　お母さんはたいへん悲しい。私は、髪の毛を切られて　カツラを作る　絶対いやです——今日の朝、勉強はすべてあちらの学校で　地理　すべて美しい　学校はすべてとても美しい　とても静かとても良い　雑音はない——遊戯はない　ハントレー婦人は仕事　そして二人はノーウィッチに行き　学校に全部来ない——私に　とても悲しく　少しの間で帰ってきて——おお、すべてはとてもうれしいです——おお　美しいです——私はあなたをとても愛しています」

イギリスを離れフランスへ

トーマスの日記は続く。

「十月二十五日、ゴードン氏から、いま受け取った。私の申し入れに対する理事会の決定の覚書を、『ゴードン氏は、ギャローデット氏の要望に応えるには乗り越えがたい壁があることをギャローデット氏に伝えた——四年前にロンドンのブレイドウッド氏は契約を取り交わした。彼はキンニバーグ氏に無償で教育法を伝授したが、その代わりにキンニバーグ氏は、直接であれ間接であれ、七年間誰にもそれを伝えてはならない……破った場合は罰金英貨一〇〇〇ポンドを支払うというものである。（理事会が考えるには）その契約の文言から考えて、ギャローデット氏の要望に理事会は応えることができず、理事たちはそのことをたいへん残念に思っている』

我々の計画は、しばしば天の導きによって挫折してしまうが、それはみな我々の罪による。ああ！　私の罪も加わったためにこのような結果になったのならば、私は哀れなろうあ者に不利益をあたえた罪を深く嘆くものである。

私は彼らにどのような償いができよう？　神の祝福があ

れば、私は忠実に、彼らの苦悩を減らすことに身を捧げるだろう。私は、生まれ育った場所でろうあ者たちに囲まれることを望んでいる。彼らの教師となり、彼らの導き手となり、彼らの友となり、彼らの父となることを。しかしこの願いが叶う日までに、どれだけ困難な課題を乗り越えなければならないのか……」

ギャローデットはこうした事の成り行きを、計画の挫折と感じ、神の摂理の実現とはとらえられなかった。今から見れば、何ともおかしなことと言えるかもしれない。ことの流れは容赦なく、彼をイギリスの首都から離れさせ、フランスへと向かわせていた。もしトーマスが、彼の支援者と同じように、あのような石頭の連邦主義者で、革命の地フランスを恐れることがなかったら、もっと楽々と歴史の流れを泳ぎ渡っただろう。この時でさえ、彼は海峡を越える決心をするのをためらっていたのだ。

「十一月十日、フランスの政治状況は明らかに非常に不安定である。また、年もおし迫ってきた。私はもう少しエジンバラにいようと決めた。……ブラウン博士の『人間精神の哲学』の講義を受けようと思う。……シカール神父のろうあ者の教育に関する論文を読もう。そして、もっともっとフランス語に慣れるよう努力しよう。……春までにはフランスの情勢も、もう少しはっきりするかもしれない。その時には、治安状況を確かめ、行っていいかどうかを決めることができる」

「二月三日、この日の一時、キンニバーグ氏はコリスルームという会場で、彼の生徒たちの公開試問をおこなった。約七〇〇人の聴衆が集まった。ブクローチ公爵閣下が出席し、彼の近くには他の貴族が席を並べ、また市の聖職者も多く集まった。……試問進行の中で、私は次のことに注目した。ある生徒が親指の定義を求められた――答えは『短く力強い指で、他の四本に匹敵します』だった（ターナーという名の生徒が『信じる』『永遠』そして『怒り』を定義するように求められた）。『信じる〈believe〉とは何かを信用〈credit〉することです。神を愛し、福音を信じる者はキリスト教徒です。永遠とはずっと続くこと――神は永遠です――世界は永遠ではなく、終わりを持つでしょう。怒りとは、現実にあるいは想像で、我々が何かの侮辱を受けた時に感じる大きく波立つ気持ちです。怒るのは正しいことではありません』。数学の質問がいくつか出され、生徒たちが答えた。何人かの生徒が神の祈りを繰り返し、詩の数行の暗唱もあった。作文がいくつか読まれた……定義は正しいものだった。作文はとても興味深く、また上手だった。手話による会話はたいへん少なく不完全だった。このような、発語の分野に力を入れたろうあ者の教育に、私はあまり好感を持てない」

トーマスはパリに向かう途中、イギリスの首都で二週間過ごした。そこで彼は、福音主義国教会の「クリスチャン・オブザーバー」という機関紙の編集者を探し当てた。その機関紙は慈悲深き回心と至福の時の近づく証を唱え、ニューイングランドの牧師たちの支持を得ていた。トーマスはイギリスの著述家ハナ・モアからの紹介状を持っていた。モアは機関紙の投稿者であり、道徳的小説と改革の熱意からアメリカの福音主義者と親しかった。編集者はザッカリー・マコーレーと言い、イギリスの偉大な歴史家となる人の父親〔訳注22〕であった。彼は反奴隷制社会、伝道師的社会、そして、悪を抑える社会を提唱してきた。彼とトーマスは親友になった。二人は日曜日をマコーレーの田舎の家で過ごし、トーマスはイギリスでの失意の日々をこと細かに話し、フランスへの新たな希望を語った。まもなく、ワトソン、ゴードン、キンニバーグは「クリスチャン・オブザーバー」の紙上で痛烈な批判を受けた。「ロンドンでもエジンバラでも、ギャローデット博士はその崇高な目的に見合った励ましを受けられなかったのは、悲しく恥ずかしいことである」と。マコーレーが責めたのは、彼の同国人たちの「ケチで排他的な精神である。……唖者を話せるようにし、ろう者を聞こえるようにする祝福された方法を伝えることを、少しの間であれ疑ったりためらったりするのは、大西洋の向こうにいる兄弟にワクチンを送るのを断ったのと同じような、ひねた根性を思い出させる」。

J・F・ゴードンは「公正でない！」と、次の号の機関紙に反論を寄せた。このスコットランド人は「ギャローデットが求めている情報をあたえたい気持ちでいっぱいだった」が、キンニバーグのワトソン博士への一〇〇〇ポンドの契約があったのだ、と。当然とも言えるが、その後ワトソンも機関紙に、自分を守るための記事を送った。彼はいかなる制約も契約もまったく関知していないと全否定した！　――数ヵ月の実習ではろうあ者の教師になれない、ともつけ加えた。それに対しマコーレーはこう答えた、実習だけが知識を得る方法ではない。

フランスでシカール神父に教えを乞う

パリに着いたトーマスは、学校から遠くないところに、家具つきの部屋を手に入れた。サン-ジェルマン地区の、二十年ほど前シカールが捕らえられた修道院の近くだった。

「私は、女主人から部屋を借りました」と書いた手紙を、彼はメイソンに送った。「給仕が食材を買って調理し、朝食を持ってきてくれます。また彼の奥さんに、部屋の掃除とベッドメイクをしてもらっています。夕食は、近くのレストランでとっています」。このように心地よい光の都市で、トーマスは快適に過ごしたか？　それが、まったくそうでなかった。

「寂しい人生で、うんざりしています」と、わずか一週間後の手紙に書いている。「家庭的な喜びはありません。しかしパリに暮らす人の半分は、こうした生活なのです。……率直に言いますが、あなたたちは私が楽しい旅をし、前には目新しいことがごちそうのように並んでいると思っているでしょう。実際は、まったく違います」。トーマスは「大衆の楽しみ」からは完全に身を遠ざけた。そして「故郷に帰った時、多くの旅人が語ることを、私も少しは知っていた方が何かの役には立つかもしれない、そう考えなかったら、私はこの市で素晴らしいと言われているものに、何一つとして触れることはなかったでしょう」。手紙は、フランス人の堕落に対する嘆きで終わっている。

「あなたは、こうしたことを読んでおられるし、お話もされるし、ご自分はコネティカットでたいへんに贅沢な立場にいると言われます。しかし、あなたは実感としてはつかんでいません――実際にその目で見ずには実感できないのです――おお、この異教徒たちの、なんと聖書と安息日を必要としていることか！　私の国も堕落と罪の中で、いつかそれを失ってしまうのでしょうか？　その怖れを考えると、心から血が吹き出る思いです」。異教徒たち、確かに。

トーマスが初めてサン－ジャック通りに来た時、彼には温かい出迎えを期待する十分な理由があった。そもそもシカール神父が彼を招いたのだった。期待は裏切られなかった。「神父は私にあらゆる便宜と、次の土曜の公開授業への出席を約束してくれた」と、彼は日記に記した。トーマスは公開授業をたいへん面白く感じ、特にマシューの機知に富んだ言葉が印象に残った。「無関心」の定義を聞かれて、私の友であり教師でもある人は、手話で「好きと嫌いの中間の領域です」と答えた。

週に三日、神父からの教えを受けることが二人の間で合意された（神父は経済的にたいへん苦しい状況だったが、金銭的な要求は一切なかったと付言しなければならない）。その他に彼は毎日、十時半から十二時半まで通常の教室での授業に入った。ユイラ神父の教える一番下の学年から始まり、徐々に私の学年まで上がってきた。彼は、学校の様子と自分の感想をアリスへの手紙に書いた。

「あなたは一年で帰ってきてほしいと書いてきましたね。私もハートフォードに帰り、あなたや、その他のろうあの子どもたちを教えたいととても強く思っています。でも私は、しばらくここにいることになるでしょう。どのくらいになるかはわかりません。私は、シカール神父が教えてくれることをすべて学び取らなければならないのです。そうすれば私は、あなたに一番良い方法で教えることができます」

「あなたは、フランスの指でのアルファベットを覚えられますか？　努力してください。たぶんそれが、私の使うアルファベットになるでしょう」

「ここのろうあ学校は石造りのたいへん大きな建物です。前には広い校庭があり、後ろも美しい庭になっています。九〇人近くの男女の生徒がいます。私は一番下の学年を何度も見学しました。一五人の少年がいます。先生はローマ・カトリックの神父で、五十歳を超えています」

「教室には何面もの大きな黒板があり、そこに生徒が白いチョークで字を書きます。私もその黒板を使って少年たちと話しました。彼らは私の言うことをとてもよく理解してくれました。一人が私と同じ国の出身だと言いました。しかし、彼は間違っていました。彼はグアドループの出身でした。それは西インド諸島にあるフランスの海外県の島の名前です。もう一人が合衆国のジョージア出身だと言いました。彼らは神とイエス・キリストについて学び、何人かは聖書を上手に読むことができます」

「あなたは聖書の中の新しい節や讃美歌や聖歌を学んでいますか？　そして、神のことをよく考えますか？　神に、あなたに福をもたらすよう、また死ぬ時には天国に行けるよう祈っていますか？　毎朝夕、この祈りを忘れないでください」

「長い手紙を書かないといけません。私はあなたの手紙をフランス語にしてクレールに見せます。彼はあなたの手紙を読むのが大好きです。勇気を持って書きなさい。あなたはとても上手に書いているし、書くことで上達します」

「あなたのお母さん、お父さん、家族全員を愛しています。あなたがこの前の手紙で、ろうあの生徒たちに渡してほしいと言ったもののことを覚えていますよ——あなたの親愛なるトーマスより」

「追伸、パリのすべての道は丸い石で舗装されています。早足では歩きにくいです。雨が降った時、道はとてもぬかるみます。歩道がありません。気をつけないと、大型や小型の馬車に轢《ひ》かれてしまいます。私はパリよりハートフォードに住みたいと思います。——残念なことに、パリでは安息日が守られていません。ほとんどのお店が開いて、人々は品物を売ったり買ったりします。劇場はすべて開いています。ほとんどの人は教会に行きません、特に午後には。そのような人々を、どれほど我々は気の毒に思わないといけないことか。そしてコネティカットではそうでないことを、どれほど神に感謝しないといけないことか」

トーマスからの誘い

十日ほど後、トーマスは次の学年に進みマシューのクラスに入った。マシューが教える間、彼はその隣に座った。生徒は一五人ほどで、マシューは有形無形の物の名前と性質、時間の区分、大陸、大洋の分け方などを教えた。短い例文をつけ――すべての説明は手話でおこなった。「これは、私には非常に参考になります」と、トーマスはメイソンへの手紙に書いている。「私はマシューのパントマイムをすべて真似しています」(彼は手話の意味で言っている)。

「そして生徒が、彼の考えをつかむ様子を見ています。……私のいろいろな身ぶりや表情を、あなたはどんな風に思われるのかと何度も考えました。しかし私は、このパントマイムの言葉がある程度役に立つものと確信しています」

昼食後トーマスは手指フランス語を学ぶために、マシューか私の教室に来た。数週間後「すべての叙法と多様な場面での動詞の時制と、冠詞と……形容詞、代名詞、前置詞の多くを、私はすでに学びました」(ベビアンの改革は十年後であり、我々は学院の授業で、まだド・レペの方法的手話を使っていた)。「手話を警戒しないでください」と、彼はメイソンを安心させようとした。「手話の大部分は実に貴重であり、生徒たちの発達を大いに促進します」

数週間が過ぎ、トーマスの日課が決まってきた。午前中は教室に入りこむ。午後は手話の授業を受け、夜はフランス語を読み、勉強する。週末にはオラトリオ会の教会に行き、英語を話す人々に説教した。このようにパリで、アメリカでの教会の礼拝を始めた。彼の一五の説教は、後にロンドンとハートフォードで出版され、特に「クリスチャン・オブザーバー」から賞賛を受けた――「彼はキリスト教精神の清い流れの水を飲んだかのように見える」――そして、ハナ・モアも賞賛した。「あなたのお話は非常に素晴らしいものです。……私は、親愛なろうあの文通相手からのかわいい手紙に感激して、虜《とりこ》になってしまいました」と、つけ加えた。学校のために寄付をしたハナに、アリスがお礼の手紙を書いたのだ。またアリスはトーマスに、留守の寂しさが続いている故郷の様子を手紙で伝えた。

「あなたは一年帰って来る、来る。ウェブスター博士は　ない　ない　ない　あなたは三年帰ることない。私に　私はとてもうれしい　あなたが私に手紙をくれる　おお　美しい　私に　とてもうれしいあなた　私の　手紙をくれる。　ハントレー婦人　私はあなたをとても愛している。　日の前　私の歯　痛み　私のお父さん私を引き抜いて　とても怖い。　私に　私の本　ワシントンの一生　私に　読んで　おお　美しい　私はあなたを私の本を愛している。――ハントレー婦人の学校　ない　三ヵ月……次の月曜は　はい　学校　とてもうれしい。　私は　私の本をあなたが私にくれて感謝している。おお　美しい私の本――あなたが帰ってきたら、キスします。愛を私のろうあの学校にあげます。あなたをとても愛しています」

ギャローデットのアメリカの協力者たちも、手を拱《こまね》いていたわけではない。支援者会議の九人とその他の五四人は、一人八ドルから一〇〇ドルまでの寄付をし、総額二三四〇ドルになった。ダニエル・ワズワースは高額の寄付をした。ハントレー婦人の学校の子どもたちやジョン・コットン・スミス知事も協力してくれた。それからメイソンたちは、「ろうあ者の教育と訓練のためのコネティカットの学院」設立の議案を通すよう州政府に請願した。そして、彼らは綱領に従った第一回の会合をハートフォードの州の議事堂で開いた。

ピューリタン的な考え方についてほとんど知らなかった私は、トーマスが輝くパリに囲まれているのに、それにまったく無関心に見えることがわからず失望もした。パリは当時、世界の首都だったし、今もそうである。科学と芸術の成果は、また世界の知的で洗練された人々が必要とするものやほしいと思うものは、パリにあった。さわやかなある春の日、私はトーマスの住む一角を訪れ、日曜の勉強はチュイルリー宮でおこなうと言って彼を連れだした。二人はセーヌ川に向かってゆっくりと歩いた。川は遅い朝の陽の下で、藤紫の輝く帯のように流れていた。ポン・ヌフを渡った。アーチ形の橋が二世紀以上に渡って中洲の島と島をつなぎ、美しい道が続いた。王宮に近い埠頭に沿って進んだ。ルイ十八世はそこから二人を見下ろしているかもしれなかった。ちょうど、ペレイラとアズィ・デタヴィニーが科学アカデミーに呼ばれてここに来た時のルイ十五世のように。ロイヤル・ガーデンに入り、カルーゼル広場に立った。コンスタンティヌス帝を手本として、そこにナポレオンは凱旋門を作った。前には視界が広がり、芸術の力が創りだした完全に調和した自然があった。チュイルリー宮の中央並木道を見おろすと、小川の中の二つの水鉢が噴水になっていた。水鉢の一つは近く、もう一つは遠くにあり、吹き出た水は小粒な銀の水煙となって、道に沿って植えられたオレンジの木の葉に降りかかっていた。我々の視線は、ルイ十五世が作った大きなコンコルド広場を通り過ぎ、広いシャンゼリゼ通りに行きついた。凱旋門の工事がすでに始まっていた。周辺にはパリの公館が立ち並び、美しいベージュ色の正面と飾りのついたバルコニーが見えていた。仕切りの向こうの木の葉越しに、その前庭に立つ大理石の神や女神の像が見えた。

広場の真ん中では、パリの若い男女がたくさん集まって踊っていた。彼らは手をつないで輪を作り、歌いながらゆっくりと回っていった。店主たちとその妻、地方から来た農夫たち、学童の子どもたち、たまたま居合わせた赤いコートの英国軍人（彼らはイギリス占領時の生き残りである）——あらゆる人がのんびりと歩いていた。私は、ちょうど後ろにあるルーブル美術館で展示されている宝物のことも考えた。しかしそこが、過去イギリスに略奪され、展示がなく汚れた青い壁がさらされている部分が残っていることと、トーマスがその気にならずくたびれていたようなので、これ以上の散歩は誘わなかった。その代わり、私が知っている右岸のレストランに入った。そこは私の生まれ育った地方の料理が売り物で、鶏肉のワイン煮、ジャガイモのリオネーズなどが注文できた。

こうした、トーマスの目を覚まさせようとした努力は成功しなかった。パリに来てたった二ヵ月で、彼はホームシックに陥ってしまった。「後どのくらい、ここにいないといけないのか?」と、彼はいらいらしながら聞いてきた。手話について全体的にわかったというレベルまで六ヵ月、教育方法についてなら、資格があると言っていいレベルになるのには一年かかると、私は言った。その時、トーマスは仰天するような重大なことを言ってきた。

パリを離れ、一緒にコネティカットのハートフォードに行こう、と。

「君は不可能と思われたこと——生まれつきのろう者の教育——が可能であることを示す、生きている証だ」

「君ならほとんどネイティヴの立場で、手話を教えることができるが、それは僕には無理だ。君は学校の組織を整えていく時、僕に指針をあたえてくれるだろうし、必要なものをそろえていく時、僕を手伝ってくれるだろう」

「そして君は、生徒にとってのモデルとなり、未就学のろう者に、教育への熱い気持ちを起こさせることができる」

このような真心のこもった説得に揺さぶられない人がいるだろうか?

しかし——最近夫を失ったばかりの母や友人を置いていかなくてはいけない、マシューとの関係を捨て、シカールと別れることになる——ロンドンやサンクトペテルブルクのような大都市で身を立てるのではなく、インディアンがたむろする新世界の辺境の村に行く。私が苦労してものにしたフランス語は、二度と役立つことはないだろう。はじめは片言の英語と身ぶりが、唯一のコミュニケーションの手段だろう。カフェーはない。美術館も、宮殿も、噴水もない。図書館も博物館もない。クロワッサンもない。趣味のいい服もない。味覚の楽しみもない。カトリックの教会もなく、罪の許しもなく、ただ一人で信心するだけ——無理だ! 無理だ! 無理だ!

しかし結果は、すでにわかっているだろう。我々が選んで歴史を作るのではない、歴史が選んで我々を作るのだ。私はろう学校の教師であり、アメリカにはそうした人間は一人もいない。私はすべてのろう教育の根幹となる学校の最高学年の教師である。

健聴のアメリカ人がフランスに来て、私の兄弟姉妹のためにろう教育を学び、持ち帰ろうとしている。私はこれまで友人として彼を導いてきた。いま私は、彼と話しともに行動する者とならなければならない。もし、シカール神父が三年間の暇乞いを許してくれたら、そしてもし、母が賛成してくれたら行こうと私はトーマスに言った。トーマスは師シカールに手紙を書いた。

クレールの一大決心

「……私は真摯な思いで申します。尊師よ。あなたの忠実で大切な生徒と別れてほしいという、あなたには大きな犠牲をお願いしているのです。もし私の要求が、西欧社会全体の利益とも合致していると考えなかったら、私は本当に、私の願いが通るとは思えなかったでしょう。しかしあなたは、こうした利益のため、ヨーロッパでご自身の才能と人生を捧げてこられました。そしてこの偉大な祝福が、あなたの手から私たちの同国人に手渡される時の私の喜びは、必ず彼らからあなたへの感謝につながることを約束します。アメリカ人はまだ、あなたが正当に勝ちえた名声を知りません。ですので、ニューイングランドでのろう学校建設を、私が、あなたの援助を得て始めることができれば、シカールの名声は、今のフランス同様にアメリカでも広まることでしょう。……」

トーマスの願いを断る余裕をあたえまいと、私はシカールに会いに行った。我々の話し合いが終わった時、シカールは、以下の筆談の紙を私にくれた。

「私はあなたにたいへん感謝しています、親愛なる先生」と、私は切りだした。「いつも私に優しくしてくださいました。もしギャローテッド氏（原文のまま）と一緒に、アメリカに行くことを許していただけるなら、感謝はさらに深まるでしょう。私にとって、アメリカ行きはいくつかの点で、たいへん有益です。美しい国を見る楽しみを持て、また貴重な知識を得ることができます。英語も習得できるでしょう。部屋、食事、炉火、照明付きで年二五〇〇フランの給料を受け取ることになっています（これは、私が稼いでいた額の五倍である）。三年契約終了後、フランスに帰る時には、私は七五〇〇フランの報酬を得ることになります」

「この契約は名誉なものであり、私がパリで働き続けるよりも有利なものだと、思えるのです。――出発の日は六月一日と決めています。――もし海を越える旅を認めていただけるなら、明後日か月曜にリヨンに行き、家族に暇乞いをし、出発までには帰ってきたいと思っています。私が不在の間、ベビアン氏を雇われるのはどうでしょうか。彼は何回か（教師として）求職を申しでています」

「あなたは、M・ジョフレ（のロシア行きに際して）とデュラー夫人、その他の多くの人に便宜を図ってこられました。今回の私に対しても、お図りいただけるようお願いします」

「私は君なしでもやっていける」と、シカール神父が答えた。「そして君が、私にとって絶対に必要だとしても、君が幸福になれるのなら、どんなことでもしよう。しかし、今回の君の願いは、永遠の不幸につながるものと思う」

「私や君の家族みんなと同じように、君は幸運にもキリスト教徒としてローマ教皇のもとで生まれた。そして君は、唯一の真の宗教、永遠の救いに導く唯一の宗教が禁止され、許されない国に行こうとしている。……君は子どもたちに、イングランド国教会のプロテスタントの教えを伝えるように強いられるだろう。だがその聖職者たちは、真の聖職者ではない。幸福というものをいろいろな側面から考えた時……信仰に勝るものはないということは君もわかるだろう。信仰のみが永遠の幸福を我々にあたえてくれる。このことが、今回の君の計画の唯一の障害である。……彼が自分の信仰に忠実であるように、君も自分の信仰に忠実であるべきだ。君がそう感じていることを（ギャローデット氏に）伝えなくてはならない。——君が家族のもとに行き、その助言を受けることは許そう」

「しかし警告しておく。私は手紙を書き、家族が君の計画を認めた場合、どんな危険があるかを伝えるつもりだ。君は信仰を失うかもしれない。君は正しい信仰ではなく、誤った信仰を抱くようになるかもしれない。そして家族の人たちは、君にとって最適と思うものを判断するだろう。これだけは言っておかなくてはいけない。異端者の国に行くという、破滅につながる君の自由意思を、君の家族がもし認めたなら、その国からはもうもどれないかもしれないし、私はずっと、君の運命を残念に思い、君を善良なキリスト教徒、善良なカトリックにしようとしてきた私の努力や苦労を後悔するだろう」

「私はこうしたことをすべて、手紙に書かなければいけないと感じている。また今、君が私に書き、私が君に答えた紙面を君に渡そう。君はこれも家族に見せるといい。そうすれば、家族は十分な知識を持って、今の、そして永遠の君の運命を決めるだろう」

私がアメリカに行かなければいけないと決めたことを、母は理解してくれるだろうと思った。だから私は、旅の準備を進めていいとトーマスに伝えた。メリー・オーガスタという船で、フランス北西部の港町ル・アーヴルを出港し、三週間足らずでニューヨークに着くことになっていた！

六月一日に私は家に帰った。母は前日にシカールから手紙を受け取り、私を待っていた。母は私にフランスに残るよう言ってきたが、無駄だった。私は、気持ちは決まっていると告げた。母はしぶしぶ私に同意し、毎日聖母マリアを通して、私の無事を神に祈ると言った。私は、母、兄弟姉妹、そして友人たちに別れを告げ、パリにもどった。

サン＝ジャックで、私は再びシカールのところに行った。シカールの最初の言葉は「君のせいで私の寿命が縮んでしまう。愚かなことは諦めなさい」だった。

「わが師よ。私は本当に悩んでいます」と書きだした。「あなたのもとを去るのは本当に苦しいことです。しかし我々は勇気を出して、必要な力をあたえてくださるよう神に祈らなければなりません。ああ、旅を取りやめるのはもう手遅れなのです。乗合馬車に乗る運賃はすでに昨日払いました。それで七〇フランを使いました。服も三〇〇フランで注文しました」

「私が、運賃も服代も払おう」

「仕立屋は、昨日服を裁断しました。今日の朝、私はモンモランシー次期公爵[*7]を訪問しました。次期公爵はド・ジェランド氏と同じように、賛成してくれました」

「そうか、それならもうやめることはできない」

「彼は私に、私の宗教、私の国、私の国王に忠誠であり続けることを求め、私はそれを約束しました。師よ、私はもう一度、ここであなたにそのことを固く約束します。そして神が、この痛ましい別れに必要な力を、あなたにあたえてくださることを祈ります。次期公爵から、ニューヨークにいる知り合いの高名な聖職者宛ての手紙をいただくことになっています」

「モンモランシー氏がカトリックの聖職者を紹介するということなら、私も折れるしかない。しかしわが愛しい子よ、君は本当に、私が教えた信仰を守り続けられるのか？

この点での君の約束を信じていいのか？

この一番肝心な点で、私は安心していいのか？

君は、我々の信仰での大切な儀式を守れるのか？

プロテスタントの人間に囲まれて、こうした儀式の場を作れるのか？

我々の聖なる信仰の中での祝祭を君は知っているか？

四旬節や復活祭や断食がいつあるかを、君は知っているか？

君はこれからどうやってその日を知る？

定められた日の金曜と日曜は、肉食を控えることができるか？

私の質問に率直に答えなさい。君の父親はもうこの世にはいない。私は今まで以上に、君の父として言っているのだ。私のこうした心配を許してくれなくてはいけない」

辛い別れ

私は信仰を守り、祝祭日を祝うことを約束した。話し合いは長時間に及んだ。校庭の向こうに夕日が沈んでいくのが見えた。神父の部屋のフランス窓から弱々しい光が差し込み、そして沈んだ。

「君が帰ってきた時には、私はもう埋葬され、土の下にいるだろう」

私はそれを打ち消した。もしその時、私はもう二度と故郷の国で生活することはなく、アメリカで結婚し、子を授かり、そしてそこで死んでいくことがわかっていたら、フランスを離れたかどうか疑問である。

「これは、また会おうではなく、お別れだ」。そしてあきらめのため息をつき、新しい紙を取り出し、ボストンの司教への手紙を書いた。

「拝啓。あなたは今住んでおられる国で、価値ある聖使徒の使命を実行しておいでです。あなたの国の(市民である)ろうあ者に、我々の聖なる信仰を知る幸せをもたらしたいと切に願い、私は名状しがたい痛みを感じつつ、犠牲を差し出すことにしました」

「私は合衆国に、私の最も優れた生徒を送ります。ろうあ者でありながら、私の技術により社会と信仰の世界にもどってきた者です。(彼は)教育面で優れた才能を持ち、……初聖体や堅信礼に向け生徒の心構えを作ることについては、彼の右に出る者はいません。興味深いこの善良な青年は、イングランド教会派の牧師とともに合衆国に行きます。しかし彼は、カトリックの信仰に逆らうことを教えるよう強制されることはまったくありません。神聖な信仰がなくなる時、彼もまた滅びるでしょう。彼は、信仰にかかる儀式をすべて自分でおこなうでしょう……」

「彼は、彼の生徒たち、そしてこの学院全体の大きな悲しみを背負って旅立ちます。彼は学院の栄光であり、名誉でした。……彼との別れに際し、その慰めのためにも、私は彼を新世界のろうあ者のための使徒と考えたく思います。……彼は大きな紙に懺悔を書くでしょう。半分は空白になっていて、紙の右半分に彼の犯した罪を書きます。聴聞の司祭は、左側に叱責と励ましの言葉を書いてください。彼はまだ英語を少ししか習得していません。しかし彼は、どんなことでもやすやすと学びとっていきますので、特別の手助けなしに、英語を身につけるでしょう」

そして、シカールは私に次の覚書を渡した。

「私は一定の条件の下で、クレールに関わる申し出を認めます。その条件は、彼があなたに説明するでしょう。あなたも私とともに喜んでいただけると思います。あなたが私に求めてきた犠牲をお出しできるのは、私の喜ぶところです」

「Les jeux sont faits!〔訳注23〕」その夜、私の報告にトーマスは大喜びした。

「賽は投げられた!」

我々は契約について話し合った。数日後に契約は結ばれ、次のことが決まった。

私はろう者に対し、平日は六時間の授業をおこなう。土曜日は三時間、日曜祭日はおこなわない。私が教えるのは「文法、国語、数学、天体、地理、歴史。聖書におさめられている旧約聖書。新約聖書ではイエス・キリストの生涯、使徒行伝、聖パウロ、聖ヨハネ、聖ペテロ、聖ユダの書簡。彼は、ローマ・カトリックの信仰に反することを教えるよう依頼されることは一切ない。彼はカトリックを信じており、その信仰の中で生き死ぬことを希望している。ギャローデット氏は組織の長として、宗教の教育において、この誓約に背くような事態が起こった時のすべての責任を負う……」。ギャローデット氏はパリからハートフォードへの私の旅行費用全額を支払い、そして年二五〇〇フランの給料を払うものとする。

私は二十年来の友マシューのところに行って、別れを告げた。はじめのうち、彼はてきぱきと対応した。もし君の仕事をベビアンが引き継ぐことができたら、まだ学校は救われるかもしれない。もしそれができなければ……理事会は今や、表ではいい顔を見せても、シカールの言うことを聞く気持ちはない。その時、彼の手の動きが止まり、背をかがめて継ぎあての大きなポケットに手を伸ばした。彼の目はうるんでいた。そして私に手渡したのは——時計だった。今でも私はそれを持っている。

生徒たちに別れを告げに行った時、それは忘れられない悲しい場面となった。私はあなたたち一人一人を忘れないでしょうと言ったが、私の目は涙があふれそうになり、腕は痛み、鳥肌が立った。その時、アレクサンダー・マクヴィッツが目に涙をためて私の腕をつかみ、もう一方の手で、手話で私に言ってきた。私は出発できない、私は出発してはならないと私を叱りながら、なぜ今まで黙っていたのかと聞いてきた。

私はただ詫びた——時間がたって事実がはっきりすることが一番と思ったのだ、と。

「あなたは我々のことを考えていない。我々のことを考えたことなどなかった。あなたはインチキのろうあ者だ。みんながあなたを偽物と言うぞ!」。そしてますますわめきだした……最後には言っていることが意味不明になっても、彼は私を放そうとしなかった。必死に振りほどこうとしても、この十三歳の少年は私をぎゅっとつかんだままだった。

それはばかげていて、気持ちが混乱していて、私の感情を傷つけた。一〇を超える別れの中で、私の中には苦痛や不安がたまっていた。私はそれを彼に投げつけたかった。これは私の人生であり、私の自由であり、私のチャンスである。私の怒りが爆発した。

私は彼を投げ飛ばし、その場から走り去った。その後、マクヴィッツは数ヵ月寝こんだ。そして彼とマシューはたいへん親密になった。お互いに同じものを失ったからかと思われた。その後マクヴィッツは回復した。次の夏にシカールが、ハートフォードの私に手紙でそう伝えてくれた。

船出

そのような後の経過を知る由もなかった当時、シカールの抗議があり、母は渋々だったし、それに加えてマクヴィッツの怒りで、私の心は挫けそうになっていた。そんな時に、アリスからの二度目の手紙が来た。先のトーマスのエジンバラからの手紙の返事だった。

「なぜキリストが死んだかを、どのように君に伝えようとしたか覚えていますか?」と、彼はアリスに書いたのだった。「毎朝夕、神に祈ることを忘れないように」と。

アリスの繊細な感受性は――彼女は十一歳で、宗教的な説教を聞いた経験はほとんどなかった――トーマスの言葉によってかき乱されてしまった。彼が期待していたのとは裏腹だった。

「神が、私をたいへん不正な悪い心の持ち主と思うことがとても怖いです」と、彼女は書いた。「私は善い心ではありません。私は善い心を望みます。私が悪いと感じるのではないことを強く望みます。本当にごめんなさい。すべての男の人と女の人は、ほとんど不正でとても悪い心ない。本当にごめんなさい。……神は私をろうあにしました。たぶん私とても悪い、私は聞こえない。たぶん私盲でろうあになります。私なりたくない(彼女はメイソンと一緒にジュリア・ブレイスに会っていた)。神であるイエス・キリストはすべてを知り、神がすべてを作りました。毎日、すべてのすべてのすべての男の人と女の人、子どもと赤ん坊、動物が死に、たくさん病気になるを考えます。二歳の時の発疹熱で、神が私をろうあにしました。神は、そうしてろうあ者にします。私はキリストを一番一番一番愛しています。神イエス・キリスト、とても美しい。私は聖書を読むことわかりません。本当にごめんなさい。本のすべての最高は聖書を読むこと最高と思います。私は本当に本当に読みたい。わかっています。そして読みません。本当にごめんなさい」

これがすべてだ――ド・レペが闘った目的、シカールが最後に不安ながらも私クレールの使命と認めたもの、トーマスの放浪の冒険旅行の存在意義——魂の救済である。人間の同胞愛（それは教育を含む）でもなく、正義でもなく、もちろん国家の要請でもなく、現世での個人の要望ですらない。そして私は恥ずかしくなった。ド・レペは教会と法廷と彼の時代の常識に反抗した。マシューはシカールを恐怖政治から救い上げ、国民議会に対し演説をした。一方で新世界のろう者に対する使徒という高貴な使命の前に、私は怖気づいているべきなのか？　そして私の確信は？　ろうあ者は、彼らを覆っている暗い帳《とばり》を払い捨てようとする願望を、自らのうちに持っているという私の確信はどこに行ってしまったのか？　もし私が、彼らに言葉の松明を手渡せば、彼らはそれを使う能力を必ず示し、彼らの人生を照らしていくのではないのか？

六月半ば、我々は一日かかってル・アーブルに着き、そこでの乗船を待つ間にトーマスは、彼の帰郷という大ニュースを知らせる手紙をメイソンに書いた。

「明日、私はこの港からホール船長のメリー・オーガスタ号に乗ってニューヨークをめざします。同乗するのはアプソン氏の親友S・V・S・ワイルダー氏、そしてクレール氏……」

「そうです。天の導きはたいへん優しく、私の早い、成功裏の帰還を実現してくれました。私は、シカール神父の最高の成果と言える生徒を連れています。彼は誠実で親切なその性格同様、まれに見る才能を持っています。彼は英語をかなり理解できます。我々はこの旅行中互いに励み、彼の英語力はもっと伸びるでしょう。そしてアメリカでの数ヵ月で、彼の英語は完全なものになるでしょう」

船のタラップには文官、武官、フランスの敵になる者、味方になる者が並び、私はパスポートを差し出した。そして三十歳、身長一メートル七三センチ、栗色の髪、青い目、大きな鼻、広い額、普通の口、丸い顎、卵型の顔、浅黒い肌の一人の男ローラン・クレールが船に乗りこんだ。すぐに船はもやいを解き船首が回った。海峡の風が、広々と広がる航海へと、船を手荒く送り出した。

＊1　たぶんルイ十六世の娘の、アングレーム公爵夫人。
＊2　後のルイ・フィリップ王。
＊3　有名な肖像画家（一七五六－一八四三、周囲の人からはトランブル「大佐」と呼ばれた）。
＊4　イギリスの女性文学者（一八〇一－一八六六）、トーマス・カーライルの妻。
＊5　合衆国上院が一八一四年のガン条約を承認して、正式に一八一二年の戦争をやめた時、安心した住民が揃って窓に蝋燭を灯した。
＊6　Noah Webster（一七五八－一八四三）。辞書編集者、「ハートフォードの機知」のメンバー。

＊7 Mathieu de Montmorency：サン-ジャックの理事の一人。

訳注1 問題を含む呼称であり、近年は「ネイティブ・アメリカン」が主流となっているが、その言い方を問題視する見方もある。ここではこの時代の中での言葉としてそのままとした。

2 Pocahontas（一五九五？－一六一七）。「インディアンの酋長の娘で入植者を処刑から救った」という伝説がある。伝説は作られた部分が多いようだが、彼女は実在し、イングランド人と結婚し子をもうけた。

3 John Randolph（一七七三－一八三三）。アメリカの政治家。奴隷制を禁止したミズーリ協定に反対した。

4 James Monroe（一七五八－一八三一）。アメリカの第五代大統領。

5 ロンドンにあった催し物の会場。

6 ロンドン南東部を通る大通り。ローマ人によって作られたイギリスでも最も古い道の一つ。

7 ワーテルローの会戦。一八一五年、ナポレオン一世の率いるフランス軍とイギリス・プロシア連合軍の戦い。ここでの敗北で「百日天下」が終わり、ナポレオンはセントヘレナ島に流された。

8 スズに鉛を少し混ぜた合金。

9 アメリカ独立戦争でのグロトンハイツの戦い。ウィリアム・レッドヤード中佐率いるコネティカット邦民兵の小隊とイギリス正規軍との戦闘。アメリカ側の記録では、レッドヤード中佐は、降伏後に自らが差し出した剣で敵将に刺殺されたとあり、その後、多くの物議を醸した。

10 一五九八年フランス王アンリ四世はユグノー戦争の終結を目的として、ナントで勅令を公布し、プロテスタント（ユグノー）に、条件つきながら信仰の自由を認めた。しかし、一六八五年、ルイ十四世はこの勅令を廃止し、ユグノーの宗教的、市民的な自由を全面的に剥奪し、フランスのプロテスタントの多くが国外逃亡した。

11 福音主義とは、聖書中心のプロテスタント的思想で、一般にキリストの十字架による罪の許しの福音を中心とし、伝承と祭儀の代わりに、敬虔な心情と実践を重んずる考え方。すぐ後のカルバン主義は、宗教改革者カルバンに始まるプロテスタントの一系統。

12 ニューイングランドは、合衆国の大西洋岸北東部の地域。メイン、ニューハンプシャー、バーモント、マサチューセッツ、ロードアイランド、コネティカットの六州からなり、一六二〇年のメイフラワー号到着以来、初めてイギリスの植民地が形成された地域。

13 組合教会主義〈congregationalism〉は、アメリカのピューリタンの一会派で一六二〇年に植民地プリマスで結成された。

14 Thomas Jefferson（一七四三－一八二六）。アメリカ独立宣言の起草者で、第三代大統領。

15 Federalist：アメリカの独立革命において、各州の権限を強めるより、中央政府の力を強化することを主張し、フランス革命は混乱を起こすものと危険視した。前出のジェファーソンは反連邦派の代表的人物。

16 Lucius Junius Brutus：古代ローマ初代の執政官。王家を追放し、共和制のもとを作った。

17 イザヤ書一一：六「狼は小羊とともに宿り／豹は子山羊とともに伏す。子牛は若獅子とともに育ち／小さい子どもがそれらを導く」から。

18 Lydia Huntley Sigourney（一七九一－一八六五）。コネティ

カット州生まれ、十九世紀アメリカで最も人気のあった詩人。

19 Edgar Allan Poe（一八〇九－一八四九）。アメリカの詩人、批評家、小説家。

20 John Greenleaf Whittier（一八〇七－一八九二）。アメリカの詩人、奴隷廃止論者。

21 Horace Greeley（一八一一－一八七二）。新聞社の編集者、社会改革者、政治家。「ニューヨーク・トリビューン」の編集に関わった。

22 彼の息子 Thomas Babington Macaulay（一八〇〇－一八五九）は、イギリスの著名な歴史家、政治家。

23 フランス語で「賭けはなされた」の意味。また、次の「賽は投げられた」は、ルビコン川を渡る時に、ユリウス・カエサルが言った言葉。行くしかない、引き返すことはできないという意味。

ランドルフ（ジョン・セント・ジョージ John St. George Randolph）：アメリカからブレイドウッドの学校に送られ、次にフランス学院に来て、クレールの生徒になった。アメリカに帰ってから失恋のため精神に変調をきたした。

ローリング（ジョージ George Loring）：初期のハートフォード校の入学生。歴史に造詣が深く、表情も豊かで、ギャローデットの表情だけの表現を読みとった。卒業後、教師となった。

[ワ行]

ワズワース（ダニエル Daniel Wadsworth）：軍人で実業家の父を継ぎ、ハートフォード有数の資産家となる。若いころからメイソンの友人で、ろう学校設立を助力し、新校舎の設計をした。

ワトソン（ジョゼフ Joseph Watson）：トーマス・ブレイドウッドの甥。タウンゼントが作った学校の校長となる。後に学校はロンドンに移り、息子も校長となった。アメリカから来たギャローデットに、教育方法を教えることを断った。

方法的手話を批判し、ろう者の手話での教育を広めるのに力があったが、フランス学院にもどることはできず、失意のうちに亡くなった。

ペリシエ（ピエール Pierre Pélessier)、フランスろうあ学院の教授。フランス語の詩集を出版し、また、絵で解説した手話の辞典を作った。

ベルティエ（フェルディナン Ferdinand Berthier 1803〜1886)：フランス学院に入学し、マシューやクレールを目指しろうの教授となる。また、フランスで初めてのろう者の組織を作り、後に、ろう者で初めて、レジオン・ドヌール勲章を受けた。

ペレイラ（ヤコブ・ロドリゲス Jacob Rodriguez1715〜1780)：ド・レペの時代の口話主義の代表者。

ボーリング（ウィリアム William Bolling)：ボーリング家の４人兄弟の中の、ただ一人の健聴の弟。他の３人の兄弟はチャールズ・グリーンと共にブレイドウッドの学校で学んだ。後に、アメリカでろう学校を作るため、ジョン・ブレイドウッドを支援する。

ボネート（ジュアン・パブロ Juan Pablo Bonet 1579〜1623)：ヴェラスコ家に仕え、ろう者の教育についての本を残す。その内容はポンセの教育方法を基にしたもので、後世に大きな影響力を持った。

＊**ポンセ**（ペドロ・ポンセ・デ・レオン Pedro Ponce de Leon 1520〜1584)：スペイン、オーニャの修道士。貴族のろうの子弟に教育を施す。初めて、ろう者の教育を手がけた人。

[マ行]

マクヴィッツ（アレクサンダー Alexander Machwitz)：ロシア皇帝の隠れたろうの息子。フランス学院でクレールの生徒になり、クレールとの別れでは、感情を爆発させてしまう。

マコーレー（ザッカリー Zachary Macaulay)：福音主義の雑誌「クリスチャン・オブザーバー」の編集者。イギリスでのギャローデットの理解者

マシュー（ジャン Jean Massieu 1772〜1846)：シカールに見いだされ、ボルドー校からフランス学院で学び、その教師となる。当時のろう者の象徴であり、クレールを教え、大きな影響をあたえた。

マス神父（abbé Masse)：ド・レペの後のフランス学院の仮校長。シカールとの論戦を辞退した。

マロワ（マリー Marie Marois)：ペレイラの成功した生徒。師から秘密の方法を伝授された。

マン（ホレース Horace Mann 1796〜1859)：アメリカの政治家、社会改革者。教育での様々な改革を訴えたが、その中で、アメリカのでの手話のよるろう教育を批判し、ドイツの口話主義を高く評価した。

＊**メイソン**（メイソン・フィッチ・コグズウェル Mason Fitch Cogswell 1761〜1830)：ハートフォードの医者。アリスの父親。アリスがろうになったことから、娘一人のアメリカ初のろう学校建設を決意する。

モア（ハナ Hannah More 1745〜1833)：ギャローデットを支持したイギリスの博愛的著述家。アリスとも手紙を取り交わす。

モレル（エドゥアール Edouard Morel)：ド・ジェランドの甥、フランス学院の回覧紙の編集者。

[ヤ行]

ヨーゼフ２世（Joseph Ⅱ 1741〜1790)：フランス王妃マリー・アントワネットの兄の神聖ローマ帝国皇帝。変装して妹と一緒にド・レペの授業を見学する。後に、シュトルク神父をド・レペのもとに送る。

[ラ行]

ライチ（カール Carl Reich)：ハイニッケの娘婿。ハイニッケの口話主義をさらに進め、手話と指文字を学校から追い払おうとした。

ディディエ（ジャン－フランソワ Jean-François Deydier)、ド・レペの生徒。ソラール事件の真相究明の旅に同行する。

デシャン神父（abbé Deschamps)：オルレアンのろう学校の校長。ペレイラと口話法を支持した。

デタヴィニー（アズィ Azy d'Etavigny)：ペレイラの最初に成功した生徒。ペレイラと共にルイ 15 世に謁見した。

デロージュ（ピエール Pierre Desloges)：独学で努力を重ね、ろうの作家となった。ド・レペを支持し、口話主義と闘った。

ド・ジェランド（ジョゼフ－マリー Joseph-Marie de Gerand 1772〜1842)：フランス学院の理事長として強引な口話主義の攻撃を続けた。『生まれながらのろう者の教育』の著者。

ド・ラ・ピュジャド（ルイ－クレマン Louis-Clémment de la Pujade)、ド・レペの生徒。口話でのラテン語の講読をした。

ド・レペ（シャルル－ミシェル Charles-Michel de l'Epée 1712〜1789)：世界で最初のろう学校、フランスろうあ学院を作った神父。ろう教育の生みの親と言われる。神への愛とろう教育に身を捧げた。

＊**トロンソン・ド・クードレー**（Tronson de Coudray)：敏腕の法廷弁護士。ソラール事件でカゾーを弁護する。後にブイイの友人となる。

ドワイト（ティモシー Timothy Dwight 1752〜1817)：イェール大学長。若いころからのメイソンの友人で、ギャローデットたちを理論的に支えた。

[ハ行]

ハイニッケ（サミュエル Samuel Heinicke1727〜1790)：アンマンの後を継いで、ドイツの口話主義の基を作る。ろう学校の制度化にも努めるが、彼の一族は、ドイツのろう学校を支配した。

ハウ（サミュエル・グリードリー Samuel Gridley Howe 1801〜1876)：パーキンス盲学校の初代校長。盲ろうのローラ・ブリッジマンを引き取った。マサチューセッツの教育改革を主導し、マンやハバートと一緒に、ハートフォード校の生徒をマサチューセッツにもどし、口話主義で教育しようと画策する。

パンティエーブル公爵（duke of Penthiévre)：ド・レペを後援した貴族。

ピート（ハーヴェイ Harvey Peet)：ハートフォード校の優秀な教師。ニューヨーク校の校長となって、学校を再建する。

ブイイ（ジャン・ニコラ　Jean Nicolas Bouilly1763〜1842)：劇作家、戯曲『ド・レペ神父』を書き、シカールを苦境から救うのを助けた。

フォレスティエ（クローデュ Claudius Forestier)、フランスろうあ学院で学び、教師となった後、リヨン校の校長となった。

フォントネイ（サブルー・ド Saboureux Fontenay)：ペレイラが教えた最も優秀な生徒。著書を残し、個人的にろうの生徒を教えた。ペレイラを支持し、ド・レペに論戦を挑んだ。

ブライユ（ルイ Louis Braille 1809〜1852)：アユイのもとフランス盲学院で学ぶ。それまでにあった 12 点式を改良し、今日の 6 点式の点字を考案した。

ブレイドウッド（トーマス Thomas Braidwood 1715〜1806)：ウォリスの影響を受けて、ろう者の教育を手がける。その後、一族がイギリスのろう教育を牛耳った。

ブレイドウッド（ジョン John Braidwood)：トーマス・ブレイドウッドの孫（父も同名のジョン)。理由不明でエジンバラ校を去り、アメリカに渡って、ろう学校を作る話を吹聴したが、大成できなかった。

ベビアン（ロシャンブロワーズ・オーギュスト Roch-Ambroise Auguste Bebian 1789〜1839)、シカールの愛弟子。ろう教育に愛を燃やすが、直情の性向が災いしてフランス学院を去ることになる。

法を学ぶために、アメリカからイギリス、そしてフランスに行き、クレールと共に帰国してから、アメリカで最初のろう学校を作る。

キンニバーグ（ロバート Robert Kinniburgh）：ジョン・ブレイドウッドの後を受けてエジンバラ校で教える。ブレイドウッド家との間に、教育方法を7年間外部に漏らさないという契約があったため、アメリカから来たギャローデットに教育方法を教えることを拒む。

グリーン（チャールズ Charles Green）：アメリカで最初に、教育を受けるためにイギリスのブレイドウッドの学校に入学した。非常に聡明だったが、帰国後、事故死してしまう。

グリーン（フランシス Francis Green ？〜1808）：チャールズ・グリーンの父親。最初はブレイドウッドの方法を支持するが、その秘密主義に反発し、ド・レペの方法に親近感を持つ。アメリカにろう学校を作るため熱心な運動を続けた。

クレール（ローラン Laurent Clerk 1785〜1869）：本編の語り手。フランスろうあ学院卒業後、その教師となり、後に、ギャローデットとともにアメリカに渡り、アメリカで最初のろう学校を作る。

コンディヤック（エティエンヌ・ボノ・ド Étienne Bonnot de Condillac 1714〜1780）：フランスの指導的哲学者。ド・レペを支持した。

[サ行]

サルヴァン神父（abbé Salvan）：オーベルニュの私立のろう学校の校長、後にフランス学院で女子の教育を担当した。副校長で十分だと、シカールとの論戦を辞退した。

サン－セルナン（ジャン Jean Saint-Sernin）：シカールに協力して、ボルドー校を支え、マシューを最初に教え、後にガールを教えた。

シカール（ロシャンブロワーズ　キュキュロン Roch-Ambroise Cucurron Sicard 1742〜1822）：フランスろうあ学院第二代校長。世俗の欲望に強い執着を持ちながらも、ろう教育への強い愛を持ち、ド・レペの伝統を守った。

シガニー（リディア・ハントレー Lydia Huntley Sigourney 1791 〜1865)、アメリカの女流詩人。視学を作り、ろう学校ができる前のアリスを教えた。

シュトルク神父（abbé Stork）：ヨーゼフ2世からド・レペのもとに送られ、後に、ド・レペの方法でウィーンにろう学校を開く。

＊**ジュリア**（ジュリア・ブレイス Julia Brace）：4歳半で病気のために盲ろうになる。17歳でハートフォード校に入り、手話により周りの世界とつながっていく。

ショーヌ公爵（duke of Choulnes）：ペレイラとアズィ・デタヴィニのルイ15世への謁見を取り持ち、後に、名づけ子サブルー・ド・フォントネイの教育をペレイラに委ねた。フランス・アカデミーの総裁。

＊**ジョゼフ**（Joseph）：ソラール伯爵の本名。身元がわからないままド・レペの生徒になるが、ソラール伯爵であることがわかる。ド・レペはその権利を取りもどすために法廷に立つ。

セガン（エドゥアール Édouard Séguin 1812〜1880）：イタールの弟子。イタールがヴィクトールに対して行った方法を知的障害者に応用した。 また、ペレイラの伝記も残した。

[タ行]

タウンゼンド（ジョン John Townsend）：イギリスのバーモンジーに、貧しい家庭のためのろう学校を作る。学校はのちにロンドンに移る。

ダルガーノ（ジョージ George Dalgarno）：ウォリスより前に、イギリスでいち早くろう教育に関する本を出版した。

ディグビー（ケネルム Kenelm Digby 1603〜1665）：何でも屋のイギリス人。ルイス・ヴェラスコの事例を著書に書いて、世間に広めた。

人物一覧

原則は姓で掲載しているが、本文中にファーストネームで多出のものについては、そちらを掲載し、＊で記した。

［ア行］

アユイ（ヴァランタン Valentin Haüy 1745〜1822）：フランスでの盲学校の創始者。ド・レペやシカールとも交友があった。

＊**アリス**（アリス・コグズウェル Alice Cogswell 1805〜1830）：2歳の時に発疹熱でろうになる。ギャローデットがろう教育に進むきっかけになった女性。

アリベール（ウジェーヌ Eugéne Alibert）：イタールの発話教室の生徒。手話による教育で学力が飛躍的に伸び、イタールの口話主義からの転向のきっかけとなった。後に、フランスろうあ学院の教師になった。

アンマン（ヨハン・コンラッド Johann Conrad Amman 1669〜1724）：ボネートの影響を受け、口話主義の教育を試み、発話を礼賛したオランダ人。後の、ドイツの口話主義の源となった。

イェブラ（メルチェル Melchor Yebra 1526〜1586）：ポンセと同時代のスペインの僧。聖ボナベントゥラが臨終の祈りのために考案したと言って、現代に伝わる指文字を紹介した。

イタール（ジャン－マルク Jean-Marc Itard1774〜1838）：フランス学院の住み込みの校医。アヴェロンの野生児の教育に関わった後、ろう生徒に対し、過激な医療行為を行い、その後、口話教育を試みる。

ヴァイス（レオン LéonVaïsse ）：フランスろうあ学院の教師。一時、ニューヨーク校の再建を手伝った。手話に堪能だが、発話教育にも積極的な二面を持つ。

ヴァラード－ガベル（ジャン－ジャック Jean-Jacques Valad-Gabel）：イタールの提案で作られた発話のクラスを教えるために招かれた教師。後に、里帰りしたクレールに、ろう教育を始めたころのド・レペのノートを見せた。

ヴェラスコ（ルイス・デ Luis de Velasco）：カスティリヤ国守の弟のろう者。ラミレス・デ・カリオンから発話の教育を受ける。

ヴェラスコ（ペドロ・デ Pedro de Velasco）：ルイスの2代前のカスティリヤ国守のろうの弟。ポンセから教育を受ける。

ウォリス（ジョン John Wallis 1616〜1703）：王立協会の著名な数学者。ろう教育では、ボネートの影響を受け、イギリスの口話教育の基になった。

エリー・ド・ボーモン（ジャン－バプティスト Jean-Baptiste Eli de Beaumont）：カゾーの弁護を依頼されたやり手の弁護士。

オルディネール（デジレ Désiré Ordinaire）：元ストラスブール大学の学長。フランス学院の校長になり、ド・ジェランドの意をくんで口話主義の様々な攻撃を仕掛ける。

［カ行］

ガール（フランソワ François Gard）：サン－セルナンのもとでの優秀な生徒。後にクレールたちとは別に、アメリカに最初のろう学校を作る動きをする。

カストロ（ピエトロ・ディ Pietro di Castro）：ラミレス・デ・カリオンの方法を本にして広めた。

＊**カゾー**（Cazeaux）：ソラール事件の被告、ろう少年を遺棄した罪で訴えられる。

カリオン（ラミレス・デ Ramirez de Carrion）：ボネートの指示に従って、実際に、ルイス・デ・ヴェラスコや、その他の貴族の子弟を教育した。

ギャローデット（トーマス・ホプキンス Thomas Hopkins Gallaudet 1787〜1851）：ろう者の教育方

【な行】

【は行】

【さ行】

【た行】

索引

細字のページは上巻を、太字のページは下巻を表す

著者紹介

ハーラン・レイン（Harlan Lane 1936〜）

言語心理学と言語学の専門家であるハーラン・レインは文学学士、文学修士をコロンビア大学で取得し、ハーバード大学のB. F. スキナーの下で心理学博士号を取得した。また、パリのソルボンヌ大学から文学博士号を授かった。その後、ミシガン大学の言語及び言語行動調査センター長となり、サンディエゴのカリフォルニア大学の言語学の客員教授、ボストンのノースイースタン大学の心理学の特別名誉教授となった。

著書『アヴェロンの野生児研究』（福村出版、1980年）では、野生児に関する研究で大きな賞賛を受けた。また、ろう者の歴史に関する、フランス語からの翻訳『聾の経験』（東京電機大学出版局、2000年）を編集した。その他、現代のろう者の言語に関する研究を概説した『アメリカ手話学の近況』（フランソワ・グロージャン共編、1989年）や、『善意の仮面』（現代書館、2007年）などがある。

訳者紹介

斉藤　渡（さいとう　わたる）

1954年群馬県で生まれる。京都大学文学部西洋史学科卒業。大阪府立長吉高校、同生野高等聾学校教員、あすくの里職員を経て、2007年より大阪ろうあ会館勤務。通訳相談課・労働グループ・大阪府委託ワークライフ支援事業担当。手話通訳士。

監修・解説

前田　浩（まえだ　ひろし）

1953年大阪で生まれる。同志社大学法学部卒業。大阪教育大学院障害児教育学専攻修了。教育学修士。大阪市立聾学校（現大阪府立中央聴覚支援学校）教員、全国聴覚障害教職員協議会初代会長を経て、大阪ろう難聴就労支援センター理事長。『365日のワークシート』『みるみる日本ご〜みるくとくるみの大ぼうけん〜』等の編集主幹。

手話の歴史　上
ろう者が手話を生み、奪われ、取り戻すまで

2018年6月14日　初版発行
2018年7月31日　2刷発行

著者――――ハーラン・レイン
訳者――――斉藤　渡
監修・解説――前田　浩
発行者―――土井二郎
発行所―――築地書館株式会社
東京都中央区築地 7-4-4-201　〒104-0045
TEL 03-3542-3731　FAX 03-3541-5799
http://www.tsukiji-shokan.co.jp/
振替 00110-5-19057
印刷・製本――シナノ印刷株式会社
装丁――――吉野　愛

 ISBN 978-4-8067-1560-3